장거정 평전

《張居正大傳》
朱東潤 著

과연 시대는 개혁을 바라는가

장거정 평전

개정판 1쇄 인쇄   2017년 7월 11일
개정판 1쇄 발행   2017년 7월 14일

지은이   주둥룬
옮긴이   이화승
펴낸이   김덕문

펴낸곳   더봄
등록번호   제399-2016-000012호(2015.04.20)
주소   경기도 남양주시 별내면 청학로중앙길 71, 502호(상록수오피스텔)
대표전화   031-848-8007   **팩스** 031-848-8006
전자우편   thebom21@naver.com
블로그   blog.naver.com/thebom21

ISBN 979-11-86589-99-1 03910

잘못된 책은 구입하신 서점에서 바꾸어 드립니다.
책값은 뒤표지에 있습니다.

※ 이 책은 (주)후니드의 인문학 지원 사업의 수혜를 받았습니다.

과연 시대는 개혁을 바라는가

장거정
평전

주둥룬 지음 | 이화승 옮김

더봄

일러두기

1. 번역에 쓰인 원전은 2009년 중국 백화문예출판사에서 출간한 《張居正大傳》을 사용하였습니다.
2. 본문 중의 한자는 우리말로 표기하였지만, 현대 인물은 중국어 발음에 따랐습니다.
3. *를 붙여서 설명을 하거나 괄호 안에 뜻을 풀이한 것은 모두 옮긴이의 설명입니다.
4. 본문에 쓰인 사진은 모두 출판사 더봄에서 고른 것입니다.

장거정, 준비된 개혁의 실천가!

1989년 여름, 하버드대학 왕이에지엔王業鍵 교수가 타이완臺灣에서 열었던 강좌를 들으면서 '명대'明代라는 생동감 넘치는 시대에 심취했던 기억이 아직도 생생하다. 당시 중국사를 연구하는 관점은 황제나 관료, 사대부 등 지배층에 대한 연구를 중심으로 하는 정치제도, 사상사 연구가 주를 이루고 있었다. 그러나 단아한 체구의 왕이에지엔 교수는 명대부터 현대에 이르는 중국사를 경제적 시각에서 분석하고 그 역동성을 강조했다. 이러한 시각은 동일한 시대, 동일한 대상을 살피면서도 관점에 따라 달리 해석될 수 있었기에 색다른 감흥을 전해주었다.

이렇게 시작된 명나라에 대한 관심은 훗날 미시간대학Univ. of Michigan에서 황런위黃仁宇(레이 황 Rey Huang) 교수를 만나면서 더욱 깊어졌다. 두 학자 모두 사회·경제적 상황이 급격히 변화한 명대 중엽 이후를 중국 경제의 틀이 바뀌는 전환점으로 인식하고 이 시기의 중심에 있는 장거정張居正이라는 인물에 집중했다. 특히 황런위 교수는 역작 《1587-만력 15년, 아무 일도 없었던 해》에서 신종神宗 황제와 신시행申時行 등의 여섯 인물을 대비시키며 장거정을 다양한 시점으로 분석하며 우리에게 친숙하게 이끌어냈다. 두 학자를 비롯하여 이후 많은 연구자들이 저서와 논문을 통해 장거정의 파격적인 개혁 정책과 그 효과를 밝혀냈지만, 정작 장거정이라는 인물 자체에 대해서는 구체적인 언급을 하지 않았다.

두 학자를 포함하여 연구자들에게 장거정 개혁에 대한 직접적인 자료를 제공한 것이 바로 주둥룬朱東潤 교수의 《장거정전》張居正傳이다. 주둥룬 교수는 중국 고대문학을 연구하는 문학자로, 일찍이 영국에서 유학했고, 《중국문학 비평사 대강》 등 문학서를 집필하였다. 그 후 문학과 역사를 넘나들며 다양한 연구를 하다가 '인물'에 집중하여 두보杜甫, 육유陸游 그리고 장거정의 전기를 쓰면서 근대의 대표적인 전기작가로 자리매김했다. 《시경》詩經, 《좌전》左傳, 《사기》史記 연구로 다져진 내공과 풍부한 문학적 감성, 《명사》明史, 《주접》奏摺, 《서첩》書帖 등 방대한 1차 사료의 정리로 완성된 《장거정전》은 전기작품의 최정점을 이루었다고 평가받았다.

《장거정전》은 장거정의 생애를 중심으로 명대 중엽 이후의 역사를 기술한 책으로, 런위탕林語堂의 《소동파전》蘇東坡傳, 우한吳晗의 《주원장전》朱元璋傳, 량치차오梁啓超의 《이홍장전》李鴻章傳과 더불어 20세기 중국의 4대 전기작품 중 하나로 손꼽힌다. 저자는 장거정이라는 한 인물이 탄생에서부터 과거시험을 거쳐 말단 관리에서부터 권력의 중심에 오르기까지 인내하며 기다렸던 긴 시간, 목종穆宗의 서거를 기화로 권력의 전면에 부상하는 과정, 어린 황제 신종(만력제)과 교류했던 인간적 연민, 황제와 사직에 쏟았던 열정 등을 생생하게 묘사했다. 명대 중엽 효종孝宗 때부터 만력萬曆 연간까지 조정 내에서 있었던 정치적 사건들을 망라했고, 그 속에 얽혀 있는 인간의 심리, 냉철하고 엄격하게 개혁을 실행해가는 개혁가의 고뇌가 잘 분석되어 있다.

정치라는 가혹한 투쟁이 아니었다면 신종과 장거정 두 사람의 관계는 역사상 어느 군신 관계보다 아름답게 청사에 기록되었겠지만, 냉혹한 현실 정치는 그것을 용납하지 않았다. 장거정은 "권력은 한번 놓치면 지나간 세월처럼 다시는 돌아오지 않는다"면서, 오랜 기다림 끝에 찾아온 기회를 놓치지 않았고 충실하게 준비해온 자신의 이상을 정책으로 실행했다. 그의 개혁은 당시는 물론이고 이후에도 중국의 정치·경제의 틀을 바꾸는 데 커다란 영향을 미쳤다. 그런 점에서 그의 개혁은 장기적으로 볼 때 분명 성공했다 할 수 있을 것이다. 하지만 급작스런 그의 죽음으로 대부분의 정책들이 좌초되었고 부관참시와 멸문에 달하는 처분을 당함으로써 씻을 수 없는 치욕과 상처를 입었다. 그럼에도 장거정이 행한 국정 개혁 덕분에 쓰러져 가던 명나라의 생명이 70여 년 이상 연장되었다는 말도 충분히 설득력이 있다. 모든 개혁가의 삶이 역동적이듯 장거정의 삶도 예외는 아니었다. 생전과 사후, 그리고 훗날 복권의 과정이 그 어느 개혁가보다 드라마틱했으니 개혁을 꿈꾸는 많은 이들에게 시사하는 바가 클 것이다.

최근 중국은 사회주의 체제에 자본주의 시장경제를 도입하는 사상 초유의 변화를 시도하고 있다. 이는 과거 어떤 개혁보다도 우호적인 분위기로 진행되고 있지만 상황은 훨씬 복잡 미묘하다. 이 거대한 나라를 움직이기 위해서는 한시도 개혁을 멈출 수 없는지도 모른다. 그리고 오늘날 그 움직임과 파급 효과는 중국에만 국한되는 것이 아니라 세계와 긴밀하게 연관되어 있어 개혁에 임하는 중국인들의 행동양식에 깊은 관심을 기울일 필요가 있다.

이처럼 개혁이 어느 때보다 더 실감나게 다가오는 시기이기에 장거정에 대한 관심도 필연적으로 높아졌다. 중국에서는 그의 개혁을 다룬 책들이 연이어 출간되고, TV에서도 사극과 다큐멘터리로 제작되어 인기리에 방영되었다. 개혁을 주도하는 지도자들이 리더십이나 정책 결정 방향 등에서 온고지신溫故知新의 모델로 삼고 있는 듯하다.

《장거정전》이 세상에 나온 지 오랜 시간이 흘렀다. 그렇지만 이 책이 서술하고자 했던 한 개혁가의 열정과 이상은 여전히 우리에게 생생하게 다가온다.

《장거정전》은 중국에서 여러 차례 출간되면서 내용이 첨삭되거나 편집상의 착오로 잘못 서술된 부분이 많이 있었다. 이번 개정판에서는 이러한 부분을 바로 잡고, 또한 일반 독자들을 고려해 중첩된 서술이나 방대한 고문 등을 글의 흐름에 맞게 생략, 조정했다. 책에 등장하는 많은 인물들이 명 말기를 이해하는 데에는 꼭 필요하지만, 구애받지 말고 장거정이라는 한 인물에 초점을 맞춰 개혁을 중심으로 그의 인생을 거시적으로 바라본다면 훨씬 편하게 읽을 수 있을 것이다.

2017년 초여름 자한재自閑齋에서

이화승

목차

장거정 張居正 (1525~1582)
명나라 말기의 정치 부패와 사회 혼란을 바로잡아 부국강병과 민생안정을 꾀한
혁신적인 정치가이다. 23세에 진사에 합격하였으며, 1567년 목종(융경제) 원년에
대학사로 발탁되었다. 1572년, 열 살의 신종(만력제)이 등극하자 내각의 수보로서
정치, 경제, 사회 분야의 개혁을 단행했다. 그러나 그가 죽자마자 관료와 환관,
사대부들의 불만과 비난이 쏟아지자 신종은 그의 시호와 관작을 박탈하고
가산을 몰수하였다. 장거정은 사후 58년이 지난 1640년에야 복권되었다.

명나라 황제 계보(1356~1644)

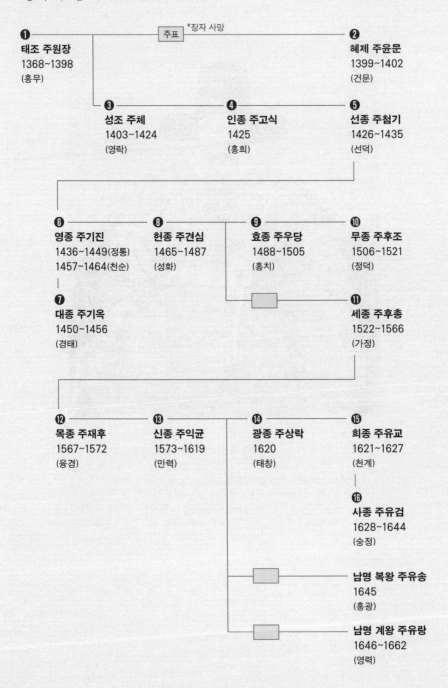

❶ 태조 주원장
1368~1398
(홍무)

주표 *장자 사망

❷ 혜제 주윤문
1399~1402
(건문)

❸ 성조 주체
1403~1424
(영락)

❹ 인종 주고식
1425
(홍희)

❺ 선종 주첨기
1426~1435
(선덕)

❻ 영종 주기진
1436~1449(정통)
1457~1464(천순)

❼ 대종 주기옥
1450~1456
(경태)

❽ 헌종 주견심
1465~1487
(성화)

❾ 효종 주우당
1488~1505
(홍치)

❿ 무종 주후조
1506~1521
(정덕)

⓫ 세종 주후총
1522~1566
(가정)

⓬ 목종 주재후
1567~1572
(융경)

⓭ 신종 주익균
1573~1619
(만력)

⓮ 광종 주상락
1620
(태창)

⓯ 희종 주유교
1621~1627
(천계)

⓰ 사종 주유검
1628~1644
(숭정)

남명 복왕 주유송
1645
(홍광)

남명 계왕 주유랑
1646~1662
(영력)

중국사 속의 개혁과 장거정

중국, 역사 그리고 개혁

중국사를 읽다보면 수많은 인물들을 접하게 된다. 역사에 이름이 남았다는 것은 그 시대의 획을 긋는 중요한 사건에서 상당한 영향력을 행사했음을 의미한다. 그중에서도 개혁가라고 평가받는 인물은 기존 사회의 변화를 추구한 특별한 매력을 가진 인물이라는 점에서 더욱 관심이 간다. 역사를 보면, 개혁이란 마치 자전거 페달을 밟는 것처럼 잠깐이라도 멈추면 금방 넘어져버리는 속성을 가지고 있다. 따라서 정치가 계속되는 한 크든 작든 개혁이 없는 시대는 없었고, 수많은 개혁가들은 자기의 이상을 실현하기 위해 부지런히 움직였다. 역사는 그들을 빠짐없이 기록하고 있지만 우리는 큰 발자국을 남긴 소수만을 기억할 뿐이다.

춘추전국시대 말기 진秦나라의 부국강병을 이끌어 훗날 중국 최초로 통일국가의 기초를 세운 상앙商鞅, 서한西漢 말기의 혼란한 정국을 《주례》周

禮가 지배하던 시대로 되돌리려 했던 왕망王莽, 송대宋代 화려한 문민정치의 실현이라는 이상과 나약한 대외관계라는 현실과의 차이를 메우려 했던 왕안석王安石, 명말 어린 신종황제를 보필해서 왕조의 새로운 중흥을 시도했던 장거정張居正, 쓰러져가는 늙은 제국 청淸나라를 근대식 국가로 탈바꿈시키려 했던 강유위康有爲 등은 모두 중국사의 거대한 흐름 속에서 개혁을 추구한 인물들이다. 이들은 각기 다른 시대사적 환경에서 그 속의 문제들을 타파해가며 궁극적으로는 부국강병을 이룸으로써 중국사에 깊은 족적을 남기고 후대 역사 발전에 커다란 영향을 미쳤다.

상앙과 강력한 법가 정치

상앙(기원전 390~기원전 338)의 개혁은 법가사상에 의해 주도되었다. 춘추전국시대 말기, 서북 변방 진나라 효공孝公에게 등용된 상앙은 강력한 법가정치로 조정의 기득권 세력을 제압한 뒤 제도와 문화가 낙후된 진나라를 중원의 새로운 강자로 발돋움시켰다. 산만한 사회 조직을 강력하게 묶는 연좌법, 인구 증가와 토지 개간 장려, 군공에 따른 새로운 신분체제 도입 등으로 나라에 활기를 불어넣어 훗날 진시황이 이룬 천하통일 대업의 기초를 마련했다. 그러나 상앙 자신은 자신을 전폭적으로 지지해주던 효공이 사망한 뒤 정적들에 의해 모반이라는 죄를 뒤집어쓰고 자신이 만든 법에 따라 사지를 찢겨 죽는 비참한 최후를 맞았다. 개혁을 통해 통일 위업의 기초는 마련했으나 자신이 만든 법에 의해 죽임을 당한 탓에 그의 개혁이 과연 성공한 것인지에 대한 논의가 오랫동안 끊이지 않았다.

왕망과 복고정책

왕망(기원전 45~기원후 23)은 전통사회로의 회귀를 꿈꾸며 개혁을 단행하기 위해 조카(애제哀帝)의 황위를 찬탈했다. 그는 고전에 박식했는데, 예禮로 다스렸다는 주周나라를 이상향으로 삼고 신新이라는 새로운 왕조를 세워 최고 통치자로서 개혁을 지휘했다. 그러나 인간의 본성이 탐욕으로 표출되는 시대에 책에서만 보았던 옛 시대로 돌아간다는 것은 쉬운 일이 아니었다. 토지가 소수 호족에게 집중되고 중앙권력이 무력화되는 것을 막기 위해 토지를 국유화하고 화폐를 개혁하는 등 비대해진 호족 세력에 칼을 들이댔지만 천여 년을 거슬러 올라가는 복고정책은 시대의 호응을 얻지 못했다. 하나의 정책이 실패할 때마다 또다시 새로운 급진적 개혁을 시도했지만 결국 15년 만에 망하고 말았다.

왕안석과 부국강병책

왕안석(1021~1086)은 일찍이 과거에 소년급제하고 재상의 반열에 오른 정통 관료로, 북송 신종神宗의 신임을 얻어 개혁을 실시했다. 당시 송나라는 문민정치로 정치, 경제, 문화적 측면에서 놀랄 만한 발전을 이루었다. 그러나 국방력의 약화로 북방 이민족에게 돈으로 평화를 구걸해야 하는 치욕적인 상황에 처했고, 이를 극복하기 위해 대대적인 개혁이 필요했다. 먼저 공교육을 강화해 관리의 목표의식을 뚜렷하게 하고, 토지를 정리해 세금을 균등하게 매기는 방전균세법方田均稅法, 병마兵馬 사육을 목적으로 한 보마법保馬法, 군비 절감과 군대 강화를 위한 민병제도인 보갑법保甲法 등의 효율적인 국방 정책으로 변방을 굳건히 했다. 이러한 정책은 모두 부국강병식 개혁의 전형적인 모델이다.

그러나 아무리 좋은 개혁도 혼자 할 수는 없는 법이다. 따라서 개혁에 동참할 명류名流들을 충분히 설득하고 지지층을 이끌어내는 것은 아주 중요한 작업이었지만 왕안석은 지나친 자만과 독선에 빠져 개혁에 공감하는 인사들조차도 포용하지 못한 채 함량 미달의 인사로 무리하게 정책을 밀어붙이다가 결국 중도 하차했다. 개혁을 위해서는 하늘도 두렵지 않다는 원대한 포부는 있었으나 황제의 신임을 잃고 권좌에서 물러나자 그의 개혁도 흐지부지되고 말았다.

강유위와 입헌군주제

강유위(1858~1927)는 광동 출신으로 강남 지역에서 이름을 떨쳤던 정통 유학자였다. 그러나 명성과 시험은 별개 문제여서 진사進士에 오르지 못한 채 거인擧人 출신으로 개혁을 주도하였는데, 관료 경험이 전혀 없다는 점에서 전자의 개혁가들과 달랐다.

그러나 그에게는 자신을 지지하는 전국의 거인 출신 지식인들과 쇠퇴해가는 시국을 타개하려는 열정을 가진 젊은 황제 광서제光緒帝가 있었다. 입헌군주제 실시와 과거제 폐지, 경제 전담 기구 설치 등 파격적인 정책을 제시했지만 만주족 황실의 권위를 지키려는 서태후와 과거시험에 인생을 건 유생들은 새로운 환경을 받아들이지 않았다. 결국 기득권 세력의 반발에 부딪쳐 제대로 된 정책을 실행하지 못하고 일본으로 망명하고 말았다. 그의 개혁은 100여 일 동안 진행되었다고 해서 백일유신百日維新이라 부른다. 몇 년 뒤 그가 내세웠던 정책들이 하나하나 빛을 보았지만 동료들은 이미 형장의 이슬로 사라졌고, 그 역시 일본으로 망명한 뒤라 그의 개혁을 성공이라 하기는 어려울 것이다.

장거정의 정치적, 경제적 개혁

당대의 문제점을 정확히 진단하고 나라의 기초를 굳건히 하고자 했던 많은 개혁가들이 기득권층의 반발과 이를 막아주지 못한 최고 통치권자의 변심으로 중도에 좌초하거나 비참한 최후를 맞이했다. 유가정치에서 개혁은 황제는 물론 기득권층의 지지를 얻어내야 하는 어려운 일인 만큼 성공보다는 실패가 많았던 것이 당연했다. 그런데 오직 장거정만이 정통 관료로서 법치를 내세우고 개혁을 실시해 많은 성과를 거둔 뒤 무사히 생을 마쳤다. 따라서 성공적으로 완수한 개혁으로 더욱 의미가 있다.

중국의 개혁은 혁명과 달리 주로 정치에 오랜 시간 참여했던 문인 관료들에 의해 실시되는 것이 일반적이다. 이들은 오랫동안 실무를 다루면서 자연스럽게 경전에 담긴 이상세계를 보다 현실적인 방법을 통해 구현하려는 꿈을 갖게 된다.

시대를 막론하고 현실적인 문제는 권력과 부의 과도한 편중으로 빚어지는 불균형이다. 따라서 개혁가들은 최고 통치자인 황제의 신임을 업고 새 정책으로 구세력과 맞서는 치열한 경쟁을 벌여야 한다. 그러므로 개혁의 성공 여부를 결정짓는 여러 요소를 누가 어떻게 점유하느냐에 따라 성패가 엇갈린다. 때때로 개혁의 성패에 대해 천심과 민심을 이야기하기도 하지만 대부분 치열한 권력투쟁의 결과인 경우가 많다.

장거정은 그가 권력의 중심에 자리 잡은 1573년(만력 원년)부터 10년 동안 내각의 총책임자로서 황태후 이씨와 어린 황제 신종의 절대적 신임과 환관을 다루는 사례감司禮鑑을 장악한 환관 풍보馮保의 협조 아래 황제를 대신해 전권을 행사하며[代帝攝政] 엄청난 개혁을 진행했다. 그의 개혁은 전방위적으로 벼락 치듯 신속했다 해서 당시 사람들은 아침에 영을 내리면 저녁에 실시되고[朝下令而夕奉行], 감히 게으름을 피우지 못했다[莫敢有偸心]고 했다. 그는 오랜 시간을 기다렸다가 기회를 잡자 젊어서부터 준비해온 많은 정책들을 신속하고 과감하게 처리했다.

정치적 측면에서 그가 실시한 고성법考成法은 수도 북경의 관료제도를 매우 효과적으로 작동시켰다. 관료의 1년 업무 결과를 평가해서 인사에 반영하는 것은 문하생과 당파에 좌우되던 당시의 인사 관행에 대단한 충격을 주었다.

관리들은 자리를 지키기 위해서 자신의 업무를 게을리 하지 않았다. 정책의 발의부터 추진 과정, 시행, 결과 등이 실시간으로 추적되는 획기적인 제도의 도입으로 이후부터는 국가 정책이 아무도 모르게 한 부서의 구석에 종이로만 보관되는 폐단이 사라졌다. 부처와 부처 사이의 연락이 활발하게 진행되다 보니 시중의 종이값紙價이 오를 정도였다는 것도 결코 허풍이 아니었다.

명대에는 재정 문제가 심각했다. 1528년부터 1571년까지 한 해도 빠짐없이 지출이 수입보다 많은 적자 상태였다. 1569년 목종이 호부에 새로운 지출을 요구했지만 당시 재정 수입이 250만 냥인데 비해 지출은 400만 냥으로, 150만 냥이 적자였다. 때문에 황제의 요구를 들어줄 수가 없었다. 장거정은 황제의 친척들에게 지급되는 과도한 봉록과 지방 역참에서 자행되는 부패를 척결해 재정적자를 백성에게 전가시키지 않고 해결했다. 이부좌시랑 위학증, 강유지현 조좌, 호광총병 진왕모, 대동순무 유응기 등 내로라하는 유명 인사들이 뇌물수수와 부정부패로 파면되거나 사형에 처해졌다. 지방 수령들은 관행이라는 이름으로 받아오던 뇌물에 보다 냉정하게 대처해야 하는 숙제를 안게 되었다.

세금을 내지 않거나 숨겨진 세원을 찾는 것도 중요했다. 당시 고관이나 지방의 토호들은 많은 토지를 소유하고도 세금을 내지 않았다. 1567년부터 1579년까지 각 성에서 걷지 못한 세금이 100여 만 냥에 달했다. 지방관들은 이를 알면서도 세도가들의 권세에 눌려 세금을 걷지 않고, 이들이 내지 않은 세금을 백성에게 전가시켜 원성이 자자했다. 장거정은 이 세금만 걷어도 새로운 세금을 만들지 않고 국가 재정을 튼튼하게 만들 수 있다는 것을 꿰뚫어 보고 있었다.

또 다른 개혁인 일조편법一條鞭法은 중국 조세제도 중 가장 획기적인 개혁이었다. 이 제도로 과거 곡물 등 실물로 걷던 세금과 직접 몸으로 부딪쳐야 하는 취로사업 격인 요역徭役이 모두 은銀으로 통일되었다. 국가는 세금으로 거두어들인 엄청난 양의 실물에 대한 운반과 저장, 화폐 전환의 부담에서 벗어날 수 있었고, 복잡한 요역 체계를 화폐로 대신함으로써 업무가 간소화되었을 뿐만 아니라 운영의 효율성도 높아졌다.

중국은 원래 은 생산이 충분치 않았다. 하지만 당시 절강, 복건, 광동 등 동남 연안에서는 밀무역을 통해 일본과 남미의 은이 수입되었다. 명나라 초기 태조 주원장은 원나라의 지나친 대외 확장이 왕조의 운명을 재촉했다는 인식하에 철저한 쇄국 정책을 실시했다. 한조각의 널빤지도 바다에 나가지 못하도록 쇄국을 실시했지만 중엽 이후 동남 연해는 유럽에서 온 범선과 왜구들로 들끓고 있었다. 결국 중국은 쇄국의 자물쇠를 열고 세계와 부딪쳐야 했고, 의도한 것은 아니었지만 중국 경제가 세계 경제와 만나는 역사적 단초가 되었다.

황하의 치수와 북쪽 변방의 안정 역시 중요한 성과였다. 장거정은 자신이 잘 알지 못하는 분야에서는 철저하게 전문가를 믿고 지원했다. 반계순潘季馴과 척계광戚繼光은 업무 영역을 다투는 지방관리, 장군들의 권력 다툼과 호시탐탐 기회를 엿보는 어사御使들 사이에서 장거정의 전폭적 신임과 지지 덕분에 마음 놓고 자신들의 정책을 실시해 광대한 화북華北 지역의 안정에 기여했다.

개혁, 그 어려운 도전

효율, 부패, 균형은 언제나 장거정을 괴롭혔다. 하지만 여러 개혁 중 그가 입에 올린 내용은 반드시 결과가 있었으며, 추호도 막힘이 없었고, 정치적 거래 따위는 없었다. 개혁의 결과는 눈부신 성과로 나타났다. 가정제 이래 무력해진 정치권과 궁핍한 재정, 허물어진 변방 경계에서 부국강병으로 나아가는 개혁은 무너져가는 왕조에 새로운 생명력을 불어넣고, 희망의 불꽃을 되살렸다. 이것이 장거정 개혁의 실체이자 후세에 칭송을 받게 된 요인이다.

장거정 역시 왕안석처럼 일찍이 과거에 합격해, 학문 분위기가 농후한 한림원翰林院에서 젊은 시절을 보냈다. 이는 당대 최고의 인사들이 의례적으로 거치는 경로였고, 이 과정에서 많은 관리들이 유가 경전에 심취해 형이상학적인 담론에 빠지곤 했다. 그리하여 조정에서는 실질적으로 백성들에게 필요한 논의는 실종되고 오직 자리에 연연한 채 입신양명을 목표로 하는 정치 관료들만 남게 되었다. 그는 이러한 현상을 바로잡고 중병에 걸린 왕조를 되살리기 위해서는 법치를 근거로 한 강력한 개혁만이 해결책이라고 생각했다.

그는 "모든 것은 공公을 우선으로 해야 하며 빈 마음으로 사물을 본다면 흐트러짐이 없을 것이다. 정파 싸움을 두절하고 불필요한 의론을 줄이며, 황제를 받들고 백성들을 보호하기 위해 솔선수범해야 한다"고 다짐했다. "법은 반드시 실행되고 뱉은 말에는 결과가 있어야 한다"며 패도를 주장한 법치주의를 실행했다. 그에게서 온순하고 관대한 유학자의 모습보다는 엄격하고 권술과 책략에 능하며, 치열한 권력투쟁 속에서 냉철하고 노련한 수법으로 언관과 여론을 주도하는 모습이 보이는 것은 바로 이 때문이다.

장거정은 개혁에 성과를 거둔 후 지병의 후유증으로 세상을 떠났다. 그러자 그동안 권력의 뒤편에서 숨죽이고 있던 어사들은 '지나친 권력을 행사해 황제를 능멸했다'는 죄목으로 탄핵을 시도했다. 그가 관련되었다고 하는 각종 부패가 뒤를 이었고, 그가 추진했던 정책들은 차차 무산되었다. 그렇다면 그의 개혁은 성공한 것이라고 할 수 있을까?

《신종실록》에는 "성심껏 군주를 보좌하고 간신들을 제압했으며 여러 정책이 성공을 거두었다"는 평가와 함께 "의심이 많고 도량이 좁았으며 언관을 억압하고 아첨꾼을 맹신했다"는 비판도 기록되어 있다. 청렴한 관리였던 해서海瑞의 평가도 주목할 만하다. 그는 비록 장거정과 정책적 측면에서 다른 의견을 가지고 있었지만, 장거정 사후에 행해진 과도한 비극에 대해 "나라를 다스리는 데는 능했지만 자신을 다스리는 데는 서툴렀다"라고 진단했다. 전자는 장거정이 10년을 하루같이 전력을 다해서 정치개혁에 매진했음을 말하고, 후자는 권력자가 지켜야 할 도덕적 가치를 소홀히 했음을 지적한 것이다. 그 자신도 관행이라는 사슬을 피하지 못한 결과였다.

장거정이 자신과 주변에 더 엄격했어야 했다는 것은 옳은 말이다. 하지만 그의 죄명은 황제로부터 위임받은 권력을 과도하게 이용하고, 월권했다는 것이었다. 역대 모든 개혁가들이 쉽게 빠지는 자만심에서 그도 자유롭지 못했고, 언관言官들이 득세하는 명대 특유의 복잡한 구조 속에서 황제에 대한 월권이라는 혐의는 어떠한 공적으로도 대체할 수 없는 죄목이었다. 장거정의 개혁은 성공했으나 그의 몰락과 함께 정책들도 함께 무너지고 말았다. 다만 은의 사용 등 시대를 거스를 수 없는 정책들은 남아서 새로운 시대를 기다렸다.

개혁은 일시적인 욕심이나 무리한 추진력만으로 되는 것이 아니다. 분명한 철학과 오랜 준비, 높은 도덕적 처신, 철저한 주변 관리가 뒤따라야 하는 어려운 도전이다. 더욱이 혼자만의 힘으로는 결코 성과를 거둘 수 없다. 개혁이 혁명보다 어려운 점이 바로 여기에 있다. 역대 개혁가들의 삶과 개혁의 진행 과정을 거울로 삼아 개혁에 대한 새로운 인식이 필요한 때다. 오늘도 개혁은 필수적인 과제가 되어서 쉼없이 진행되고 있기 때문이다.

제1장

형주의 소문난 수재, 장거정

나라가 쇠락의 길로 접어들던 시기에 태어나다

1276년 송나라 공제恭帝 때, 몽고군의 침략으로 수도 임안臨安(항주杭州의 옛 이름)이 함락되고 황제는 포로로 붙잡혔다. 대신들은 익왕益王 하昰를 새로운 황제 단종端宗으로 옹립해 연호를 경염景炎이라 했다. 그러나 그가 3년 만에 죽자 위왕衛王 병昺이 즉위해 연호를 상흥祥興이라 하여 왕조의 맥을 이어갔다. 하지만 전쟁은 점차 중원 남쪽으로 확산되고, 남송은 겨우 대륙의 남쪽 끝에 있는 섬인 해남도海南島 하나만 남게 되었다.

그해 문천상文天祥이 전투에 패해 포로가 되었다. 그리고 이듬해 육수부陸秀夫 역시 전투에 패하자 황제를 안고 바다로 뛰어들었다. 이후 장세걸張世杰이 새로운 황제를 옹립해 항쟁의 불꽃을 피우려 했으나, 거센 시대의 풍랑은 이 영웅마저 삼켜버리고 말았다. 몽골에 대한 남송南宋의 저항은 이렇게 끝을 맺었다. 이 해가 바로 1279년, 원元 세조世祖(쿠빌라이 칸) 지원至元 16

년으로, 몽골족이 중원을 통일한 해다.

　몽골은 송나라를 멸하고 새로운 왕조 원元을 세웠다. 백성은 몽골군의 황음무도, 살인방화, 도살, 폭행으로 노예 같은 고달픈 생활을 이어가야 했다. 320여 년 동안 중국을 통치해온 송나라 황실은 원대한 지략을 가진 군주를 배출하지 못하고 몰락했다. 문천상, 육수부, 장세걸이 죽은 뒤로 사대부 계층에서는 난국을 헤쳐 나갈 지사가 나타나지 않았다. 남은 사람은 그저 시문이나 잡문을 읊어대는 문인들뿐이었다. 이들은 봄날의 꽃놀이를 제목 삼아 세상이 바뀌었다며 탄식만 하고 있었다.

　그러나 오랜 역사를 이어온 나라는 그렇게 쉽게 이민족의 말발굽 아래 묻히지 않았다. 마치 불사조처럼 백성들은 강인한 힘으로 스스로 족쇄를 끊고 생존을 위해 몸부림쳤다. 1351년 서수휘徐壽輝를 필두로 1352년 곽자흥郭子興, 1353년 장사성張士誠, 1355년에는 백련회白蓮會의 한림아韓林兒 등이 각지에서 봉기했다. 이 중 황각사皇覺寺 승려 출신인 주원장, 어부 출신 진우량陳友諒이 가장 걸출했다. 주원장이 병사를 일으키자 이선장李善長, 서달徐達, 탕화湯和, 이문충李文忠, 풍국용馮國用, 풍승馮勝, 호대해胡大海, 상우춘常遇春, 요영안廖永安 등 회수淮水 유역의 영웅호걸들이 적극 호응했고, 이들은 명明이 개국(1368)하면서 모두 공신이 되었다.

　명나라 중엽 이후에는 황실이 부진해 국가 기운이 크게 쇠퇴했다. 그때 한 인재가 출현해 국가의 운명을 짊어지고 쓰러져 가는 왕실의 수명을 72년이나 연장시켜 주었으니(목종 6년인 1572년부터 숭정 17년인 1644년까지를 일컬음), 바로 대학사大學士 장거정(1525~1582)이다.

　장거정이 태어날 당시, 명은 이미 쇠락의 길로 접어들고 있었다. 태조太祖(주원장, 홍무제), 성조成祖(영락제)가 세웠던 혁혁한 무공은 물론 인종仁宗, 선종宣宗 때의 정치적 발전 역시 더 이상 이어지지 않았다.

명태조 주원장(1328~1398)

연호는 홍무제. 탁발승의 인생을 살다가 홍건적의 난에 가담한 후 승승장구해 명나라를 세움으로써 왕후장상의 씨가 따로 있지 않다는 것을 보여준 황제다. 원래 모습은 왼쪽에 가까웠지만 백여 명의 화장畫匠들이 목숨을 잃고서야 오른쪽의 어진이 탄생했다. 청대 고증학자 조익趙翼은 "명태조는 성현의 면모, 호걸의 기풍, 도적의 성품을 동시에 가진 사람이었다"고 평했다.

1449년에는 선종의 뒤를 이은 영종英宗이 타타르韃靼(Tatar)와의 전투에서 수십만 대군을 잃고 포로가 되는 황당한 사건이 발생했다. 다행히 우겸于謙이 경제景帝를 옹립해 가까스로 나라의 질서를 유지했으나 7년 후 영종이 돌아오자 우겸은 피살되었다. 그리고 다시 헌종憲宗이 즉위하지만 새로운 기상은 여전히 보이지 않았다.

뒤를 이은 효종孝宗은 현군이었으나 뒤의 무종武宗은 특이한 성향의 군주였다. 북경의 황궁이 싫다는 이유로 즉위 전에 자신이 살던 사저私邸를 표방豹房이라 칭하며 머물기를 즐겼다. 스스로를 황제보다는 '총독 군무위무대장군 진국공 주수'總督軍務威武大將軍鎭國公朱壽라고 하는 걸맞지 않은 장군 호칭으로 불리기를 좋아했다. 아들을 낳지 못한 그는 수많은 양자를 두었지만 태자를 책봉하지 않았다. 1510년에는 안화왕安化王 치번眞鐇이, 1519년에는 영왕寧王 신호宸濠가 반란을 일으키자 황실은 큰 상처를 입고 위엄이 급격히 무너지기 시작했다. 결국 무종이 후사 없이 세상을 떠나자 사촌 동생 세종世宗이 즉위했다.

세종은 재능은 많았지만 이해할 수 없는 면을 지닌 황제였다. 그로 인해 그의 치세 동안 명은 외적으로는 태평성대인 것처럼 보였지만 내적으로는 황당하고 기이한 일들이 많이 발생했다. 정치는 독재와 아집에 빠지고 대신들은 정장廷杖(황제의 명에 따라 조정에서 신하에게 곤장을 치는 벌)으로 언제 죽을지 모르는 공포에 시달렸다. 때문에 아부와 영합이 난무하고 사회적 부패와 동요가 가속되던 시기였다. 장거정은 바로 이러한 때에 태어났다.

선대에게서 호방한 기개를 물려받다

장거정의 문집 〈선고관란공행략〉先考觀瀾公行略에 따르면, 그의 선조는 원나라 말기 봉양鳳陽 정원定遠 사람 장관보張關保로부터 시작한다.[1] 주원장이 군사를 일으키자 장관보는 대장군 서달徐達을 따라 강남 평정에 참여했다. 그는 절강, 복건, 광동 등에서 공을 세운 무명영웅武名英雄으로, 귀주 장령에서 세습 천호소千戶所[2]가 된 이후 호광湖廣에 군적軍籍을 두었다. 군적이란 각 부府의 중요 지역에 군사 지역을 설정하고, 위衛에는 대략 5,600명, 천호소에는 1,120명, 백호소百戶所에는 112명 정도를 주둔시켜 군인 신분을 세습시키는 일종의 호적제도다. 이러한 배경은 훗날 장거정의 국가관에 큰 영향을 미쳤다.

장관보는 이후 평범하게 살다가 일생을 마쳤다.[3] 그의 증손자인 장성張誠이 장거정의 증조부다. 장성은 차남이어서 세습을 받지 않고 타향인 형주부荊州府 강릉현江陵縣으로 이주했다. 호인이었던 그는 궁핍했지만 가난한 사람, 특히 승려들에게 많은 은덕을 베풀었다. 그가 말을 더듬었기에 사람들은 그를 '말더듬이 장씨'라고 불렀는데, 그는 더듬으면서도 말이 아주 많았다.

> 증조부께서는 평생 도움이 필요한 사람을 위해 사셨소. 항상 자기가 남의 잠자리가 되어 남들이 그 위에서 편히 잠자기를 바라셨지요. 고향 어르신들의 어려움을 보면 절대 참지 못하셨소.
>
> ─《서첩 3》書牒 〈답초안원진연야사표여答楚按院陳燕野辭表閭〉

> 20여 년 전 내 몸을 자리 삼아 남들에게 편한 잠자리를 주었으면 했다. 설사 내 위에서 대소변을 본다 해도 싫다 하지 않을 것이다. 누군가 내 몸의 일부를 달라면 기꺼이 주겠다.
>
> ─《서첩 3》〈답초안원진연야사표여〉

이 글은 장거정이 스물아홉에 쓴 것으로, 서계徐階에 의해 발탁돼 한림원翰林院 편수編修가 되어 훗날 재상의 꿈을 가졌을 무렵이다. 재상의 꿈은 증조부의 행실에서 비롯되었는지도 모른다. 그는 월鉞, 진鎭, 익釴 세 아들을 두었다. 장자인 월은 이재에 능해 재산을 불렸고, 막내 익은 공부를 잘해 현의 학생學生(과거를 준비하는 과정)이 되었다. 다만 둘째아들 진(장거정의 조부)은 돈도 공부도 싫어해 자유분방하게 살다가 요왕부遼王府의 호위병이 되었다.[4] 장관보가 군인이었던 것을 상기한다면 후손이 호위병이 된 것은 자연스러운 일이다. 그러나 이미 4대가 흘렀고 세상도 변해 전쟁 영웅담이나 남자다운 기백을 이야기하던 시대는 아니었으므로 그는 그저 호기나 부리며 방랑자처럼 살았다.

말더듬이 장씨는 별 재주가 없던 둘째아들에게 특별한 정을 쏟았다.[5] 그의 호방한 기개는 손자 장거정에게 영향을 미쳤는데, 장거정이 훗날 정치에서 보여준 독재적이고 자의적인 성향은 바로 할아버지의 모습 그대로였다.

둘째 장진은 아버지의 사랑에도 불구하고 별달리 이룬 것이 없었다. 그저 아들 문명文明을 낳았을 뿐이다. 그러자 말더듬이 장씨는 "내가 일생 동안 다른 사람을 많이 도왔으니 좋은 자손을 보리라. 이 아이가 아마 그럴 것이다"라며 기뻐했다.

문명은 자를 치경治卿, 별호를 관란觀瀾이라 했다. 그는 스무 살에 학생이 되어 과거를 준비했으나 향시鄕試에 7차례나 낙방했다. 훗날 아들인 장거정이 한림翰林에 제수된 지 3년이 지나자 비로소 "어려서부터 이제까지 40여 년간 공부를 할 만큼 했는데도 오늘날까지 이 모양인 것은 운명인가 보다"라며 과거를 포기했다. 장거정은 부친에 대해 이렇게 회고했다.

부친은 감정이 예민하고 총명해 쓰는 글이 곧바로 문장이 되었다. 그저 읊는 대로 내뱉어도 구구절절 절묘한 구절이 되었다. 그렇다고 옛 습관에 얽매어 흉내만 낸 것은 아니었다.
　－《문집 10》〈선고관란공행략〉先考觀瀾公行略

40여 년 동안 공부에 매달린 것은 자신의 부족함을 인정하고 싶지 않은 일종의 자존심이었을 것이다. 장거정은 부친에 대한 또 다른 글에서 이렇게 밝히고 있다.

부친은 성격이 활발해 인간관계가 좋았다. 작은 것에 연연하지 않았고 누구를 미워하지도 않았으며 술을 좋아해 마을에 행사가 있으면 언제나 빠지지 않았다. 선비로 자처하며 백성의 생활에 관심을 많이 가졌고, 좋은 술이 있으면 반드시 사람들을 불러 같이 마셨다.

－〈선고관란공행략〉先考觀瀾公行略

물론 이는 아들 장거정이 출세한 후의 일이지만, 자유분방한 그의 단면을 보여준다.

빈한한 선비 집안에 태어나다

말더듬이 장씨는 증손자 장거정이 태어난 것을 보았다. 1525년(세종 가정 4년) 5월 초3일, 장문명이 스물두 살, 부인 조씨가 스무 살 때 장거정이 태어났다. 큰 인물의 잉태와 출생에는 여러 가지 전설이 있기 마련이다. 조씨 역시 어느 날 밤 갑자기 방 안이 환하게 밝아지고 붉은 광선이 하늘로 치솟더니 푸른 옷을 입은 대여섯 살 난 동자가 하늘에서 천천히 걸어 내려와 침상 주변을 도는 꿈을 꾼 후 수태했다고 한다. 이 이야기는 장거정이 크게 출세한 후에 회자되었다. 물론 지어낸 것이겠지만 계속 이야기하다 보면 자기 최면으로 이후에는 사실이라고 믿었을 것이다. 당시 지식이 많지 않았던 시골 부녀자들에게는 흔히 있는 일이었다. 또 《문충공행실》文忠公行實에 따르면, 조씨는 열두 달 만에 장거정을 낳았다고 한다. 당시 체력이 강한 시골 부녀자의 첫 임신은 간혹 길어지기도 했다.

이 책에는 꿈에 관한 또 다른 이야기가 있다. 장거정이 태어나기 전날, 장진은 꿈을 꾸었다. 홍수가 나서 경황이 없자 하인에게 웬 물이냐고 물었다. 그러자 하인이 장소보張少保(소보는 훗날 장거정이 대학사가 되어 받은 직함 중 하나다)의 땅에서 나온 것이라고 답했다고 한다. 같은 날 밤, 장성 역시 달이 물항아리에 빠져 밝은 빛을 내더니 흰 거북이 그 빛을 타고 올라가는 꿈을 꾸었다. 이 이야기를 전해들은 할아버지는 아이의 이름을 흰 거북白龜과 발음이 같은 백규白圭6)라 지었다. 훗날(1536) 생원 시험을 볼 때 형주부荊主府 지부知府 이사고李士翱가 이름이 좋지 않다며 거정으로 바꿔줄 때까지 그는 장백규라 불렸다.

장거정은 자를 숙대叔大, 별호를 태악太岳이라 했다. 어렸을 때는 가정형편이 넉넉지 않았다. 1554년(가정 33년)에 휴가차 고향을 다녀온 뒤, 서계에게 보낸 서한에서 "정직함은 명문귀족이 아닌 가난한 선비에게서 시작된다"라거나,7) 만력 연간(1573~1619)에 왕세정王世貞에게 보낸 서한에서 "선대는 빈한한 선비 집안"이라는 데서도 잘 나타난다.8) 태조 주원장이 하층 출신이었다는 점은 그에게 큰 자극이 되었다. 1558년 장거정은 한림원 편수로 중용된 뒤《서릉 하씨 족보 서문》西陵何氏族譜序文을 쓸 때 자신의 출신 배경을 이렇게 밝혔다. "국가는 오직 능력으로만 현자를 뽑으니, 공을 세우면 신분은 얼마든지 바뀔 수 있다."9)

장거정이 태어난 후 집안의 사정이 점점 좋아져 하인과 유모를 두었다. 장거정은 두 살 때부터 총명함을 보이기 시작했다. 하루는 집안 숙부인 장용추張龍湫가《맹자》孟子를 읽다가 장거정에게 말했다. "똑똑하다고 자만해서는 안 된다. '왕이 이르기를[王曰]'이라는 말은 간단하지만 깊은 뜻이 있으니, 이를 깨우쳐야 비로소 안다고 할 수 있느니라."

며칠 후 장용추는 장거정을 무릎에 앉히고 "왕이 이르기를"하고 읽기 시작했는데, 어린 장거정이 바로 기억해내자 사람들은 신동이 났다며 호들갑을 떨었다. 다섯 살 때부터 서당에 나갔고, 열 살 때 육경六經(시경詩經·서

경서經·역경易經·예기禮記·춘추春秋의 5경 외에 악경樂經이 추가된다)을 깨쳤으니, 형주에 그 이름이 자자했다.

1536년 장거정은 열두 살 때 처음으로 과거에 응시했다. 과거시험 전날 밤, 형주 지부 이사고는 상제上帝가 그에게 옥으로 된 도장을 주면서 한 어린아이에게 전해주라는 꿈을 꾸었다. 그리고 다음 날 출석을 불렀는데, 첫 번째 아이가 장백규였다. 자세히 보니 바로 꿈에서 보았던 아이였다. 이사고는 아이의 이름을 장거정으로 바꿔주고 여러 충고를 해주었다. 이사고가 시험을 감독하러 온 호광학정湖廣學政 전욱田頊에게 이 총명한 아이에 대해 이야기하자, 전욱은 장거정을 직접 면접하고는 부학생府學生으로 선발했다.[10]

다음 해 장거정은 요왕의 후계자인 주헌위朱憲㸅(재위 1540~1568)를 만났다. 태조는 1378년 열다섯째 아들인 주식朱植을 위왕衛王에 봉했다가 1393년에 다시 요왕에 책봉했다. 요왕부는 원래 광녕廣寧(지금의 요녕성 북진현)에 있었으나 건문 연간(1399~1402)에 형주로 옮겼고, 장거정의 조부인 장진이 이곳에서 호위병으로 근무했다.

6대 요왕인 장왕莊王 주치격朱致格은 1525년에 아들 헌위를 낳았는데, 장거정과 나이가 같았다. 장왕은 몸이 약해 모든 일은 왕비 모씨毛氏가 처리했다. 1537년(가정 16년)에 장왕이 죽자, 헌위는 상중인 데다 나이가 어려 왕위를 세습하지 못했다. 모씨는 어린 아들이 독서를 게을리 하고 놀기만 좋아하자 자극을 주기 위해 형주에서 총명하기로 소문난 장거정을 집으로 초대했다. 모씨는 아들에게 "네가 공부를 게을리 하면 언젠가는 장거정에게 혼이 날 것이다"라며 면박을 주었다. 무심코 한 말이었지만 이 말은 헌위의 어린 가슴에 큰 상처를 주어 장거정에 대한 증오를 심어주었다.

열일곱 살에 회시에 합격하고 서길사를 제수 받다

장거정은 열세 살 때 무창武昌에서 향시에 응시했다. 당시 장거정에 대한 소문이 이미 자자해 무난히 합격했겠지만 호광순무湖廣巡撫 고린顧璘은 생각이 달랐다. 고린은 응천부應天府 상원현上元縣 사람으로 당시 진기陳沂, 왕위王韋와 더불어 금릉金陵(남경南京의 옛 이름)의 유명 인사였으며, 훗날 주응등朱應登까지 더해 사대가四大家로 불린 인물이다.[11] 그는 장거정이 열세 살의 어린 나이에 합격하면 쉽게 자만에 빠져 더 이상 성장하지 못할 것을 염려했다. 그리하여 학문에 더 정진할 기회를 주는 것이 좋겠다고 생각해 시험감독관에게 "이 아이는 큰 재목으로, 일찍 등용해도 좋겠지만 몇 년 더 기다렸다가 뽑으면 장래가 더 밝을 것이니 잘 알아서 판단하라"고 당부했다.

장거정의 답안지를 본 호광안찰첨사湖廣按察僉事 진속陳束이 크게 놀라 합격을 주장했지만, 고린의 부탁을 받은 감시어사監試御史가 결국 합격시키지 않았다. 이 일은 장거정의 인생에 큰 영향을 미쳤다. 그는 고린의 깊은 뜻에 감명을 받았고 죽을 때까지 그 은혜를 잊지 못했다고 했다. 만약 이 해에 장거정이 합격하여 거인擧人이 되었다면 불과 3년 차이지만, 자칫 당시 호광의 유명 풍류객이었던 당인唐寅처럼 자만에 빠져 시와 술, 풍류로 일생을 낭비했을지도 모른다. 장거정은 이렇게 말했다.

13살 되던 해, 순무이던 고공顧公은 나를 다른 인사들에게 장래 재상감이라며 칭찬을 아끼지 않았네. 자신의 혁대를 주며 만찬에 초대했지. 그리고 자기 아들에게 이렇게 말했네. "형주 수재로 장차 중요한 일을 할 사람이다. 그때 찾아가면 옛 친구의 아들이라 기억해줄 것이야." 그저 어린아이였던 내가 어찌 그런 말을 감당할 수 있었겠는가. 고공의 그 말은 마음속 깊이 새겨져 오랫동안 잊지 못했네.

　　1540년, 장거정은 열여섯의 나이로 향시를 통과했다. 이것 역시 대단히 빠른 것이었다. 장거정이 안륙독공安陸督工으로 재직하던 고린을 찾아가 인사를 하자 고린은 크게 기뻐하며 자신이 차고 있던 소뿔로 만든 혁대를 주면서 당부했다. "옛사람들은 대기만성이라 했지만 이것은 중간 정도의 인재를 두고 한 말이네. 자네는 중간 정도가 아니야. 내가 어사에게 자네를 뽑지 말라고 한 것은 어렸을 때만 반짝하는 수재에 그치지 말고 이윤伊尹[12]이나 안연顏淵[13]처럼 성장할 커다란 포부를 갖도록 하기 위함이었으니, 더욱 학문에 정진하도록 하게." 고린은 열여섯 살에 합격한 것도 너무 이르다고 걱정했다.

　　이 해 헌위도 3년 간의 초상을 마치고 7대 요왕으로 책봉되었다. 모씨는 수시로 장거정을 언급하면서 헌위를 질책했고, 헌위의 불만은 깊어만 갔다. 그리고 모든 화는 요왕부 호위로 근무하는 장거정의 조부 장진에게 쏟아졌다. 헌위는 장진에게 손자의 합격을 축하한다며 술을 하사했다. 기분이 좋았던 장진은 이미 많이 마셨음에도 헌위가 계속 술을 강요하자 주는 대로 받아 마시다가 결국 술을 이기지 못하고 숨을 거두고 말았다. 어처구니없는 이 사건으로 장거정과 헌위 사이에는 풀 수 없는 악연이 맺어졌다. 장거정의 증조부인 말더듬이 장씨 역시 세상을 떠나 이들은 장거정의 출세를 보지 못했다.

　　1541년(가정 20년) 장거정이 향시에 합격한 다음 해에 회시會試가 있었다. 명대는 향시 다음 해에 회시를 거행하고 향시에 붙은 합격자들은 모두 회시에 응시할 수 있었다. 하지만 장거정은 나이가 너무 어린 탓이었는지 참가하지 않았다. 3년 뒤 회시에 응시했으나 낙방했다. 그는 훗날 아들에게 보낸 서신에서 그때의 실패에 대해 이렇게 말했다.

훌륭한 옛 가르침을 좇아 현재에 맞는 법칙과 법도를 만드는 것은 재주 있는 사람만이 할 수 있다. 당대에 이런 사람은 많지 않다. 향시에 붙었을 때 나는 나 자신이 무척 똑똑하다고 자만했다. 과거급제는 따 놓은 당상으로 여기고 공부를 게을리 하고 마음 가는 대로 지냈다. 3년이 지났으나 새로운 것은 얻지 못하고 옛것은 모두 잃어버렸으니, 지금 생각하면 한심한 일로 인생의 커다란 오점이 아닐 수 없다. 결국 낙방했고 자신을 돌이켜 반성하며 모든 노력을 다해 겨우 시험에 붙었다.

－《서첩 15》〈시계자무수〉示季子懋修

다시 3년 뒤인 1547년(가정 26년), 장거정은 드디어 회시를 통과해, 진사進士가 되어 서길사庶吉士를 제수 받았다. 《명사·선거지》明史·選擧志에는 이렇게 기록되어 있다.

성조 초년 내각 7명 중 한림 출신이 아닌 사람이 절반을 차지했고, 한림 편수 역시 출신이 다양했다. 그러나 1458년 이후 이현李賢이 편수는 진사 출신으로 선발할 것을 건의하면서 진사가 아니면 한림에 들지 못했고, 예부상서禮部尚書와 시랑侍郎, 이부우시랑吏部右侍郎도 한림 출신만 임명했다. 따라서 서길사는 이러한 직책에 오르기 위한 기초 준비단계였다. 명대를 통틀어 재상 후보에 오른 사람은 모두 170여 명인데, 이들은 대부분 한림 출신이다. 과거시험이 어느 시대보다 주목받았고 한림의 대우도 최고였다.

따라서 장거정은 이미 재상을 향한 반열에 들어선 것이나 다름없었다.

장거정이 회시를 볼 당시, 주시험관은 손승은孫承恩과 장치張治였고, 채점은 진이근陳以勤, 오유악吳維岳이 했다. 이 해에 진사 급제를 한 이춘방李春芳은 이후 장거정과 함께 대학사에 올랐다. 역시 같이 합격한 은사담殷士儋, 왕세정王世貞, 왕도곤汪道昆, 왕종무王宗茂, 오백붕吳百朋, 유응절劉應節, 왕린王遴, 은정무殷正茂, 능운익凌云翼, 육광조陸光祖, 양위楊巍, 송의망宋儀望, 서식徐栻, 양계성楊繼盛 등도 모두 훌륭한 관료로 성장했으니, 이때는 특히 인재가 풍성한 해였다.

제2장

정계에 발을 버딛다

약관의 나이에 벼슬길에 오르다

1547년, 장거정은 서길사를 제수 받고 정계에 발을 내딛었다. 당시 세
종(가정제)은 모든 정치권력을 휘어잡고 있었다. 그는 홍왕興王이던 열여섯
살 때, 선왕인 무종의 후계자로 책봉되어 자신의 왕부를 떠나 북경성 교
외에 이르렀다. 예부상서는 먼저 황태자의 즉위례를 권했지만 자신은 황제
자리를 물려받았다며 이를 거절했다. 열여섯 살의 청년이 이처럼 분명하게
자신의 입장을 견지했다는 것은 쉬운 일이 아니어서 모두들 영민한 황제
의 모습을 예견했다.

이러한 예견은 바로 증명되었다. 즉위 후 자신의 친아버지인 홍헌왕의
예우 문제로 대신들과 잦은 쟁론이 벌어지자, 홍헌왕을 황고皇考, 백부였던
효종을 황백고皇伯考라 칭하는 비교적 합리적인 의견을 받아들였다. 그리고
공자에게 붙였던 문선왕文宣王(당나라의 현종玄宗이 공자孔子에게 내린 시호諡號)이

라는 존호를 폐하고 선사先師라고만 부르게 한 것이라든가, 동상 대신 목주만 세우게 한 것 역시 현명한 판단이라 할 수 있다.

그러나 장거정이 관가에 들어선 그해(1547), 마흔한 살이 된 세종은 정치에 피로를 느끼기 시작했다. 아직 젊은 나이임에도 불구하고 지엄한 자리가 주는 부담 때문이었는지 추진력은 사라지고 늘 무거운 피곤함을 느꼈다. 피곤함은 다시 쇠약으로 이어져 그는 점차 정치를 멀리하게 되었다.

사실 징조는 그보다 훨씬 전부터 있어왔다. 1539년부터는 어전회의에 나가지 않았고, 1541년부터는 대부분의 시간을 서원西苑에 있는 만수궁萬壽宮에서 보냈다. 그러자 모든 정무는 기존의 일처리를 그저 답습한 채 서서히 무너져갔다. 그는 도교에 심취해 궁중에 제단을 차려놓고 도교 수련에 몰두했다. 당시 어전회의는 전조前朝와 후조後朝가 있어 전조 때는 문무백관이 상소문을, 후조 때는 도사들이 상소문을 올렸다. 모두 황제에게 올리는 상소문이었지만 후조 때의 세종은 황제가 아닌 단지 도사들의 우두머리일 뿐이었다.

그럼에도 세종은 여전히 흐트러짐 없이 권력을 장악하고 유지했다. 그는 마치 굴속에 사는 표범처럼 화가 나면 굴을 뛰쳐나와 노루, 사슴, 토끼 등을 닥치는 대로 죽이고 피곤해지면 다시 굴속으로 들어가 느리고 나태한 생활을 즐겼다. 1547년 이후 하언夏言, 증선曾銑, 정여기丁汝夔, 양선楊選, 양수겸楊守謙, 양계성楊繼盛, 엄세번嚴世蕃 등을 죽인 것은 바로 이러한 모습을 보여준다. 세종이 정사를 점차 멀리하자 엄숭嚴崇, 엄세번 부자가 그 틈을 이용해 권세를 부리기 시작했다. 그러다가 세종은 갑자기 수련에서 깨어난 듯 뛰쳐나와 간신 엄숭을 고향으로 쫓아버리고 아들 엄세번을 죽였다.

명조는 3대 성조(재위 1402~1424) 이래 정치의 중심이 내각內閣에 있었다. 당시 내각은 현대 국가의 내각과 달리 황제의 비서실이었다. 구성원인

성조(1360~1424)

3대 황제. 연호는 영락제. 태조의 넷째아
들로 조카인 혜제를 폐위시키고 황제 자
리에 올랐다. 북경으로 천도해 북쪽 변방
의 타타르를 제압하고 만주의 여진족을
복속시켰으며, 남쪽의 베트남을 점령하
는 등 활발한 정책을 펼쳤다.

내각대학사^{內閣大學士}는 황제의 개인비서일 뿐이다. 아무리 세력이 크다 하
더라도 여전히 황제의 제한을 받았고, 대학사라 하더라도 황제에게 버림을
받으면 바로 지체 없이 북경을 떠나야 했다. 대학사는 많을 때는 8명까지
있었지만 보통 4~5명 정도였다. 황제가 임명했고 연륜에 따라 우두머리인
수보^{首輔}가 결정되었다. 수보는 황제가 관리들의 상주문에 내려야 할 결정
을 상주문 말미에 기록하는 표의^{票擬}를 작성했다. 만약 다른 사람이 작성
할 경우에도 반드시 수보의 교정을 거쳐야 했다. 서열에 의해 결정되는 수
보는 자신보다 서열이 높은 대학사가 오면 자연히 다음 서열인 차보^{次輔}로
물러났다.

　이들 사이의 직무는 명문화된 규정이 아닌 관습적인 것이어서, 수보와
다른 대학사들 간에는 수시로 쟁론이 발생했다. 차보는 수보의 자리를 노

리고, 수보 역시 차보를 견제해 이들 사이의 정치 투쟁은 치열했다. 다만 내각의 존엄을 지키기 위해 다툼은 대체로 눈에 띄지 않는 암투로 진행되었다. 대학사들은 모두 황제의 신임을 받는 사람이어서 싸움에서 이기려면 먼저 상대방에 대한 황제의 신임을 흔들어 좌천시키거나 유배를 보내기 위해 모함이나 비방을 하고 심지어 암살하는 것도 서슴지 않았다. 이러한 정치 투쟁에는 항상 피비린내가 진동했다. 이런 싸움이 한창 치열할 무렵 장거정은 정치를 시작했다.

1547년 내각에는 하언과 엄숭 두 대학사가 있었다. 1544년에 엄숭이 수보가 된 지 1년 만에 이미 3년 가까이 수보를 지냈던 원로 하언이 다시 기용되자, 엄숭은 차보로 물러났다. 하언은 강서江西 귀계貴溪 출신이며, 엄숭은 분의分宜 출신으로 모두 강서 출신이었지만 둘은 전혀 다른 범주의 인물이었다.[1] 하언은 강직한 기개가 있어 황제라 하더라도 자신의 뜻을 굽히지 않았지만 엄숭은 부드러움을 지닌 재주꾼이었다.

세종은 도가 수련을 할 때면 향엽관香葉冠이라는 모자를 썼다. 황제는 이 모자가 좋았는지 몇 개를 더 만들어 대신들에게도 나눠주었다. 다음 날 엄숭은 그 모자를 자랑스럽게 쓰고 왔지만 하언은 쓰지 않았다. 세종이 이유를 묻자 하언은 "신하는 오직 천자만 바라보면 됐지 도사의 의관이 무엇이 중요하옵니까"라며 퉁명스럽게 답했다. 세종이 보낸 환관宦官을 대하는 방식 역시 달랐다. 하언은 자리에 앉아 마치 하인 대하듯 위세를 부렸지만, 엄숭은 융숭하게 맞아들여 마주 앉아 오랫동안 다감한 이야기를 나누었고 돌아갈 때도 적지 않은 뇌물을 찔러주었다.

조정에서는 이 둘의 다툼이 끊이지 않았다. 한번은 엄숭이 황제 앞에서 하언을 비방하자 세종은 바로 하언을 쫓아내버렸다. 그러자 엄숭은 전권을 휘두르며 탐욕에 휩싸여 부패를 일삼았다. 세종이 엄숭의 전횡을 막기 위해 다시 하언을 중용하자 두 사람의 싸움이 다시 시작되었다. 세종이 도가 수련을 할 때 파란 종이에 '옥황대제께 바치는 청사^{靑詞}'라는 제문이 있었다. 세종이 이를 두 사람에게 시키면, 하언은 별것 아니라며 대충 썼지만 엄숭은 혼신을 다해 정성을 쏟아 황제를 흡족케 했다. 두 사람은 확실히 다른 유형의 사람이었다.

엄숭과 하언의 다툼이 끊이지 않다

명조 개국 초기부터 서북방의 이민족들은 끊임없이 중원을 괴롭혔다. 특히 몽골족은 부족끼리 다툴 때는 세력이 약했지만 단결하면 큰 위협이 되었다. 1462년 타타르가 하투^{河套}(Ordos, 중국 네이멍구자치구 중남부에 있는 고원 지역. 북쪽과 서쪽은 황하^{黃河}, 남쪽은 만리장성이 둘러싸고 있다) 지역을 침략해 중원을 넘보자, 서쪽 변방은 크게 동요했다. 이 지역의 타타르를 투구^{套寇}(하투 지역의 오랑캐라는 뜻)라고 불렀는데, 1497년 효종은 섬서에 총제삼변군무^{總制三邊軍務}를 설치해 감숙, 연수, 영하 삼변을 총괄해 방어하도록 하였다. 초대 삼변총제 왕월^{王越}부터 무종(정덕제) 연간(1505~1521)의 양일청^{楊一淸}까지 모두 강력한 토벌정책을 주장했다. 하지만 토벌은 이뤄지지 않았고 중원은 하루도 편할 날이 없었다.

세종대에 이르러 소란은 더욱 심해졌다. 1546년 여름 하언은 강도^{江道} 출신 증선^{曾銑}을 총독^{總督}으로 임명해 문제를 해결하려 했다.* 그는 번화한 지역 출신이었지만 애국심이 충만하여 강력한 군사력을 앞세워 이민족의 근거지를 압박하고 10여 만 명의 투구를 변방으로 이주시키는 등 시급한

---

* 가정 19년에 총제를 총독으로 바꾸었다.

효종(1470~1505)

9대 황제. 연호는 홍치제. 즉위 후 재능 있고 현명한 인재들을 많이 등용해 선정을 펼쳤다. 황실의 친족과 권문세가들의 토지겸병을 금지하고 백성들의 조세를 탕감해 정국을 안정시켰다.

위험을 제거했다. 그리고 성을 쌓고 잃어버린 땅을 찾으려 하자 세종은 병부에 명해 30만 냥의 군비와 격려의 조서를 내렸다.

하언의 장인 소강蘇綱은 증선과 동향으로, 평소 그를 높이 평가했다. 그래서 하언은 증선에게 힘을 실어주었다. 1547년 11월 증선이 섬서순무, 연수순무, 영하순무, 삼변총병三邊總兵과 함께 군사를 동원해 하투 수복이라는 기치를 올렸다. 그러자 세종의 격려가 이어졌고 하언과 증선은 크게 고무되었다.

그러나 기다리던 승전 소식이 늦어지자 세종은 조바심을 내기 시작했다. 엄숭은 세종이 동요하고 있다는 것을 감지하고 하언을 탄핵할 수 있는 좋은 기회라고 여겼다. 그리하여 땅을 되찾을 수 없을 것이라며 하언을 공격했다. 하언은 이미 결정된 사항에 자꾸 시비를 거는 엄숭이 못마땅했다.

하언은 화가 나면 성격이 급해져 상대방을 경멸하곤 했는데 성격이 강한 세종은 이를 참지 못했다. 이렇듯 엄숭과 하언이 대립하다 보면 나중에는 어느새 하언과 세종이 대립하는 형태로 변하곤 했다.

　엄숭은 증선의 섣부른 군사 행동이 나라를 혼란에 빠트릴 것이며, 이는 하언이 책임을 져야 한다고 비난했다. 1548년(가정 27년) 정월, 세종은 이를 받아들여 하언을 파직하고 실지 회복을 주장하던 관리들에게 모두 감봉 처분을 내렸다. 그리고 증선을 북경으로 압송토록 했다. 결국 증선은 황제의 측근을 회유했다는 죄명으로, 하언은 증선에게 뇌물을 받은 죄로 10월에 모두 사형을 당했다. 타타르는 하투를 끊임없이 유린하며 애꿎은 대학사와 삼변을 책임지는 장군의 목숨을 앗아가고 말았다. 엄숭은 다시 수보가 되었고, 어느 정도는 황제의 심기를 보좌하면서 또 한편으로 막강한 힘을 행사하는 권신으로 그렇게 15년의 세월이 흘러갔다.

현실 문제에 관심을 가지다

　명대의 한림원은 정치의 한 축을 담당하며 국가 운영에 지대한 영향을 미쳤다. 한림원에 새로 들어오는 젊은 진사들은 현실 정치와는 일정한 거리를 두고 여유롭게 시문이나 지으면서 자신의 수양에 힘을 쏟으며 미래를 준비했다. 그러다보니 한림원이 명대 문학에 많은 영향을 미쳤다는 말도 일리가 있다. 그리고 명나라의 황제들이 무능했음에도 270여 년이나 명맥을 유지할 수 있었던 것은 분명 한림원의 공이었다. 장거정이 한림원에 들어갔을 당시 진사들은 대부분 한대漢代나 당대唐代의 문장에 관심을 쏟았다. 그러나 장거정은 실용적인 면에 관심을 가지며 정치에 촉각을 곤두세우고 20년 이후의 장래를 준비했다.

하언과 엄숭이 싸우는 와중에 새로 들어온 젊은 진사는 할 일이 없었다. 장거정이 당시 상황을 조금씩 이해해 갈 무렵 하언이 실각했다. 엄숭과 장거정의 관계가 어떠했는지는 정확히 알 수 없다. 하지만 한림원은 내각 안에 있었고, 대학사는 한림원의 수장이며, 모든 사무는 한림원을 거쳐야 했으므로 두 사람 사이에는 분명 모종의 관계가 있었을 것이다. 엄숭의 문장 중에서 〈성수무강송〉聖壽無疆頌, 〈득도장생송〉得道長生頌, 〈대사사어제답보신하설음소〉代謝賜御制答輔臣賀雪吟疏 등은 장거정이 쓴 것이 분명하다. 다만 엄숭이 실각하여 사망하자 장례를 치른 분의현 지현에게 장례에 상당한 관심을 표명했다는 것 등을 통해 두 사람 사이에 상당한 감정적 교류가 있었다는 것을 짐작할 뿐이다.[2] 치열한 정치투쟁 속에서 장거정은 배울 것은 배우고 어떻게 처신하며 자신을 보호해야 하는지 노심초사하였다. 마치 달팽이처럼 촉각을 곤두세우고 자신을 도와줄 수 있는 사람을 찾고 있었다.

타타르가 하투를 발판 삼아 섬서성을 압박하자, 그의 형제인 알탄 칸(Altan Khan, 타타르족의 추장)도 북부와 동부에서 위협을 가해왔다. 1548년 8월, 알탄 칸은 대동大同을 공격했다. 그리고 9월에는 선부宣府를 거쳐 영녕永寧, 회래懷來까지 침입해왔다. 당시 하언과 증선은 이미 파직되었으나 엄숭은 세종에게 이 침공이 하언 등의 하투 수복이 초래한 결과라고 보고해, 결국 9월에 두 사람의 죽음이 결정되었다. 다음 해 2월 알탄 칸이 다시 회래까지 침공해오자 총병 주상문周尙文이 병사 만 명을 거느리고 나가 방어했다. 선대총독宣大總督 옹만달翁万達이 적의 기병 55명을 벤 것이 수십 년 만의 쾌거라면 쾌거였다.

서길사庶吉士는 일종의 수습관리로 한림원에서는 관선館選이라 했고, 3년이 지나면 산관散館이라고 해서 편수編修로 임명되었다. 편수는 실제로 하는

알탄 칸

16세기에 중국을 위협한 몽골의 칸(왕). 1543년 동부 몽골의 칸이 된 이후 중국의 북부 국경지방을 위협했다. 1550년에는 직접 군사를 이끌고 북서쪽 국경선인 만리장성을 넘어 수도 북경 부근까지 침입하기도 했다. 1571년 명나라와 평화조약을 맺었으며, 이 조약에 따라 말과 직물을 교환할 수 있게 되었다. 명 조정은 그를 순의왕에 봉했다. 사진은 불교 벽화로 남아 있는 그의 모습이다.

일은 없이 직함뿐이었다. 1549년(가정 28년)에 장거정은 편수가 되었다. 그해 그는 상소문 〈논시정소〉論時政疏를 썼다.[3] 당시 젊은 관리들은 상소를 통해 상대 정치인을 공격함으로써 자신의 존재를 부각시키곤 했다. 양계성은 엄숭을, 해서海瑞는 보다 직접적으로 황제인 세종을 공격했다. 하지만 장거정은 특정인을 공격하기보다는 당시의 상황을 진단하고 해결책을 제시하는 것으로 자신의 정치적 재능을 나타내려 했다. 때문에 어느 누구의 적도 되지 않았다. 직언을 하는 입장에서 보면 결과에 후회는 없을 것이다. 결국 양계성은 죽임을 당했고, 해서는 투옥되었다. 달팽이가 촉각을 세웠다가 바깥 공기가 나쁘면 다시 움츠러들 듯 장거정은 조용히 주변 상황을 살피고 있었다.

상소를 올릴 당시 장거정은 불과 스물다섯 살로, 한문제漢文帝(기원전

179~164) 때 스무 살이었던 재상 가의賈誼를 연상케 한다. 가의는 〈치안책〉
治安策에서 제후를 앞세워 당시 정국의 최대 현안이었던 왕들의 난을 진압
하자는 해결책을 제시해 황제의 지지를 얻었다. 그러나 1,600여 년이 지난
지금 상황은 그렇지 못했다. 친번親藩[4]의 위협은 사라졌지만 세습 종실이
많았고, 조정은 이들의 막대한 생활비를 대느라 국고가 휘청댔다. 이제 이
문제는 정치보다는 경제 문제로 변해 있었다.

태조 주원장은 26명의 아들과 16명의 딸을 두었다. 의문태자懿文太子(맏
아들 주표朱標) 외에는 모두 왕과 공주로 책봉했다. 또 이 왕들의 장남은 당
연히 왕으로 세습되고, 다른 아들들은 군왕郡王에 봉해졌으며, 자녀들 역시
공주와 군주가 되었다. 왕이 받는 1만 석의 봉록부터 공주의 부마까지 계
산한다면 한 왕부의 봉록만 해도 엄청났다. 그리고 종실에는 처첩이나 자
식에 관한 제한이 없어 진부晉府의 경성왕慶成王 기정奇湞은 70여 명의 자녀
들을 두어 태조보다 세 배나 더 많았다. 상황이 이러하니, 이들의 생활을
책임지는 국가의 재정은 커다란 압박을 받았다. 1562년(가정 41년) 어사 임
윤林潤은 그 폐해를 이렇게 지적했다. "지금 가장 어려운 문제는 무엇보다도
종실의 친번들이 받는 봉록이다. 경사京師(북경)에서 걷는 세금이 400만 석
인데, 왕부의 봉록은 853만 석에 이른다. 산서의 세수입은 152만석이지만
지급해야 할 봉록은 212만석이고. 하남은 84만 3천석이지만 192만석을 지
급해야 한다. 두 성의 곡식만으로는 종실을 먹여 살리기에도 부족하니 관
리나 군인들은 어떻게 하란 말인가? 군왕들은 장군들보다도 호의호식하지
만 기근이 오면 어떤 사태가 벌어질지 불을 보듯 뻔하다."[5] 장거정은 이러
한 지적을 눈여겨보았다가 훗날 1578년(만력 6년)에 친번에 관한 새로운 규
정을 만들어 제한을 두었다.

세종(1507~1566)

11대 황제. 연호는 가정제. 권신이자 간신인 엄숭을 총애해 내부에서는 부패와 민란이, 밖에서는 타타르와 왜구의 침입이 끊이지 않았다. 그의 시대를 기점으로 명나라의 운명은 점차 쇠락하기 시작했다.

엄숭의 권세가 하늘을 찌르다

세종은 아들 여덟을 두었다. 그중 다섯은 요절하고 차남 재학載壑, 삼남 재구載坖, 사남 재천載圳이 남았다. 1539년(가정 18년) 재학을 태자로 책봉하고, 재구는 유왕裕王, 재천은 경왕景王에 봉했다. 10년 뒤 태자가 사망하자 세종은 유왕을 태자로 책봉해야 함에도 태자 책봉이 상서롭지 못하다며 계속 미뤘다. 황제의 총애를 받던 도사 도중문陶仲文 역시 황제와 태자, 두 용龍은 서로 만나서는 안 된다며 둘의 만남을 막았다. 태자 책봉이 미뤄지자 유왕과 경왕은 서로 경쟁하는 처지가 되었다. 하지만 다행히 두 사람 모두 별다른 정치적 욕망이 없는 평범한 인물이어서 정치 참극으로 전개되지는 않았다.

그나마 1565년(가정 44년) 경왕마저 세상을 떠나자 더 이상 불행한 일

엄숭嚴崇(1480~1568)

세종대의 수보로, 20여 년 간 권력을 휘둘렀다.
자기와 의견을 달리하는 많은 문무대신을 살해
하고, 뇌물을 받고 관직을 팔았으며, 군비를 착
복하기도 했다. 만년에 그의 아들 세번이 탄핵을
당하여 주살된 후 면직되었고, 가산은 몰수당했
으며, 오래지 않아 병으로 비참하게 최후를 맞
았다.

은 일어나지 않았다. 그러나 그동안 유왕의 지위는 불안정했다. 수보 엄숭
은 유왕에게 냉담했고, 유왕은 3년이나 봉록을 받지 못했지만 감히 아버
지에게 말조차 꺼내지 못했다. 주변에서 마련해준 은 1,000냥을 엄숭의 아
들인 엄세번에게 뇌물로 준 뒤에야 봉록을 받을 수 있었다. 엄숭은 유왕에
게 고자세였다. 한번은 엄세번이 유왕의 강관講官이었던 고공高拱과 진이근陳
以勤에게 슬쩍 의중을 떠보았다.

"유왕께서 수보에게 불만이 있다 하는데, 사실입니까?"

당시는 세종이 엄숭의 의견에 따라 움직이고 있을 때였으므로, 만약 유
왕이 엄숭에게 위협적인 존재라면 유왕의 운명은 어떻게 될지 아무도 예측
할 수 없는 상황이었다. 진이근은 재치 있게 답했다.

"애초에 유왕 전하의 이름을 지을 때 구垕자는 흙 토에 뒤 후자로, 이
는 땅을 따른다는 뜻입니다. 이 땅의 주인이라는 황상皇上의 의사가 담겨
있고,[6] 우리가 유왕 곁에 있는 것은 유왕을 잘 보필하라는 수보의 뜻이며,

유왕 전하는 항상 수보만이 이 나라의 진정한 사직대신이라고 말씀하셨는데, 무슨 불만이 있다는 겁니까?"

이 한마디가 유왕의 목숨을 건졌고, 훗날 유왕이 즉위하자 고공과 진이근은 차례로 내각에 들었다. 1564년에는 장거정 역시 유왕의 강관을 거쳐 목종穆宗 원년인 1567년에 입각했다.

아무튼 1550년, 일흔 살인 엄숭의 권세는 최고조에 달했다. 장거정이 쓴 〈수엄소사삼십운〉壽嚴少師三十韻에는 엄숭에 대한 세종의 신뢰와 엄숭의 조심스러운 태도가 잘 표현되어 있다. 이때까지만 해도 장거정은 엄숭에게 상당한 호감을 가지고 있었던 듯하다. 그해 봄 장거정은 휴가를 내어 고향 강릉江陵을 다녀왔다.[7] 효종 홍치 연간(1488~1505)에는 수도에 근무하는 관리는 오고 가는 일정을 제외하고, 두 달 동안 휴가를 쓸 수 있었다. 당시 북경에서 강릉까지는 교통이 불편해 휴가 두 달에 왕복에 소요되는 시간을 더해야 했다. 그가 북경에 돌아왔을 때는 이미 가을이었고, 이때 발발한 경술지변庚戌之變을 직접 목격했다.

1550년 경술년 6월 알탄 칸이 대동과 고북구를 공격하고 통주로 진격해오자 북경은 위험에 처했다. 일찍이 성조는 북경으로 천도하면서 전시에 대비해 위소衛所를 72곳 설치하고 40만 군대를 주둔시켰다. 그리고 수도 주변에도 8부의 군사 28만과 중부의 16만 군사가 있어 이를 포함하면 80만여 군대가 있어 수도 방위에는 문제가 없었다. 그러나 세종대에 이르러서는 군비가 해이해져 겨우 10여 만 명만 남아 있었다. 전투력도 형편없어 알탄 칸의 침공 소식이 전해졌을 때 병부상서 정여기가 조사해보니, 싸울 수 있는 군사는 불과 5~6만 명 정도였다. 이러한 병사로는 전쟁이 어렵게 되자, 세종은 급히 대동에 있는 함녕후咸寧侯 구란仇鸞의 병사 2만과 각지의 군사 5~6만을 가세시켜 겨우 모양새를 갖췄지만 보급이 충분치 않아 굶어

만리장성

진나라 때 흉노의 침입을 막기 위해 축성을 시작하여 한나라 때 연장했고, 명나라 때 다시 몽골의 침입에 대비해 확장해 말기에 완성되었다. 그 규모가 커서 달에서도 보이는 지구상의 유일한 구조물이라고 한다.

죽는 병사가 속출했다.

알탄 칸이 북경성 턱밑까지 진격해오자 구란은 성만 공격하지 않는다면 어떤 조건이라도 받아들이겠다는 화의를 제의했다. 그러자 알탄 칸은 조공을 바친다는 '입공'入貢을 요구했다. 즉 조공을 빌미로 많은 경제적 보상을 요구했던 것이다. 세종은 대학사 엄숭과 이본李本, 예부상서禮部尚書 서계徐階를 서원 편전으로 불러 대책을 강구했다.

엄숭이 먼저 입을 열었다. "이들은 굶주린 도적들일 뿐입니다. 황상께서는 걱정하지 않으셔도 됩니다." 그러자 서계가 반박했다. "적들이 북경성 바깥까지 쳐들어와 살인을 일삼고 있는데, 어찌 굶주린 도적들이라고만 할 수 있겠소." 세종은 묵묵히 고개만 끄덕이다가 엄숭에게 입공서를 보았느냐고 물었다. 엄숭은 소매에서 입공서를 꺼내며 대답했다. "이는 예부의 소관입니다." 그러자 서계가 말했다. "일은 예부의 일이지만 황상께서 결정하셔야 하옵니다." 그리고 말을 이었다. "적이 이미 근처까지 왔는데, 전쟁 준비가 되어 있지 않습니다. 화의를 받아들이는 수밖에 없습니다. 그런데 그리 되면 앞으로 끊임없이 무리한 요구가 이어질 텐데 그것이 걱정이옵니다." 그러자 세종이 말했다. "위기를 넘길 수만 있다면 줄 것은 주도록 합시다." 서계가 말을 받았다. "단순히 보물뿐이라면 몰라도 더 무리한 요구를 하지 않을까 그것이 문제입니다." 세종은 두려웠으나 그것은 나중에 생각하자며 마무리를 지었다.

서계는 알탄 칸이 보내온 입공요구서인 '구공서'求貢書가 한문으로 쓰였고, 성 밑에 와서 이를 요구한다는 것은 이치에 맞지 않으니, 먼저 장성 밖으로 나가 타타르 글로 써서 대동장군을 통해 전달하면 다시 상의해보겠다는 묘책을 냈다. 물론 이는 지연책으로, 시간을 끌면 다른 왕들의 군사가 북경에 모일 수 있고 그러면 조정은 시간을 벌 수 있다는 생각이었다. 그리고 타타르의 병사들도 어느 정도 배가 부르자 사기가 떨어져서 결국 퇴각할 수밖에 없었다. 엄숭은 정여기에게 변방 전투에서는 패하더라도 보고하지 않아도 되지만, 북경 부근에서 패하면 황제가 바로 알아 문책을 내릴 것이니, 타타르의 노략질이 끝나기를 기다리라고 했다.

그러나 세종은 이 기회에 일부 대신들을 숙청하기로 결심하고, 알탄 칸이 물러갔다는 소식이 전해지자마자 바로 정여기를 하옥해버렸다. 정여기가 엄숭에게 도움을 청하자 엄숭은 "내가 있는 한 당신은 죽지 않는다"고 장담했다. 하지만 세종의 서슬이 퍼런 것을 알고 실제로는 꼼짝도 하지 않았다.

결국 정여기는 사형집행장에 도착해서야 엄숭에게 속은 것을 알았다. 정여기는 참모인 낭중朗中 왕상학王尙學과 함께 심문을 받는 자리에서 "죄는 상서인 내게 있지 참모인 낭중은 죄가 없다"며 적극적으로 변호해 낭중 왕상학은 죽음을 면했다. 정여기는 죽음에 이르러서도 낭중의 안부를 물었다.

왕상학의 아들 왕화王化가 무릎을 꿇고 정여기에게 진심어린 감사를 표했다. "상서의 커다란 은공으로 부친이 죽임을 면했습니다." 그러자 정여기는 말했다. "그가 여러 번 내게 속전을 권했지만 내각의 말만 듣다가 이 지경에 이르렀네. 목숨을 건졌다니 다행일세." 그러고는 담담하게 죽음을 맞았다. 모두들 그의 죽음이 억울하다는 것을 알았지만 아무도 이의를 제기하지 못했다. 이들은 17년이 지난 1567년이 되어서야 복직되었다.

서계와 우의를 쌓다

경술년의 난을 거치면서 장거정은 국방의 취약함, 변방의 중요성, 알탄 칸에 대한 대책 강구가 시급하다는 것을 절실하게 느꼈다. 또한 엄숭 한 사람의 판단 착오로 국가가 위험에 빠지는 것은 물론 아까운 신하들이 목숨을 잃는 것을 보고, 엄숭과 일정한 거리를 두기 시작했다.

달팽이의 한쪽 촉수는 거둬들였지만 다른 한쪽은 또 다른 방향으로 뻗어가고 있었다. 그는 예부상서 서계에게 호감을 느꼈다. 한림원의 서열로 보면 서계는 장거정의 스승뻘이었지만 정치적으로는 좋은 동반자였다. 이렇게 시작된 두 사람의 우의는 이후 1582년(만력 10년) 장거정이 죽을 때까지 30여 년 동안 지속되었다.

서계는 송강부松江府 화정華亭(지금의 상해上海) 출신으로, 작은 키에 흰 피부를 가진 전형적인 강남 사람이었다. 당시에는 엄숭의 최대 정적이었다. 엄숭은 부드러운 성격으로 하언의 강직함을 이겼지만, 위기 때는 그저 책임을 떠넘기기에 급급했다. 그리하여 사람들은 점차 그를 경멸했다. 그러나

徐公階字子升嘉靖二年建對第三人官至
吏部尚書建極殿大學士隆慶元年乞休賜
馳傳歸年八十一卒諡文貞

서계徐階(1503~1583)

한림원 편수관을 시초로 1552년 내각대학사가 되
었다. 세종(가정제)과 목종(융경제) 대에 조정의 안정
과 민심 수습에 심혈을 기울여 명재상으로 추앙을
받았다. 전횡이 극심했던 엄숭을 실각시키고 내각
수보가 되었으나, 동료인 고공高拱 등과 뜻이 맞지
않아 1568년 사직하였다.

서계는 달랐다. 비록 강철 같은 기개도, 물 같은 부드러움도 없었지만 고무
같은 유연성을 가진 존재였다. 고무는 부드럽지만 큰 압력을 받으면 굽혀
지기도 하고 물러설 줄도 알았다. 그러다가 압력이 줄어들면 바로 본래의
모습을 회복했다. 그렇듯 서계는 외부의 압력에 저항하면서도 관계를 악화
시키지 않았고, 물러서면서도 그냥 쉽게 물러서지 않았다. 이러한 정치적
품격은 이후 장거정과 장사유張四維는 물론이고, 9년간 정권을 잡았던 신시
행에게도 그대로 이어졌다.

당시는 양명학陽明學이 성행하던 시대여서 서계 역시 양명학파와 교분을
가지고 있었다. 그는 섭표聶豹, 구양덕歐陽德, 정문덕程文德 등과 함께 북경의
경제궁昺濟宮에서 강학을 하기도 했다. 사람이 많을 때는 5,000명에 달했다.
그의 이러한 행보는 세종이 몰두하는 도가 수련과는 충돌을 일으키지 않았다. 그는 경세지학을 추구하면서도 청사에도 정성을 쏟았다. 정치적으로는 엄숭과 대립했지만 자신의 시대가 오기를 기다리며 엎드려 있어, 표면적으로는 평온을 유지했다.

1550년 노략질이 끝나자 알탄 칸은 만리장성 밖으로 물러갔다. 하지만 북경은 여전히 언제 닥칠지 모를 위협에 떨고 있었다. 다음 해 3월 대장군 구란은 전쟁을 피하기 위해 마시馬市를 열자며 화평책을 건의했다. 즉 알탄 칸이 가지고 있는 말과 중원의 비단, 곡식을 교환하자는 제안이었다. 표면적으로는 무역이지만 실제로는 알탄 칸은 생필품을 얻고, 명은 필요도 없는 말을 얻는 것이다. 그러자 병부원외랑兵部員外郎 양계성은 일고의 가치도 없다며 반대했다.

세종은 대신회의를 소집했고, 구란은 양계성이 전쟁을 겪어보지 못해 너무 쉽게 생각한다며 비난했다. 결국 화평책이 채택되자 강경책을 주장한 양계성은 감숙 적도전사甘肅狄道典史로 좌천되었다. 양계성은 서계가 국자감國子監에 있을 때 데리고 있던 부하였지만 구란이 엄숭과 결탁해 일을 꾸미자 추이만 지켜볼 뿐 한마디도 하지 않았다. 이때 장거정은 엄숭 집에 무성한 대나무, 영지, 연꽃을 칭송한 시 한 수를 바쳤다. 마지막 글귀는 다음과 같다.

씨를 뿌려야 열매를 거둘 수 있으니
정성이 마치 신명의 가호와 같네.
당신이 없다면 강 주변의 무성함이 추풍낙엽처럼 변했을 텐데,
오직 이곳만 이렇게 무성하구나.

하언은 이미 실각했고, 서계는 아직 힘을 얻지 못하고 있었으며, 세종

은 엄숭의 연꽃에 힘을 실어주고 있었다. 마시로 평화를 구걸하는 것은 조정으로서는 치욕스러운 일이었다. 황제는 피로감 때문에 구차한 선택을 했지만 불만스러웠다. 가슴 속에는 복수를 해야 한다는 오기가 들끓었다. 구란은 이런 분위기를 감지하지 못한 채 자신의 승리에 도취되었고, 알탄 칸은 평화를 틈타 대동과 회인을 소란스럽게 했다.

세종은 시간을 끌었지만 전쟁을 요구하는 소리들이 황제의 안일함을 자극했다. 1552년(가정 31년) 3월 세종은 한편으로는 구란을 대동에 파견해 순시하도록 하고, 다른 한편으로는 예부상서 서계를 동각대학사에 임명해 전쟁을 준비하도록 했다. 서계는 구란에 대한 세종의 신임이 동요하고 있다는 것을 알아차리고, 시국을 오도한 구란을 공격했다. 5월 구란은 소환되어 석 달 뒤인 8월에 파직 당했고, 9월에는 마시가 폐쇄되었다. 조정과 타타르 사이에는 순식간에 전운이 감돌았다.

엄숭 역시 세종이 구란을 못마땅하게 여기고 있다는 것을 간파하고 있었다. 그리고 서계의 존재가 점차 위협이 되어가고 있다고 판단한 그는, 평소에 서계와 구란이 가깝다는 것을 핑계 삼아 동시에 두 사람을 제거할 계책을 꾸몄다. 그러나 서계가 먼저 구란을 제거해야 한다는 예상치 못한 선제공격을 가하자 놀라서 머뭇거렸다. 서계는 때를 놓치지 않고 장거정에게 접근했고, 두 사람은 엄숭 타도에 의기투합했다. 이때 엄숭의 눈에 비친 장거정은 문학성 짙은 문장이나 쓰며 시키는 일이나 하는 그저 그런 인물이었다. 이런 점에서 엄숭은 서계만큼 예민하지 못했다.

시국에 대한 울분이 극에 달하다

1553년(가정 32년) 장거정은 스물아홉 살의 청년이었다. 하지만 그의 포부는 더 이상 숨길 수 없을 만큼 커져 밖으로 터져 나올 준비를 하고 있었다. 그는 젊었지만 마음속에는 국가 경영에 대한 포부가 싹트고 있었다. 다행히 엄숭은 이를 감지하지 못했다.

1550년 타타르가 북경을 포위했을 때, 구란은 감히 전투를 할 엄두를 내지 못했다. 하지만 엄숭과 구란은 좋은 관계를 유지했다. 세종이 구란에게 지나치게 의존하자 엄숭은 불안했고, 양계성이 구란을 공격하자 간접적으로 안도의 한숨을 내쉬었다. 1552년 구란이 실각하자 양계성은 엄숭의 지지를 받으며 적도전사狄道典史에서 산동 제성 지현山東諸城知縣으로 승진했다가 남경 호부주사南京戶部主事, 다시 형부원외랑刑部員外郎, 병부무선사兵部武選司로 1년 만에 네 번이나 파격적으로 승진했다.

엄숭은 양계성이 감격에 겨워 눈물을 흘릴 줄 알았다. 그러나 양계성은 부임한 지 한 달 만에 엄숭의 열 가지 죄상을 들어 탄핵했다. 양계성은 이 상소가 사직의 해를 제거할 수 있다고 믿었다.

하지만 양계성은 중요한 사실을 간과했다. 엄숭을 등용한 사람은 세종이고, 양계성이 엄숭을 간신이라고 규정하면 그것은 바로 세종의 선택이 잘못되었다는 것을 지적하는 것이 되었다. 서계는 어떻게 해야 할지 알고 있었지만 그저 엄숭의 반격과 이에 가세한 형부상서刑部尚書 하별何鰲의 싸움을 지켜보고만 있었다. 양계성은 정장 100대를 맞고 형부에 3년간 투옥되었다가, 결국은 1555년 아무런 관계도 없는 도어사都御史 장경張經 사건에 연루되어 죽음을 맞고 말았다. 물론 이는 훗날의 이야기로 다시 언급할 기회가 있을 것이다.

생각이 깊어진 장거정은 양계성이 감옥에 갇힌 뒤, 곳곳에서 위기를 감지했다. 시국에 대한 울분은 이미 극에 달했지만 쉽게 표출할 수 없었다. 원대한 포부를 가슴에 지닌 채 자신의 뜻과 관계없는 문장만을 쓰고 있었

양계성楊繼盛(1516~1555)

천성이 정직하고 강직하여 아첨을 몰랐
던 고위 관리. 1552년 병부무선사로 재
직할 때 희대의 간신 엄숭을 탄핵했다가
투옥되어 1555년 북경성北京城 성황城隍
에서 처형되었다. 목종 때 복권되어 충민
忠愍이라는 시호를 받았다.

다. 마음이 통하는 세계가 있었지만 조심스러웠던 그는 장거정이 무슨 이
야기를 해도 아무런 대꾸 없이 조용히 듣고만 있었다. 엄숭은 세종의 비호
속에 하루가 다르게 발호하고 있었다. 정치인은 대부분 뜨거운 열정을 가
진 사람들이다. 장거정의 정치 생애 역시 이러한 열정으로 가득 차 있었다.
하지만 현실은 그의 뜨거운 피가 용솟음칠 기회를 주지 않았다. 그는 고향
으로 돌아가서 기회를 엿보고자 하였다.

장거정에겐 부인 고씨顧氏가 있었다. 그들이 언제 결혼했는지는 분명하
지 않지만 1552년 무렵에 고씨가 세상을 떠났다. 고씨가 세상을 떠난 뒤
오래지 않아 장거정은 후실 왕씨王氏를 맞아들였다. 모든 재혼이 그렇듯이
재혼이 인생의 빈자리를 채워주지는 못했다. 그는 정치적 포부를 실현할
수도 없고 조정의 간신도 제거하지 못한다면 차라리 고향으로 돌아가는

것이 낫다고 생각했다. 양계성 같은 바른 인사는 투옥되고 자신의 미래는 암울했으며 젊은 아내는 세상을 떠났으니, 어떻게 해도 슬픔을 견딜 수 없었다. 1554년 서른의 젊은이는 인생의 온갖 고통을 다 경험해버린 듯 뼛속까지 스며드는 아픔을 품고 병가를 내서 고향 강릉으로 돌아갔다.

경험이란 나이에 비례한다. 서른의 젊은 한림원 편수는 더 이상 참지 못하고 소매를 휘날리며 떠났다. 하지만 쉰둘의 내각대학사 서계는 묵묵히 기다렸다. "배를 갈라야 본심을 볼 수 있다"고 했지만 주관이 강한 세종 앞에서 엄숭을 비난해 황제를 격노하게 할 수는 없었다. 양계성이 그러다가 결국 죽음을 재촉하지 않았던가.

정계를 떠나는 것도 생각해 보았지만 엄숭과 결렬하고 은퇴해서 편하게 산다는 것은 불가능한 일이었다. 서계의 우려는 사실이었다. 서계가 관직에서 물러난 뒤 고공이 권좌에 올랐다. 그리고 고공이 물러난 뒤 장거정이 권좌에 올랐을 때 모두 큰 위기를 경험했다. 엄숭은 고공보다도 교활하고 장거정보다도 거리낄 것 없는 사람이었다.

사직의 평안과 자신의 안전을 위해 서계에게 실수는 용납되지 않았다. 지금은 그저 가만히 엎드려 있는 수밖에 다른 방법이 없었다. 표면적으로는 모든 것이 평온했다. 장거정은 떠나면서 보신에 매달리는 자신을 매섭게 질책했지만, 서계는 신음만 깊이 삼켰다. 젊은이가 어찌 자신의 고충을 알 수 있을 것인가. 떠난다는 인사도 없이 떠나버린 장거정이 못내 서운했다. 가도록 내버려 두자. 서계는 여전히 침묵했다.

제3장

낙향과 3년 동안의 휴식기

사직의 존망 앞에 개혁 의지를 다지다

1554년 장거정은 휴가를 내고 낙향해 잠시 정치판을 떠났다. 그해에도 알탄 칸은 끊임없이 대동을 괴롭혔고, 동남 연해에서는 왜구도 창궐하기 시작했다. 왜구는 배를 약탈해 장강을 넘어 통주通州, 해문海門, 여고如皋 일대를 노략질하고 산동山東까지 침입했다. 해염海鹽, 가흥嘉興, 가선嘉善, 송강松江, 가정嘉定 등 강남 도처에서 왜구가 날뛰자, 총독 절복남기군무總督浙福南畿軍務 장경과 순무 절강부도어사巡撫浙江副都御史 이천총李天寵이 적극적으로 방어했다.

그해 겨울, 엄숭의 양자인 조문화趙文華가 상소를 올려 왜구의 창궐을 막기 위해 동해에 제사를 지낼 것을 건의했다. 기상천외한 발상이었지만 도가 수련에 빠진 세종은 이를 허가했다. 조문화는 남쪽으로 내려가면서 연도의 관리들에게 호화판 접대를 요구하며 괴롭혔고, 한편으로 장경이 도

적들을 진압하지 않는다며 탄핵했다.

장경은 1555년 5월 왕강경王江涇에서 왜구를 대파하고 1,900여 명을 죽이는 전과를 올렸다. 하지만 오히려 탄핵을 받아 수도로 압송되었다. 오래지 않아 이천총 역시 소환당해 10월에 죽임을 당했다. 그때 이미 하옥되어 있던 양계성도 이 사건과는 아무 관련이 없었지만 같이 죽임을 당하고 말았다. 엄숭을 탄핵했거나 조문화를 잘 대접하지 못한 사람은 모두 같은 최후를 맞았다. 이것이 당시의 정치 상황이었다.

이렇듯 동남과 서북 지방의 외환外患으로 국정은 긴박했지만, 뚜렷한 주관과 뛰어난 재능으로 원대한 포부를 품었던 서른의 청년은 정치판을 떠나 고향에서 시와 술로 세월을 삭히고 있었다. 장거정은 1554년부터 1559년까지를 〈선고관란공행략〉先考觀瀾公行略에 이렇게 기록하고 있다. "갑인년에 병을 핑계로 낙향해 6년을 산중에서 은거했다." 그러나 실제로 휴가는 1557년(가정 36년)에 끝났으니,[1] 진정으로 유유자적한 생활은 초반의 3년 정도였다. 1558년 낙향한 다음 해에 북경으로 돌아갔으니, 전후 시기를 모두 합해 6년의 은거라 한 것이다.

그렇다고 장거정의 낙향 생활이 그의 표현처럼 담백하기만 했던 것은 아니었다. 시집과 문집에 남긴 많은 편린을 통해 장거정의 생활을 엿볼 수 있다. 이 기간 동안 그는 형산衡山(중국의 오악伍岳의 하나인 남악南岳)에 올랐고, 담담한 듯했지만 그의 관심은 늘 정치에 있었다. 〈등회유루〉登懷庾樓[2]에 다음과 같은 문장이 있다.

물가에 가는 비 내리는 늦은 밤이 제일 두렵다네.
아스라이 잡을 수 없이 사라지는 그 빛.
혼란한 사회는 마치 검은 망망대해 같네.

왜구의 약탈
14세기에서 16세기 일본 연안 일대에서 밀려난 사무라이나 농민, 어민 가운데 해적이 되는 자들이 생겨났다. 이들은 중국과 조선 연해를 조직적으로 침략해 노략질을 일삼았고, 내륙 깊숙이 들어오기도 했다.

천지는 온통 구름에 싸여 깊은 시름에 잠겨 있네.

뒤를 돌아보나 앞을 쳐다보나 오직 상심만 쌓이네.

붓을 들어 글을 쓰려 하니 그저 긴 인생만 남아 있구나.

간절한 바람이었다. 그는 낙향해 있었어도 결코 시국에 대한 관심의 끈을 놓지 못했다. 권력을 잡지 못한 자신과, 다른 사람의 손에서 사직이 불행한 길을 걷고 있는 것이 못내 안타까울 뿐이었다. 역사상 여러 정치가들 역시 가슴속에 이런 바람이 있지만 쉽게 물러서곤 했다. 그러나 진정으로 포부를 가진 사람이 선택할 일은 아니다.

명대 영역도

1602년에 이탈리아 선교사 마테오 리치Matteo Ricci가 북경에서 제작한 동아
시아 지도 중 일부.

은사隱士 장저張沮와 걸익桀溺이 밭을 갈다가 공자의 제자인 자로子路를 보고는 공자의 사회참여를 신랄하게 풍자했다. 그러자 공자가 말했다. "사람은 새나 짐승과 달리 결국 다른 사람들과 같이 살아야 한다. 하늘에는 도가 있으니 이를 실천하기 위해서 노력해야 할 것이다." 이것은 지식인이라면 당연히 천하의 행복을 위해 노력해야지 세상을 피해서 사는 장저나 걸익처럼 되지는 않겠다는 공자의 의지였다.

장거정의 《서첩 12》 〈답복건순무경초동〉答福建順撫耿楚侗에는 당시의 상황에 분노하는 그의 심정이 생생하다. "상인들은 온갖 재화로 뇌물을 쓰고 백성은 신음하고 있다. 한漢, 당唐 말기와 무엇이 다른가? 조상들의 공덕으로 그나마 버티고 있으나 사직의 존망이 눈앞에 다가와 있다."

당시 청류淸流를 자칭하던 인사들은 우유부단한 태도로 세월을 보내고 있었지만 불같은 정열을 지닌 사람은 끊임없이 아쉬움과 간절함을 토해내고 있었다.

당시 침입자들이 중원을 침범했을 때, 가을의 살기가 계북薊北까지 전해져 구석진 작은 길에서도 이미 성 밑까지 내려온 적들을 볼 수 있었다. 병사들을 지휘해야 할 장수들은 무력해 오히려 큰 해가 되고 있으니, 이는 어제오늘의 폐해가 아니라 이미 오래된 병이다.

1555년 9월, 알탄 칸이 대동과 선부를 침범하고 12일 후에는 회래까지 진격해오자, 북경은 계엄에 들어갔다. 국가가 이렇게까지 어려운 지경에 빠졌는데도 세종은 장생長生을 추구하는 기도에 빠져 있었고, 엄숭은 재물을 받아 챙기느라 정신이 없었으며, 서계는 정신은 맑았으나 속수무책인지라 그저 청사나 잘 써서 황제의 비위를 맞추고 있었다. 설사 장거정이 관직에

장거정의 시

장거정은 시문에 능했던
명문장가로도 이름이 높았
다.

있었다 해도 어쩔 수 없었을 텐데 더욱이 재야에서 무엇을 할 수 있겠는
가! 그저 시문을 통해 울분을 토로할 뿐이었다. 기다리자. 기회가 와서 '그
자리에 가게 되면' 큰일을 하리라 다짐했다. 그러나 나라의 태평과 자신의
꿈을 이룰 수 있는 기회가 오기 전까지는 모든 것을 떠나서 잊혀진 인물이
되어야 했다. 조정이 어지러운데, 바깥인들 깨끗한 땅이 어디 있겠는가.

다시 북경으로 돌아가다

명대 초기 100년 동안은 비교적 안정을 유지했다. 하지만 종실의 부정
과 지주의 토지 겸병, 법을 무시하는 무리의 발호로 나라 사정은 갈수록
악화되었다.[3] 그러나 자신은 재야에 있었고, 설사 이들을 처리하려는 결심

북경 황궁

3대 황제 성조(영락제)가 자금성을 축성해 천도한 뒤 정치의 중심은 남경에서 북경으로 이동했다. 그림은 〈북경궁성도〉北京宮城圖. 북경국립박물관 소장.

이 섰다 해도 당시에는 힘이 없었으므로 그저 개혁 의지를 다질 뿐이었다.

장거정은 정치개혁에 대한 포부를 가다듬고 있었다. 먼저 백성의 고통을 줄이려면 세금 부담이 가장 큰 문제였다. 1551년 이래 국방비와 황궁 건축비의 부담이 가장 컸는데, 이것을 해결하는 것이 급선무였다. 장거정은 이를 분명하게 인식하고 기회를 기다렸다.

휴가 기간 동안 장거정은 요왕 헌위와 만났다. 그러나 불행히도 동년배인 두 사람의 운명은 복잡하게 얽혀만 갔다. 어머니 모씨가 죽자 요왕은 자유롭게 도교에 몰입했다. 세종 역시 도교를 신봉하니 황제와 수행을 같이 하는 동반자였고, 이는 일종의 신분 보장 역할을 했다. 그러나 수련은 명분일 뿐 그의 주된 관심은 여색이었다. 왕들은 허가 없이 자신의 영지를 이탈할 수 없음에도 불구하고 요왕은 시간만 나면 수백 리 밖이라도 가서 자신의 욕망을 채웠고, 누구도 이를 간섭하거나 제지하지 못했다. 장거정의 낙향은 요왕에게는 또 다른 즐거움을 가져다주었다.

장거정은 한림원 편수를 지내 시문에 능했고, 요왕은 좋은 시 동무가 필요했다. 술과 여색, 시문이 요왕의 주된 오락이었다. 장거정은 과거에 자신의 할아버지가 요왕의 강요로 술을 먹다 죽은 아픈 기억이 생생했다. 그런데 이번에는 자신이 요왕의 강요로 시를 지어야 하는 처지가 될 줄은 꿈에도 생각하지 못했다. 그렇지만 장거정은 인내심을 발휘해 스스로를 이태백李太白이라고 말하는 요왕의 시중을 들면서 꿋꿋이 비위를 맞추었다. 내키지는 않았지만 그와 좋은 관계를 유지하기 위해 쓰디쓴 술을 삼켰다.

장거정은 자신의 문집에 〈요부승봉정왕공묘지명〉遼府承奉正王公墓誌銘[4], 〈왕승봉전〉王承奉傳 등 요왕에 관해 두 편의 문장을 남겼다. 묘지명은 휴가 때 쓴 것으로, 그를 "똑똑하고 재주가 뛰어난 사람"으로 묘사했다. 〈왕승봉전〉은 조정에 돌아온 뒤 쓴 것으로, 역시 "똑똑해 말을 잘하나 취향이 독특

하고 수백 리 밖으로 유희를 나가는 등 불법을 저질러도 아무도 막지 못했다"고 했다. 그러나 당시에는 예를 다했고, 불법적인 행위에 대해서도 드러내어 지적하지 않았다. 다만 모든 것을 하나하나 가슴에 담아둘 뿐이었다.

장거정이 낙향을 한 것은 당시 정국에 대한 불만과 다가올 정치 투쟁에 대한 일말의 두려움 때문이었다. 고향의 산수가 눈에 익어갈 무렵, 장거정은 자신이 진심으로 머물고 싶은 곳은 북경임을 깨닫고 돌아가기로 결심했다. 이렇게 결정하자 모든 것을 버릴 수 있었다. 머릿속에는 이제 가정도, 사랑도 없이 오직 사직만이 존재했다. 이후 그는 죽을 때까지 권력에만 매달렸다. 그가 그토록 사랑한 권력은 바로 국가였다. 그는 친구도 버리고 스승도 내치며 환관과 결탁했고, 권력만 유지할 수 있다면 무슨 일이든지 마다하지 않았다. 자기가 권력을 잡는 것이 바로 국가에 보답하는 것이라 생각했다. 아버지가 세상을 떠나도 국정을 유지하기 위해 초상을 치르지 않았고, 그로 인해 엄청난 비난을 받으면서도 괘념치 않고 오직 국정에만 매달렸다. 권력만이 그의 연인이었고, 국가에 보답할 수 있는 유일한 수단이었다. 그는 되뇌었다. "군주의 은혜에 보답할 수 있다면 어떤 비난도 참을 수 있다."

제4장

다시 정치의 소용돌이에 뛰어들다

___

새로운 세상을 기다리다

1557년 가을, 장거정은 북경으로 돌아와 정치의 소용돌이 속으로 뛰어들었다. 세종은 여전히 도가 수련에 빠져 있었고, 대권은 엄숭이 장악하고 있었으며, 서계는 청사靑詞에 몰두한 채 조용히 지내고 있었다. 엄숭은 연로했지만 세종의 시중은 여전히 그의 몫이었다. 그리하여 아들 엄세번이 새로운 실력자로 등장했다.

엄숭은 모든 사무를 '소아동루'小兒東樓와 상의하도록 했다. 소아동루는 엄세번의 별호로, 아버지가 아들을 별호로 부르는 것은 흔치 않은 일이었다. 엄세번은 이미 태상경太常卿에서 공부좌시랑工部左侍郎으로 승진했다. 하지만 명의만 이러할 뿐, 실상은 엄숭을 대표해 아버지는 '대승상'大丞相, 아들은 '소승상'小丞相으로 군림했다.

대외적으로도 어려웠다. 알탄 칸은 북경을 목표로 계속 위협의 수위를 높여갔다. 동남의 왜구 역시 끊임없이 소란을 피웠다. 그나마 다행인 것은 이들은 경제적인 이익만 탐할 뿐 별다른 목표는 없었다. 지방 치안은 갈수록 악화되었다.

> 지방에 변고가 많고 수도 밖 10리까지 도적이 들끓고 있다. 부패는 날로 기승을 부려 백성의 원망도 깊어간다. 간신마저 날뛰니 어찌할까. 큰 인물이 나와서 파격적으로 개혁을 단행해야만 천하의 근심을 제거할 수 있을 것이다. 과연 이런 사람이 있는지 알 수 없고, 설사 있다 해도 등용할 수 없으니 안타까울 뿐이다.
>
> ─《서첩 15》〈답경초동〉答耿楚侗

장거정은 때가 올 때까지 조용히 기다리기로 했다. 서계는 장거정의 인물됨을 알고 있었지만 그를 등용할 힘이 없었고, 엄숭 부자는 그에게 별다른 관심을 보이지 않았다. 장거정도 엄숭 부자에게 그저 예의를 갖추는 정도였다. 장거정은 한림원에서의 생활을 "비록 미관이지만 천하의 막중한 임무를 맡아 실무를 익혀 준비하는 곳"[1]이라 여기며, 실력을 쌓고 미래를 준비했다.

다른 사람들은 그를 평범한 관리로밖에 여기지 않았지만, 그의 재능은 서서히 표출되고 있었다. 1558년 장거정은 여녕汝寧에 가서 숭단왕崇端王 익翊의 세습 책봉을 주도했다. 여녕은 강릉에서 멀지 않은 곳이라 고향을 방문한 그는 이때 생애 마지막으로 부친을 만났다.

한편 엄숭과 서계의 싸움은 점차 표면화되면서 치열해졌다. 3월 형과급사중刑科給事中 오시래吳時來, 형부주사刑部主事 장충張沖과 동전책董傳策은 엄숭이 변방을 지키지 못했으며, 매관, 국고 남용, 사당私黨 결성, 인재를 해쳤다는

등의 여섯 가지 죄목을 들어 그를 탄핵했다.[2]

엄숭은 세 사람이 같은 날 똑같이 변방의 사무를 지적하자 이상하게 여겼다. 엄숭은 오시래와 장충이 모두 서계의 문하생이고 동전책은 서계와 동향 사람이니, 분명 누군가의 사주를 받았다며 세종에게 강하게 반발했다. 세종은 크게 괘념치 않았지만 결국 오시래는 횡주橫州, 장충은 도균都匀, 동전책은 남녕南寧으로 유배를 떠났다. 먼저 탄핵을 시도하다가 죽임을 당했던 양계성과 비교하면 매우 가벼운 처벌이었다. 이는 서계의 영향력이 커져 은연중 그들의 병풍이 되어 주었기 때문이다. 훗날 목종이 즉위해 서계가 권력을 잡자, 이 세 사람은 모두 복직되었다.

1559년 5월 서계는 이부상서吏部尙書가 되었고, 다음 해에는 태자의 스승인 태사太師가 되었다. 장거정은 정칠품 한림 편수에서 정육품 우춘방우중윤右春坊右中允으로 승진해 국자감을 관리했다. 좌우 춘방은 태자의 상소, 강독 등을 관장하는 기구로 춘방 대학사와 서자庶子, 중윤中允, 익선翊善, 사직랑司直郞 등의 관리가 있었다. 그러나 실제적으로는 한림관이 승진하면서 거쳐가는 자리였을 뿐, 그다지 하는 일은 없었다. 장거정의 주업무는 국자감 관리였다. 국자감은 국립대학 격으로, 북경과 남경 두 곳에 있었으며, 실로 막중한 임무였다. 책임자는 제주祭酒라 불렸는데, 고공이 이를 맡고 있었다.

고공高拱은 신정 출신으로, 자는 숙경肅卿, 호는 중현中玄이었으며 1541년에 진사가 되었다. 일찍이 9년 동안 유왕의 시강侍講을 지내서 유왕과 관계가 깊었다. 세종은 장경태자莊敬太子(차남 재학載壑)가 죽은 뒤 태자를 책봉하지 않아 유왕이 실질적인 태자가 되었다. 따라서 유왕의 막료는 미래의 대학사 후보인 셈이었다. 고공과 장거정은 국자감에 있으면서 서로를 조금씩 알게 되었고, 다가올 새로운 세상을 기다리고 있었다.

엄숭에 대한 탄핵이 시작되다

1561년(가정 40년) 봄, 알탄 칸이 다시 침공해왔다. 그다지 위협적이지는 않았지만 동북에서부터 서북에 걸쳐 매우 넓은 지역이 피해를 입었는데, 이는 장거정에게는 또 다른 자극으로 작용했다. 그해 11월 서원西苑에 화재 가 발생해 세종은 거주하던 영수궁이 소실되자 잠시 옥희전玉熙殿에 머물게 되었다. 그러다 세종이 장소가 협소하다며 불평하자 엄숭은 궁으로 돌아갈

북경 외곽 사마대 망루
명대에 축조된 50킬로미터에 이르는 장성으로, 북경에서
가장 긴 부분이다. 망루는 적의 침입을 알리는 봉화대 역
할을 했다.

것을 건의했다. 하지만 이것이 황제의 심기를 거슬렀다.

　19년 전인 1542년 10월 말 저녁, 세종이 단비端妃 조씨曹氏의 숙소에 들
려 할 때 궁녀 양금영楊金英이 갑자기 세종을 공격해 혼비백산한 적이 있었
다. 거의 죽을 뻔한 세종은 황후 방씨方氏의 도움으로 간신히 목숨을 건졌
다. 황후는 단비와 양금영의 음모라 생각하고는 바로 끌어내 처단하라 했
고, 단비는 영문도 모른 채 억울한 죽임을 당했다. 그러나 황후 덕분에 목

숨을 건진 세종은 한마디도 거들지 못한 채 단비의 죽음을 지켜봐야 했다. 단비와의 아름다운 추억은 이제 가슴 아픈 기억으로만 남아 있었다. 그후로 세종은 궁으로 돌아가지 않고 서원에 머물렀다.

"엄숭, 궁으로는 돌아가지 않겠네." 세종의 침울한 말에서 서계는 깊은 불안을 읽었다. 서계는 세종을 위로했다. "그러시지 않아도 되옵니다. 최근에 봉천전奉天殿, 화개전華蓋殿, 근신전謹身殿을 짓느라 남은 건축자재가 많아 공부상서에게 명하면 오래지 않아 바로 영수궁을 다시 지을 수 있습니다." 세종은 안심하며 서계의 아들 서번徐璠을 공부주사로 명해 공사를 감독하게 하고 일을 서두르게 했다.

1562년 봄, 만수궁이 완성되자 세종은 기분이 좋아져, 서계를 소사少師 겸 식상서봉食尚書俸으로, 서번은 태상소경太常少卿으로 승진시켰다. 이후 엄숭의 세력은 눈에 띄게 약해졌고 서계가 그를 대신했다. 그해 어사 추응룡鄒應龍이 엄숭을 다시 탄핵하는 일이 있었다. 초여름 비가 많이 내리던 어느 날, 어사 추응룡은 비를 피하다가 지나가는 내감에게 최근 궁중의 동향을 물어보았다. 그런데 내감이 무언가 감추는 듯 말을 더듬는 것을 보고는 이상하게 여긴 추응룡이 다그쳐 물었다. 사정은 이러했다.

최근 궁에 남도행藍道行이라는 도사가 들어왔는데, 아주 영험해 황제가 가까이 두었다. 어느 날 황제가 물었다. "천하가 왜 이리 어지러운가?" 도사는 자신이 점을 칠 때 사용하는 모래판을 살살 흔들었다. 그러자 신기하게도 '현자를 등용하지 않으면 형편없는 자는 물러가지 않는다'賢不竟用, 不肖不退耳는 아홉 글자가 선명하게 나타난 것이다. 황제는 크게 놀라 그렇다면 현자는 누구이고 형편없는 자는 누구를 말하는지 다시 물었다. 그러자 '현자는 서계와 양박楊博이고, 형편없는 자는 엄숭'이라는 대답이 이어졌다. 황제는 다시 물었다. "그러면 하늘은 왜 형편없는 자를 제거하지 않는가?"

모래판이 다시 움직이더니 '황제가 스스로 처단하기를 기다린다'留待皇帝自殘는 답이 나왔다. 이를 본 황제는 깊은 신음소리를 냈다.

우연히 비를 피하다가 궁내의 중요한 소식을 알게 된 추응룡은 집에 돌아와서도 쉽게 잠을 이루지 못하고 밤새 촛불을 마주하고 있었다. 엄숭이 간신이라면 어사, 급사 중 누구라도 총대를 메고 그를 탄핵해야겠지만, 양계성이나 오시래처럼 죽음을 각오해야 했다. 그리고 만약 한 번에 간신을 무너뜨리지 못한다면 최소한 3,000리 밖으로 유배 가는 것은 불을 보듯 뻔했다. 그러나 황제가 동요하고 있다는 것을 안 이상 가만히 있을 수는 없었다. 조금만 밀어붙이면 엄숭을 무너뜨릴 수 있을 것 같았다. 추응룡은 고심하다가 자신도 모르게 잠이 들었다.

그는 꿈을 꾸었다. 바람이 부는 봄날, 시종을 데리고 사냥을 나갔다. 멀리 산을 향해 화살을 쐈는데 찾을 수 없었다. 말을 달려 나가니 앞에 작은 산이 나타났고, 산 옆에 집이 한 채 있는데, 그 밑은 논이었다. 논에는 쌀이 쌓여 있고 풀이 덮여 있었다. 북방에는 논이 많지 않았다. 게다가 누가 봄에 쌀을 논에 내놓은 것인지 이상했다. 하지만 개의치 않고 다시 화살을 한 발 더 쐈다. 겨우 화살 소리를 들었다 싶었을 때, 마치 하늘이 내려앉는 듯 쌀더미는 물론이고 집이며 크고 작은 산이 우르르 무너졌다.

추응룡은 너무 놀라 잠에서 깼다. 온몸이 땀으로 흠뻑 젖어 있었다. 촛불의 불꽃이 길어지자 주위에는 어둠이 깃들었고 책상에는 촛농만 가득했다. 추응룡은 심지를 잘라내고 다시 깊은 생각에 빠졌다. 그는 자신도 모르게 책상에 '고산'高山이라고 갈겨 쓴 글씨를 보았다. 고산이라는 글씨를 가만히 살펴보니 산山 밑에 고高가 합쳐지면 바로 엄숭의 숭嵩자가 되었다. 추응룡은 갑자기 "그래, 바로 이거야!" 하면서 책상을 쳤다.

새로운 계시로 꿈은 쉽게 해석되었다. 동쪽의 집은 '동루'東樓였고, 논[田]

세종의 북경 외곽 황릉 순시도

세종의 행렬은 화려하기로 유명했다. 당시로서는 보기 드물었던 거대한 코끼리가 마차를 끌고 많은 병사들의 호위했다. 이는 세종이 북경을 떠나 있었던 시간이 많았음을 간접적으로 보여준다. 그림은 세종 재위 때 그려 진 가로 26미터의 〈명인화출경도〉明人畵出警圖 중 일부.

위에 쌀[米]이 쌓여 있고 그 위에 풀[草]이 있으니 바로 '번'蕃자였다. 그리고 그가 쏜 화살은 분명히 누군가를 향해 나갔다. 흔들리는 촛불 밑에서 그는 단번에 글을 써내려갔다. 그의 탄핵은 이렇게 시작되었다.

1562년 5월 세종은 교지를 내려 엄숭을 위로하고 고향으로 돌아가 쉴 것을 명했다. 엄세번은 법사法司의 심문을 거쳐 일파인 엄곡嚴鵠, 나용문羅龍文과 함께 변방으로 유배되었다. 엄숭은 비록 고향으로 쫓겨갔지만 세종은 서원에서 도가 수련을 할 때마다 청사를 잘 썼던 이 늙은 신하를 잊지 못해 오랫동안 연민의 정을 간직했다.

위엄은 주군에게, 일은 신하에게, 국사는 토론을 통해

엄숭이 물러나고, 1562년부터 1565년 3월까지 내각에는 서계와 원위元煒 두 사람만 남아 있었다. 원위는 본래 서계의 문하생이었으나 그런 관계는 더 이상 지속되지 않았다. 오히려 조금도 양보하지 않고 모든 장주章奏에 자신의 의견을 주장했다. 노련한 서계는 가벼운 미소를 띤 채 기꺼이 그와 상의했다. 서계는 '위엄은 주군에게, 일은 신하에게, 국사는 토론을 통해'라는 원칙을 고수했다. 그는 자신이 또 다른 엄숭이 아닌 현명한 재상이 되기를 원했다. 그는 모두에게 호감을 얻어 가면서 한편으로는 엄숭 부자를 처단할 방법을 찾고 있었다. 원위는 아직 젊어 별다른 위협이 되지 못하니, 그리 급할 것이 없었다. 이미 자신의 시대가 오고 있었기 때문이다.

엄숭과 서계의 힘이 교체되는 시기에 장거정은 서계에게 엄숭과 직접 부딪쳐서 싸울 것을 건의한 적이 있었다. 그러나 서계는 기다림을 택해 결국 최후의 승리를 거뒀고, 이것은 장거정에게 훌륭한 가르침이 되었다. 서계는 장거정 같은 중요한 인재가 양계성이나 오시래, 추응룡처럼 앞에 나섰다가 최후를 각오해야 하는 위험한 모험을 겪기보다는 막후에서 조심스럽게 활동할 수 있도록 배려해주었다. 그리고 엄숭이 실각하자 장거정은 비로소 자신의 미래에 대한 새로운 희망을 보았다. 1562년 가을, 그는 다음과 같이 시를 남길 정도로 세상을 읽고 있었다.

어느새 중추가 되어 멀리 하늘에서 내려온 빛이 천하를 맑게 비추고 있다.[3]

장거정은 아직 서른여덟이었다. 희망은 품었지만 현실은 그렇게 만만하거나 호락호락하지 않았다. 젊은 탓인지 발걸음이 빨라졌다. 고린은 장거정이 열여섯에 과거에 합격하자 너무 빠르다고 했는데, 차라리 5~6년 더 늦었다면 한층 성숙한 모습으로 이 시기를 기다렸을지도 모른다.

서계는 장거정이 막후에서 비밀스러운 정치적 사안들을 들을 수 있도록 배려했다. 1563년 3월, 오유악吳維岳이 귀주순무貴州巡撫로 전보되었다. 명대에 귀주는 유배지나 다름이 없어 오유악은 불만을 토로했다. 이에 장거정은 이렇게 답했다. "공은 뛰어난 재주를 가지고 있소. 귀주 전보는 잠시 쉬어가는 과정일 것이오. 훗날이 있으니 크게 낙망할 일은 아닙니다."[4]

이 말에서 장거정의 정치적 위치를 짐작할 수 있다. 경왕景王에 관한 일은 더욱 중요했다. 서계가 정권을 장악한 것은 1562년 이후이고, 경왕은 이미 후계 구도에서 벗어나 있었다. 하지만 유왕의 신분은 아직 불안정했다. 장거정은 말했다. "대학사 서공이 엄씨 부자의 난정을 바로잡아 민생을 안정시키고 변방을 굳건히 했으며 공론을 일으켜 현자를 등용하자 조정은 자리를 잡았고 이른바 안정을 되찾았다. 당시 경왕은 이미 낙향했지만 선제가 그로 하여금 대를 이을지 고심하며 성조·인종 때의 고사를 살피라는

명13릉

북경 외곽에 있는 명나라 황릉으로, 영락제 이후 13명의 황제가 묻혀 있다. 이 중 신종의 능인 정릉이 발굴되어 내부 지하궁전이 공개된 바 있다. 남경의 효릉孝陵과 함께 2003년 세계문화유산으로 지정되었다.

명이 있었다. 서공은 이를 잘 풀어 별 탈 없이 마무리했다. 이 일은 오직 나만이 알고 다른 신하들은 모른다."[5)]

명대 초기 성조가 태자의 폐위를 결심하고 한왕漢王 고후高煦를 세우려 했다. 성조·인종 때의 '고사'故事란 이 이야기를 의미했다. 이렇듯 서계는 궁중 안의 비밀스러운 일을 장거정과 상의했고, 두 사람은 더욱 밀착되었다. 이는 1562~1565년 사이의 일이다. 경왕은 1565년에 사망했다.

1563년(가정 42년)은 다사다난한 해였다. 복건과 절강에서 왜구의 소란이 계속되었지만 다행히 유현劉顯, 유대유兪大猷, 척계광戚繼光 등 장군들이 분발해 잘 버티고 있었다. 알탄 칸이 북방의 선부를 침공하자 북경에는 다시 계엄이 선포되었다. 세종 재위 당시 북경은 수차례 계엄을 선포했는데, 이것이 마지막 계엄이었다. 이러한 외환 속에서도 세종은 여러 문화 사업을 추진했다. 즉위 후 10년이 지나자 자신이 살던 안륙주^{安陸州}를 승천부^{承天府}로 승격시키고 《승천대지》^{承天大志}를 편찬하도록 했다. 서계, 원위, 장거정 등이 이 작업에 참여했다.

1564년 장거정은 종오품에 해당하는 우춘방우유덕^{右春坊右諭德}, 즉 유왕의 강관으로 임명되었다. 이는 이후 대학사가 되기 위한 준비로, 서계의 치밀한 계획에 따른 것이었다. 훗날 장거정은 서계의 아들에게 보낸 서신에서 자신의 진심을 토로했다. "태옹^{太翁}의 큰 은혜를 입고도 갚지 못했소이다."[6]

장거정은 유왕의 강관 시절에 대해 다음과 같은 기록을 남겼다.

황상께서 사저에 계실 때, 한^漢 광무제^{光武帝}가 직언을 하던 신하 한흠^{韓歆}을 죽인 일에 대해 반복해서 말씀드린 바 있습니다. 신하의 직언이란 쉽지 않은 일인데 광무제 같은 영명한 군주가 이런 신하를 품지 못해 큰 덕에 흠을 남겼다고 사서는 기록하고 있습니다. 황상께서는 새겨들으시옵소서.
-《주소 1》^{奏疏} 〈청유언관이창성덕소〉^{請有言官以彰聖德疏}

《문충공행실》^{文忠公行實}에는 "태사는 강독할 때 경전을 인용해서 적절한 비유로 핵심을 이야기해 늘 크게 칭찬을 받았다"고 했다.

천하에 다스리지 못할 것이 무엇인가

그해 어사 임윤^{林潤}이 다시 엄세번을 탄핵하자 엄세번은 하옥되었다. 다음 해, 임윤이 다시 엄씨 부자의 죄를 지적하자 세종은 어쩔 수 없이 재심문을 명했다. 그러나 엄세번은 뇌물을 받은 것을 제외하고는 별 문제가 되지 않으리라 생각하고 자신만만한 태도를 보였다. 형부상서 황광승黃光升, 좌도어사左都御史 장영명張永明, 대리시경大理寺卿 장수직張守直 등은 엄세번 부자에게 양계성 등을 살해한 죄목을 적용하기로 하고 초고를 작성해 서계를 찾아갔다.

서계는 초고를 읽어보고 세 사람을 격려했다.

"법의 전문가들이라 더할 수 없이 잘 쓰셨소."

그러고는 좌우를 물리치며 문을 닫고는 물었다.

"엄세번을 죽여야 한다는 것이오, 아니면 살려야 한다는 것이오?"

"이것은 죽을죄입니다. 당연히 죽여야지요. 소장에 양계성 등을 언급한 것은 그를 죽이기 위한 근거입니다."

"맞는 말이지만 달리 생각해봅시다. 양계성이 엄숭을 공격했을 때 엄숭은 교활하게 이들 백련교나 친왕 등의 모반과 연관시켜 죽음으로 내몰았소. 그러나 이는 황상의 재가를 받은 사안이오. 황상의 판단은 틀릴 수 없는 것이고, 만약 여러분이 이렇게 상소를 올린다면 황상은 자신에게 죄를 돌리는 것이라고 생각해서 진노할 것이오. 그러면 당신들도 죄를 면할 수 없고 엄세번은 오히려 무사히 석방될 텐데, 어떻게 하시겠소?"

순간 모두 멍해졌다. 결국 서계가 다시 소장을 쓰되 양계성 등의 죽음은 언급하지 않고 엄세번이 '왜구와 내통해 몰래 모반을 획책했다'는 죄명을 적용하기로 했다. 일은 매우 비밀스럽고 민첩하게 진행되었고, 소장을 읽은 세종은 이의를 달지 못했다. 결국 엄세번은 죽음을 맞았고, 엄숭은 은 200만 냥을 몰수당했는데, 이는 당시 조정의 1년 총수입과 맞먹는 액수였다. 누군가 서계에게 간신을 제거했다고 칭찬했지만 서계는 미간을 찡그리며 개탄했다. "엄숭은 하언을 죽였고, 엄숭의 아들은 내가 죽였으니,

누군가는 나를 노리고 있을 것이다. 누가 내 마음을 알겠는가." 엄숭은 완전히 몰락했고 서계는 새롭게 권력을 장악했다.

1566년(가정 45년) 장거정은 한림원 시독학사侍讀學士가 되어 한림원을 관장하게 되었다. 직급은 그대로였으나 한림원에서의 권한은 강화되었다. 〈한림원독서기〉翰林院讀書記는 이 해에 쓴 문장이었다.[7)]

이 사이 내각에 또 다른 변화가 있었다. 1565년 4월 원위가 병으로 귀향하고 엄눌嚴訥, 이춘방李春芳 두 사람이 보충되었다. 11월 엄눌이 병으로 물러나자 내각에는 서계와 이춘방만 남게 되었다. 다행히 이춘방은 훌륭한 학자로 모든 것이 안정되어 갔다.

1566년 3월, 서계는 곽박郭朴과 고공高拱을 불러들였다. 곽박은 이부상서로, 자격으로 본다면 이미 내각에 들어왔어야 했고, 고공 역시 일찍이 유왕의 강관을 지낸 당대 제일가는 인재였으니, 그의 임명 역시 당연했다. 이는 서계의 안배에 의한 것이었다. 서계는 고공이 자신에게 고마워할 것이라 여겼고, 적어도 정치적 우군을 얻었다고 생각했다. 그러나 이것은 착각이었다.

세종은 늙고 쇠약해져갔다. 병에 시달릴수록 도가 수련에 더욱 몰두하면서 장생長生만을 기도했다. "오래 살아야 한다. 오직 생명만이 추구할 가치가 있다. 국사는 누군가가 책임질 것이다."

2월, 호부주사 해서는 이러한 상황을 참지 못하고 직간直諫을 결심했다. 그러나 당시 직간은 피를 부르는 위험한 일이었다. 해서는 미리 관을 사고 후사를 준비한 뒤 처자에게 결연히 말했다. "황상을 위해 목숨을 버리겠소." 해서의 말이 끝나자마자 하인들은 다가올 화가 두려워 모두 도망쳐버렸다. 상소문의 마지막 구절은 이러했다.

폐하, 아무 도움도 안 되는 수련은 그만두시고 나오시어 문무백관들과 천하 사무에 대해 논하신다면 수십 년 쌓아온 잘못들을 씻을 수 있고, 요순·우·문·무왕의 반열에 오를 것입니다. 그렇다면 천하에 다스리지 못할 것이 무엇이며, 또 무엇이 걱정이겠습니까. 이 모든 것이 오직 폐하께 달렸습니다. 만약 그리하지 않고 오직 정신을 수련에만 쏟는다면 그것은 알 수 없는 영역에 대한 허망함일 뿐 신등의 노력은 아무것도 이룰 수 없을 것입니다.

이것은 황제를 자극하는 정도가 아니라 청천벽력이었다. 세종은 해서의 상소를 땅에 내동댕이치며 고래고래 소리쳤다.
"그놈이 도망가기 전에 어서 잡아오너라."
그러자 환관이 해서의 됨됨이를 고했다.
"이 사람은 도망치지 않을 것이옵니다."
세종은 재차 자세하게 상소를 읽더니 깊이 탄식했다.
"내가 비록 주왕紂王은 아니지만 그렇게 비유되었구나."*

황제의 서거를 틈타 조정의 문제를 해결하다

세종의 병은 깊어만 갔다. 한번은 서계에게 자식인 유왕에게 자리를 물려주고 자기는 병 치료에 전념하는 것이 어떨지 상의했다. "해서의 말이 맞소. 그러나 병이 깊으니 어떻게 하면 좋겠는가?" 서계는 이미 세종의 최후를 감지했지만 감히 황제의 퇴위를 언급할 수는 없었다. 그저 조상의 유업과 천하만을 생각하시라고 안심시킬 뿐이었다. 세종은 더 이상 퇴위는 언

---

* 주왕은 상나라 마지막 왕으로 애첩 달기를 총애하고 황음무도하여 나라의 패망을 야기하였음.

급하지 않았지만 심약한 몸으로 수련에 더욱 몰두했다.

2년 전 5월, 하루는 세종이 앉은 자리 위로 하늘에서 복숭아가 하나 떨어졌고 환관들도 그것을 똑똑히 보았다. 5일 후 또 하나가 떨어졌다. 5월 이면 북경에서는 복숭아가 나올 때가 아니었다. 게다가 흰 토끼와 흰 사슴 이 태어나기도 했다. 이것은 모두 상서로운 징조이니, 하늘이 내려준 것이 아니면 무엇이겠는가? 한림원도 이것을 기록했고, 하늘의 내려준 은덕으로 여겼다. 이것은 그의 권력이 동요 없이 안정적으로 유지되고 있다는 것을 의미했다.

황제가 수련에 힘쓸수록 도사들은 더욱 활발하게 움직였다. 왕금王金, 도방陶仿, 도세은陶世恩, 류문빈劉文彬, 고수중高守中 등은 열심히 선단仙丹과 환약丸藥을 만들어 바쳤다. 황제는 도사 겸 의사인 이들에게 태의원사, 태의 원어의, 태상시경, 태상시박사 등 줄 수 있는 모든 관직을 다 주었다. 하지 만 이들의 호언장담과는 달리 황제의 병은 조금도 좋아지지 않았다.

황제가 서원에서 중병에 시달리고 있을 때, 대학사들은 자신의 집무실 안에서 안절부절못했다. 서계의 방에서는 장거정의 모습이 자주 눈에 띄 었다. 그때 고공이 이사를 한다는 보고가 들어왔다. 서계는 고공이 가족을 서안문 밖으로 이사시키고 틈이 있을 때마다 몰래 다녀온다는 것을 알고 있었다. 궁내가 어수선하니 혹시 무슨 일에 대비해 미리 가족을 이사시키 려는 것인가? 머리를 갸우뚱하면서도 쉰 살이 넘도록 후사가 없으니 틈을 내 집에 다녀온다고 해서 탓할 수도 없다고 생각했다.

12월, 세종의 병이 더욱 악화되자 세종은 서계의 건의에 따라 건청궁乾 清宮으로 돌아왔다. 서계는 무종황제가 표방에서 타계한 것을 떠올렸고, 황 제가 궁 밖에서 세상을 떠나는 것은 좋지 못한 일이므로 서둘러 돌아온 것이다. 물론 의식이 혼미한 황제는 그 뜻을 알 리 없었다. 몹시 추운 겨울

무종(1491~1521)

10대 황제. 연호는 정덕제. 어렸을 때는 학문에 정진했으나 즉위한 후 쾌락에 빠져 정사를 돌보지 않아 조정은 기강이 흐려지고 전국 각지에서 농민의 반란이 끊이지 않았다.

날, 세종황제는 45년의 재위 기간 동안 열심히 수련하고 수많은 선단을 복용했으며, 여러 차례 하늘의 은전까지 받았음에도 불구하고 60년의 인생을 마감했다.

황제가 세상을 떠나면 유서가 공개되어야 했다. 당시 세종은 이미 혼미해 별다른 분부는 없었으므로, 유서 작성은 신하의 몫이었다. 혼란한 시기에 경험이 많은 신하들은 종종 황제의 서거를 틈타 유서의 명의를 빌려 산적한 조정의 문제를 일시에 해결하곤 했다. 따라서 정치적으로 유서는 엄청난 영향력을 가졌다. 무종이 서거했을 때, 양정楊廷이 초안을 잡은 유서에는 군대를 재배치하고 남경의 죄인들을 석방하도록 했으며, 주변 국가에서 진상해온 여자들을 돌려보내라는 내용이 담겨 있었다. 이는 세상을 떠나는 황제가 베풀 수 있는 마지막 선정善政이기도 했다.

이제 서계에게도 기회가 왔다. 그는 장거정과 상의해 일련의 문제를 해결하기로 했다. 도가 수련과 관련된 모든 행위가 유서의 명의로 중지되었고, '대례'^{大禮}와 '대옥'^{大獄} 문제도 해결했다. 대례는 세종 초기, 흥헌왕의 제사 문제로 조정에서 벌어진 논쟁이다. 대옥은 1526년 이복달^{李福達}이 미륵불을 포교하다 '혹세무민'으로 체포되자 형부상서 안이수^{顔頤壽}가 처형을 주장했다. 하지만 무정후^{武定侯} 곽훈^{郭勛}이 이를 반대해 일어난 문제였다. 이 두 사건에 연루된 많은 대신들이 죽거나 유배되었다. 그나마 파직되어 고향으로 돌아간 사람은 천운이었다. 서계는 유서의 명의를 빌려 이 두 사건에 연루된 신하들을 모두 복원시켜 세종의 마지막 덕정^{德政}으로 삼았다.

이 일로 서계는 좋은 평을 얻었지만 동료인 고공과 곽박은 그렇지 못했다. 이들은 유서 문제에서 자신들이 배제된 것에 불만을 느끼고 서서히 서계를 향해 복수의 칼을 갈고 있었다. 결국 이로 인해 목종 때 내각 분쟁의 씨앗이 잉태되었다.

제5장

———

끊이지 않는 정쟁·1

———

점차 권력의 정점을 향해 가다

1566년 12월, 유왕裕王이 서른 살로 즉위하니 목종穆宗(12대 황제인 융경제隆慶帝)이었다. 세상을 떠난 세종은 비록 도교에 심취해 수련에 몰두했지만 자신이 군주라는 것을 단 한 번도 잊은 적이 없었다. 양정화, 양일청, 장부경, 하언, 엄숭, 서계 등 힘 있는 수보들이 번갈아 권력을 잡았어도 결정권은 끝까지 자신이 장악했다.

그러나 목종은 부친과 전혀 달랐다. 세종 재위 기간 동안 얼마나 조심스럽게 처신했는지 그는 아버지의 얼굴조차 제대로 쳐다보지 못했다. 그런 그에게 군주로서의 위엄이란 오히려 고통이었다. 조회 때에도 말 한마디 하지 않았고 4년 정도 지나서는 거의 말을 할 필요를 느끼지 못했다. 사람들은 무언가 이상하다고 생각했고, 거듭된 신하들의 재촉도 아무런 소용이 없었다.

목종은 바보라기보다는 단지 정치가 귀찮았을 뿐이었다. 그는 술 마시고 여자와 환관들과 노는 것, 산책, 배 타기, 나무 가꾸기 등 오락거리는 좋아했지만 정치에는 관심이 없었다. 사실 정치 현실은 그가 조바심을 낼 필요도 없었다. 그에게는 서계, 고공, 장거정 등 유능한 정치가와 이춘방, 진이근, 곽박 등 충성스러운 신하가 있었다. 정치는 이들에게 맡기면 된다고 생각했다. 하지만 어리석게도 목종은 이들을 다스릴 위엄도 함께 놓아버렸다. 따라서 목종 재위 기간 동안 내각에서는 끊임없는 다툼이 계속되었다.

다만 목종은 아버지 세종과는 달리 관대하고 후덕했다. 즉위 초에 목종은 호부에 자신이 좋아하는 보물을 구입하라고 명한 적이 있는데, 호부 상서, 급사중, 어사들이 모두 간언하며 반대했다. 어사 첨앙비詹仰庇는 다음과 같이 진언했다. "폐하께서 신하들의 진언을 무시하고 보물을 탐하면 소인배들이 이를 미끼로 준동하니, 그 해가 말할 수 없이 크옵니다." 황제를 직접 공격하는 이러한 엄청난 발언에도 목종은 크게 개의치 않았다.

목종이 황후 진씨와 소원하자 황후는 별궁으로 옮겨갔고 점차 아프기 시작했다. 이에 첨앙비는 황제가 황후를 돌보지 않는다며 병문안을 가라고 독촉했다. 만약 세종에게 누군가가 이렇게 직접적으로 지적했다면 당장 곤장을 맞았거나 그 이상의 처분을 받았을 것이다. 그러나 목종은 "황후가 자식이 없고 병도 있어 별궁으로 옮겨 편히 쉬도록 했으나 차도가 없네. 짐도 별 도리가 없으니 재촉하지 마시게"라고 할 뿐이었다. 목종은 평범했지만 관대한 군주였다. 당시 내각 대학사는 서계, 이춘방, 고공, 곽박 4명이었다. 서계가 수보였는데, 고공은 이것이 가장 불만이었다.

짧은 12월이 지나고 새해가 되니 목종 융경 원년이었다. 1567년 새해, 장거정은 한림원 시독학사에서 예부우시랑禮部右侍郎 겸 한림원 학사가 되었

목종(1537~1572)

12대 황제. 연호는 융경제. 정치에 관심이 없어
점차 향락에 빠져 결국 국력이 크게 후퇴했다.

다. 시랑은 정삼품으로 이미 강관이었으니 단지 입각에 대비한 계단이었을
뿐이다. 그러다가 2월에 다시 이부좌시랑^{吏部左侍郎} 겸 동각대학사가 되어 입
각했다. 진이근과 함께 입각했는데, 그는 목종이 유왕 시절 그의 강관을 지
냈기 때문이다. 그해 장거정은 마흔네 살로 점차 권력의 정점을 향해 치닫
고 있었다. 그는 입각에 대한 마음가짐을 담아 〈사면은명소〉^{辭免恩命疏}를 지
었다.[1]

　명대 중엽 이후 대신의 임명은 회추제도^{會推制度}에 따랐다. 《명회전》^{明會典}
에는 "내각대학사는 이부·병부 상서와 구경^{九卿}, 오품 이상 관료들이 2~4
명을 추천해 황제가 결정한다"고 되어 있다.[2] 이는 일종의 의회선거 제도
와 같다. 그러나 사실은 주재하는 사람이 추천 결정권을 가지고 있었고,
나머지는 그저 승인만 했으며, 다수의 찬성을 얻었는지는 공개되지 않았

다. 훗날 안계조顏繼祖는 "회추는 실제로 육과 장전六科掌篆이 주재했으니 실질적인 회추라고 할 수는 없다"[3]고 했는데, 이는 이후 육과 급사중六科給事中이 실권을 장악한 것을 말한다(명대 육부에는 모두 급사중이 있었는데, 도장을 장악한다고 해서 장전掌篆 혹은 과장科長이라 불렸다). 만력 이후 이 결정권은 이부상서와 문선사 낭중文選司郎中에게 있었으며 추천은 일종의 형식일 뿐이었다.[4]

회추제도 외에 특별채용이라는 뜻의 특간特簡이 있었다. 그러나 대신들은 특간이 황제의 사사로운 정으로 결정되는 특혜라고 여겨 특간을 받더라도 거절하는 일이 있었다. 효종 때는 서각徐恪이 특간으로 남경 공부우시랑南京工部右侍郎을 명받자 거절했다.[5] 그럼에도 특간은 계속 회추제도와 병존했다. 유능한 군주일수록 인사권을 행사할 때 특간을 잘 활용해 신하를 등용했다. 평범한 군주는 대부분 수보의 추천을 받거나 특간을 통해 자신의 측근을 임명했다. 장거정의 이번 입각은 온전히 서계의 힘이었고, 장거정 역시 그의 추천에 감사했다.[6]

입각한 뒤 장거정은 남다른 노력을 기울였다. 그의 권력에 대한 집착은 대단히 집요했다. 1567년부터 세상을 떠난 1582년까지 단 하루도 빼지 않고 권력을 공고히 하기 위해 최선을 다했다. 그는 권력을 잡으면 무엇인가를 해야 한다고 생각했다. 1567년 내각의 인사들은 자신의 스승이나 선배였고, 이춘방 역시 동년배였지만 입각은 장거정보다 2년 빨랐기에 그의 노력은 더욱 눈물겨웠다.

장거정이 입각한 초기에 관해 기록된 것 가운데 왕세정의 《장거정전》張居正傳과 《명사·장거정전》에는 잘못 서술된 부분이 있다. "당시 서계가 수보였고 장거정은 신인이었다. 그러나 장거정은 조정에서 구경九卿(9명의 고관을 가리킴)을 만나도 매우 거만했으며, 사람들도 다른 학사들보다 그를 어려워했다"고 했다. 특히《명사》는 왕세정의 기록을 그대로 인용하고 있다.

그러나 이는 잘못된 것이다. 장거정이 구경에게 거만하게 대하고 사람들이 그를 어려워한 것은 사실이다. 그러나 이것은 만력 이후의 일이다. 1573년(만력 원년) 9월 이부상서 양박을 필두로 12월 예부상서 육수성陸樹聲, 1575년 6월 좌도어사 갈수예葛守禮가 사직함으로써 노신들은 모두 퇴직했다. 이후 구경은 모두 장거정이 추천하거나 그와 가까운 사람들이었다. 내각의 여조양呂調陽과 장사유張四維는 그의 막료나 다름없었다. 따라서 '거만'할 수 있었고 사람들이 '어려워'한 것도 당연하다. 그러나 1567년은 그럴 상황이 아니었다. 장거정은 갓 입각했고 양박이나 갈수예는 오히려 장거정이 평소 어려워하던 인물들로 관품도 장거정보다 위여서 '거만'하다는 말은 당치 않았다.

한 예로 1572년(융경 6년) 6월 신종神宗이 즉위하고 장거정이 수보가 되자, 7월에 육수성을 예부상서에 앉혔다. 육수성은 장거정보다 2년 일찍 과거에 합격했고, 장거정도 육수성을 보면 깍듯이 예를 갖추는 사이였다. 한번은 육수성이 내각으로 장거정을 방문했는데 손님이 앉아야 할 의자가 조금 비틀어져 있자 육수성은 앉지 않았다. 이를 본 장거정이 서둘러 자리를 바로잡은 뒤에야 앉았다. 이것은 서열에 대한 육수성의 엄격함과 그에 대한 장거정의 예우를 보여준다. 물론 장거정도 자신감은 가지고 있었지만 입각 초에 '구경을 거만하게 대했다'는 것은 분명 시간상의 착오로 야기된 잘못된 서술이다.

서계와 고공의 갈등이 첨예해지다

1567년 4월, 장거정은 다시 예부상서 겸 무영전대학사가 되어《영락대

전》永樂大典 편수에 참여했다. 목종 융경 초년 내각에는 서계, 고공, 장거정 등 서로 간에 복잡한 관계를 가진 세 대학사가 폭풍전야와 같은 고요함을 보내고 있었고, 서계와 고공의 대립은 점차 첨예해졌다.

먼저 고공을 공격한 것은 이과급사중吏科給事中 호응가胡應嘉였다. 세종의 병이 위급할 때 고공이 몰래 자기 집에 가서 이사 준비를 한 사실을 호응가가 탄핵한 것이다. 고공은 서계와 동향인 호응가가 서계의 사주를 받은 것이라고 생각해 강하게 반발했다. 그러자 사태는 심각해졌고, 서계에 대한 고공의 불만은 더욱 깊어갔다. 고공은 원한이 있으면 반드시 복수를 해야 한다며 오로지 기회가 오기만을 기다렸다.

이부상서 양박은 '경찰'京察을 주재하게 되었다. 경찰이란 1468년(헌종 성화 4년)부터 수도에 근무하는 오품 이하의 관리를 이부와 감찰원, 각 부서의 결재권자가 공동으로 실시하는 감찰로, 1504년(효종 홍치 17년)부터 6년에 한 번씩 실시되었다. 만력 이전에는 때로 '윤찰'閏察이라는 특별감찰도 있었다. 명대 관리들은 종신제여서 대신들이 관료들에게 행사할 수 있는 유일한 수단은 오직 경찰뿐이었다. 이부상서가 이를 행사할 때는 도어사를 제외하고는 누구의 간섭도 받지 않았다. 양박은 경찰을 통해 어사와 급사중까지 엄격하고 신속하게 좌천을 강행하면서도 자신의 고향인 산서山西 사람은 한 명도 포함시키지 않았다. 이는 어사와 급사중의 분노를 샀다. 첫 번째로 포문을 연 것은 역시 호응가였다.

호응가는 양박이 개인적인 감정에 사로잡혀 동향 사람을 편애했다고 탄핵했다. 틀린 말은 아니지만 호응가는 순서를 잘못 꿰고 있었다. 이부에서 경찰을 실시할 때는 이과급사중이 참여하게 된다. 따라서 문제가 있었다면 그때 제기해야 했다. 당시에는 가만히 있다가 사후에 탄핵을 하는 것은 사리에 맞지 않았다. 관대한 목종조차도 이는 모순이라고 생각해서 내각에 처벌을 지시했다. 마침내 고공에게 보복의 기회가 왔다.

고공과 동향인 곽박이 먼저 발언했다. "호응가의 행위는 잘못된 것이니 당연히 파면해야 할 것이오." 고공 역시 파면해야 한다고 맞장구를 쳤다. 서계가 두 사람을 쳐다보니, 바짝 긴장한 두 사람의 모습이 오히려 애처로워 보였다. 서계는 어쩔 수 없이 동의했고 결국 호응가는 파면되었다.

명대 언관言官의 힘은 실로 대단했다. 벌떼와 같아서 건드리기만 하면 무리지어 달려들곤 했다. 감찰원의 어사와 육과의 급사중이 모두 언관이었다. 따라서 경찰을 실시할 때 이부상서는 되도록 언관들을 건드리지 않았다. 그러나 양박은 언관에게도 사정없이 칼을 휘둘렀고, 고공과 곽박 역시 호응가를 파면시키는 것으로 맞섰다. 벌집을 건드린 듯, 병과급사중兵科給事中 구양일경歐陽一敬, 급사중 신자수辛自修, 어사 진연방陳聯芳, 어사 학걸직郝杰直 등이 고공을 탄핵하고 나섰다. 고공은 '간악한 인간'이며 '대학사의 그릇이 못 된다'는 것이었다.

사태는 어지럽게 발전했다. 모든 책임이 서계에게 떨어졌다. 서계는 호응가를 건녕추관建寧推官으로 강등, 처벌을 경감해 일을 끝내려 했지만 언관들은 멈추지 않았다. 구양일경은 다시 "고공이 사대부를 탄압해 나라를 망친다"며 탄핵했다. 고공이 받아들이지 않자 공은 다시 서계에게 넘어왔다. 서계는 고공을 위로하는 한편 언관들을 질책하는 선에서 사건을 마무리했다.

서계의 실각과 낙향

그러나 고공의 불만은 가시지 않았다. 고공은 서계가 언관들에게 적어도 곤장을 치는 정장 정도의 처분은 내려주기를 바랐다. 세종 때는 언관들이 대학사를 탄핵하면 정장은 보통이었고 더 심한 경우도 많았다. 물론 서계도 이를 모르는 바는 아니었으나, 당시는 엄숭이 권력을 장악하고 있을 때였다. 더구나 목종은 세종과 달랐으며 자신도 엄숭처럼 하고 싶지는 않았다. 그리고 고공을 위해서도 언관들과 악연을 쌓는 것은 좋지 않다고 생각해 고공의 요구에 고개를 가로저었다. 서계는 언관들과 악연을 맺지 않기를 바랐지만 고공은 서계와 악연을 맺고 말았다. "당신 휘하에만 언관이 있는가. 내 밑에도 몇 명의 언관이 있다"며 고공은 또 다른 일전을 준비했다.

고공 수하의 언관으로는 어사 제강齊康이 있었다. 호웅가 사건 후 얼마 지나지 않아 제강은 서계를 탄핵했다. 하지만 오히려 언관들이 힘을 합쳐 제강을 공격하는 역효과가 발생했다. 구양일경이 제강을 탄핵했고, 제강은 다시 구양일경을 탄핵했다. "내가 고공의 수하라고 공격한다면 당신은 서계의 수하다" 하는 식의 탄핵이 끊이지 않았다. 결국 수적으로 밀린 제강 쪽이 구양일경 쪽을 당해내지 못했다. 이후 고공은 화살의 과녁이 되어버렸고, 최후의 일격은 예상치 못하게 남경에서 날아왔다.

경찰의 실권은 이부와 도찰원都察院에 있었다. 따라서 경찰에서 결정된 사항은 황제도 어찌하지 못했다. 신종 때는 간혹 만류하기도 했지만 역시 드문 일이었다. 융경 이전 경찰은 무소불위의 힘을 발휘했고, 이 처분을 당한 오품 이하의 관리들은 이를 '찰전'察典이라 해서 일생일대의 치욕으로 여겼다. 이것은 일종의 '상극하'上尅下(계급이나 신분이 높은 사람이 부당한 방법으로 아랫사람을 꺾어 누르거나 없앰. 하극상下尅上의 반대)였다.

그러나 명대의 제도는 쌍방이 균형을 이루고 있어, 상극하가 있다면 당연히 '하극상'도 있었다. 사품 이상의 관리들은 경찰에 해당되지 않아 경찰이 실시되는 해에는 스스로 솔직하게 자신의 과실을 고백하고 황제의

영락대전

3대 황제 성조의 칙명으로 편찬된 중국 최대의 백과사전. 천문, 지리, 의학 등 모든 분야의 전적典籍을 망라했다. 총 2만 2,877권, 1만 1,095책으로 구성되어 있다. 1405년(영락 3년)에 착수해 1408년에 완성되었으나 명말 화재와 도난 등으로 일부 소실되었다.

처분을 기다렸다. 물론 이것은 형식적인 것으로 자신의 학식이 부족했음을 고백하는 정도였다. 하지만 만약 급사중이나 어사들이 이의를 제기할 경우에는 문제가 달랐다. 이번 고공과 북경의 언관들의 다툼에서는 정황상 북경의 언관들이 이의를 제기하기가 쉽지 않았다. 그러자 남경 급사중과 어사들이 대신 이의를 제기했다. 결국 탄핵을 받은 고공은 5월에 물러났고, 이후로도 언관들의 공격은 멈추지 않아 9월에 곽박 역시 물러나고 말았다. 이 사건으로 서계는 결정적인 승리를 거뒀다.

장거정은 이 심각한 진퇴양난의 상황에서 스승이나 친구, 어느 누구의 편도 들지 않고 중립을 지켰다. 그리하여 누구에게도 비난을 받지 않고 무사히 넘어갈 수 있었다. 다만 이 일을 통해 언관들의 지나친 행동에 대해서는 우려를 표시했다. 그는 "사대부들이 점차 송대 말기의 구태에 빠지고 있다"며 이를 어떻게 처리해야 할지 고심했다.[7] 언관들이 서계의 보호 아래 기고만장해지자, 목종은 서계에게 이들의 징계를 명했지만 서계는 그저 반성하라는 말을 전하는 것으로 끝내고 말았다. 이렇게 1567년이 지나갔다. 1568년 정월, 장거정에게는 소보少保 겸 태자태보太子太保라는 직함이 더해졌다.

상반기에 정국은 또 다른 풍파에 휩쓸리고 있었다. 내각에는 서계와 장거정 외에 이춘방, 진이근 등 충직한 신하들이 있어 별다른 일이 없었다. 하지만 문제는 황제의 궁 안에서 발생했다.

목종은 정치에 뜻이 없고 늘 노는 데만 힘을 쏟았다. 그러나 신하들은 황제의 개인적 행위에 대해서도 무거운 정치적 책임을 느끼고 있었다. 그리하여 서계가 수차례에 걸쳐 간언했지만 황제는 듣지 않았다. 6월, 황제가 남해자南海子(북경 외곽의 황실 사냥터)로 놀러가기로 하자 서계는 간언으로 저지하려 했다. 그러나 황제는 피곤했는지 아니면 잘 알아듣지 못했는지 결국 가고 말았다. 7월, 급사중 장제張齊가 이를 트집 잡아 서계를 탄핵하자 서계는 어쩔 수 없이 사직해야 했다. 결국 정치가 서계는 17년 동안의 대학사, 7년 동안의 수보 등 북경에서의 생활을 정리하고 허망하게 강남으로 낙향했다. 떠나기 전 서계는 장거정에게 조정 대사와 개인적인 일의 처리를 부탁했다. 조정의 일은 당연했지만 사적인 일들은 그렇게 간단하지 않았다.

서계에게는 아들이 셋 있었다. 이들은 아버지의 권력을 등에 업고 고향에서 안하무인으로 처신했다. 부친은 높은 도덕적 기준을 가지고 행동을 조심했지만, 아들들은 욕심이 많았다. 친척 육씨陸氏가 어린 자녀들에게 많은 재산을 남기고 세상을 떠나자, 이것을 빼앗아 차지하기도 했다. 고향에서는 원성이 끊이지 않았고 북경에서도 이에 대해 말들이 무성했다. 과거에 고공 역시 이사를 했다는 사사로운 일로 제강의 탄핵을 받아 사임하지 않았던가? 이 일이 어떻게 발전할지는 아무도 몰랐다. 서계는 자신이 권좌를 떠나면 그 일이 크게 문제가 되리라고 생각했고, 자신이 등용한 장거정에게 뒷일을 부탁한 것이다. 오직 장거정만이 이 문제를 해결해줄 수 있었다.[8]

1569년 12월, 목종은 고공을 다시 이부상서에 임명했다. 그러나 서계의 실각과 고공의 재등장에는 궁중에 있는 환관들의 음모가 작용했다. 목종이 정치에 뜻이 없자 신하들과 긴밀하게 유지해야 할 긴장의 끈이 끊겼고, 중요한 정치적 사안은 환관에게만 의지했다. 이로 인해 모든 정치적 파란은 궁중에서부터 시작되었는데, 이는 목종의 커다란 실책이었다. 《명사》 권19 〈목종본기찬〉穆宗本紀贊에는 목종이 "신하들 간의 싸움이 가열되었지만 황제가 이를 제어하지 못해 악습이 쌓여갔다"는 평이 남아 있다.

서계가 떠나자 이춘방이 수보를 맡았지만 그는 학자였을 뿐 권력에는 관심이 없었다.

정치적 안정을 위해 상소를 올리다

그해 8월 장거정은 당시 여섯 가지 중요 현안을 정리한 상소 〈진육사소〉陳六事疏를 올렸다. 주요 내용은 이러했다.

첫째, 불필요한 논의를 줄인다. 둘째, 기강을 세운다. 셋째, 조령條令을 강력히 실행한다. 넷째, 상벌을 분명히 한다. 다섯째, 주변국과의 관계를 굳건히 한다. 여섯째, 군비를 정돈한다.

비록 고매한 이론은 아니지만 당시 상황을 정확히 진단하고 적절하게 대처하는 방안이었다. 이때 장거정은 마흔넷이었다. 스물다섯에 〈논시정소〉를 올린 뒤 20여 년이 지난 지금 그가 겪은 수많은 경험은 그의 주장에 많은 변화를 가져왔다. 그는 더 이상 패기만 넘치던 젊은 문사가 아니었다.

여섯 가지 주장은 크게 정치 안정과 시급한 사무 두 가지로 분류할 수 있다. 처음 네 가지는 정치에 관한 것으로, 황제가 뚜렷한 자기주장 하에 결단력을 발휘해 조령과 정책을 일관되게 추진해 불필요한 쟁론을 잠재워야 한다는 것이다. 군주정치를 오해하는 사람은 이를 독재라 할지 모르나, 이는 군주의 독재적 지위를 강화해줄 뿐 독재정치라고 할 수는 없다. 우유부단한 군주의 정국에서 다두정치多頭政治의 경향이 나타나고 이들의 다툼으로 인해 불안이 발생했다. 장거정은 오히려 목종이 독재하기를 바랐다. 기강을 세우고 조령을 엄중히 실시하는 것은 군주의 지위를 강화하고, 불필요한 논쟁 대신 누구나 이해할 수 있는 판단에 의해 상벌을 분명히 하기를 바랐던 것이다.

그는 상商의 탕湯임금, 진시황秦始皇, 명태조明太祖의 결단을 칭송하고, 황제가 탕임금이 되려 한다면 자신도 이윤伊尹처럼 목숨을 바쳐 보좌할 것이라고 자신했다.

그러나 목종은 탕임금이나 진시황은 고사하고 이 나라의 태조, 성조, 심지어 세종도 아닌 그저 관대하고 후덕하기만 할 뿐, '전체를 장악하고 위엄으로 다스리는' 황제는 못 되었다. 장거정은 경제景帝가 우겸于謙을 등용했던 일을 상기하고 오직 책임을 다할 수 있는 대신 한 명이면 국가의 위기는 극복할 수 있으리라 믿었다.[9]

1568년, 국가는 겉으로는 태평했지만 장거정에 대한 황제의 신임은 경제의 우겸에 대한 신임에 미치지 못했고, 내각에도 이춘방, 진이근 등 다른 대신들이 있어 장거정이 권력을 장악하기에는 힘에 부쳤다. 오직 기다리는 수밖에 없었다. 황제는 형식적인 답변을 했을 뿐이다.

경의 의견으로 시국에 대한 깊은 인식을 담고 있고 충성으로 가득 차 있음을 알 수 있었소. 구체적인 것은 다시 논의를 해봅시다.

효과가 전혀 없었던 것은 아니었다. 도어사 왕정王廷이 다시 기강과 조령에 관해 여덟 가지 세부사항을, 호부상서 마삼馬森은 경제에 대한 식견이 높은 인재를 등용하자는 열 가지 사항을, 병부상서 곽익霍翼은 군비를 증강하자는 여섯 가지 사항을 담은 상소를 올렸다. 대부분 실속은 없는 것이었지만, 이로 인해 8월 이후 불필요한 논쟁은 현저히 줄어들었다.[10]

이춘방과 진이근은 태평성대에나 적합한 인재들이었기에 난국을 헤쳐나가기에는 역부족이었다. 서계가 사임하자 이춘방은 깊은 탄식을 하며 여러 차례 사의를 표했다고 전해진다. "서공이 사임했으니 나도 오래 머무르지 못할 것이네. 그러니 지금 물러나야만 이름이나마 온전히 보전할 수 있지 않겠는가."[11]

실제로는 그렇지 않겠지만 장거정은 나약한 조정을 매우 우려했다. 훗날 장거정은 말했다. "가정, 융경 이래 국가의 기강은 완전히 허물어졌고, 법도도 쇠약해져 송, 원의 폐해를 빠르게 닮아가고 있다."[12]

난국을 헤쳐 나갈 복안은 그저 자신의 머릿속에서만 맴돌고 있었다. 내각에 남아 있는 온화하고 점잖은 대신들을 볼 때마다 공자孔子의 "책임을 져야 할 자리에 있으면 당연히 책임을 져야 한다"는 말과 주희朱熹의 "자리에 있는 사람은 잘못에 다 같이 책임을 져야 한다"는 말이 떠올랐다. 맹수들이 우리에서 뛰쳐나오고 보물들이 궤짝에서 새는 것은 모두 관리자의 잘못이며, 장거정은 그것을 자신의 책임으로 여겼다. 그리고 "몸을 굽혀 최

척계광戚繼光(1528~1588)

명나라 후기의 무신. 장거정의 든든한 지원을 받아 강남에서 왜구를 토벌했고 장성을 지키며 알탄 칸의 침입을 막는 등 외세 안정에 혁혁한 공을 세웠다. 1582년 장거정의 사후, 그의 공적을 시기하는 대신들에 의해 탄핵되었다.

선을 다하면 죽어도 여한이 없다"고 되뇌었다.

육부를 통제하다

가장 시급한 문제는 국방이었다. 명나라는 개국 초기부터 완전한 전시 체제를 취하고 있었다. 국가의 정치 중심인 북경은 최전선에 있어, 언제나 전쟁의 위협에서 벗어나지 못하였다. 대신들은 모두 국방이 제일이라는 의식을 가지고 있었다. 장거정은 먼저 변방의 배치를 정리해 언제라도 공격 준비를 갖추는 것이 급선무라고 생각했다.[13]

가장 큰 위협은 역시 초기부터 위협해온 북방의 타타르였다. 따라서 먼저 장성을 쌓고 이곳에 9개의 진鎭(요동, 계주, 선부, 대동, 유림, 영하, 감숙, 태원,

고원)을 설치했다. 하투 일대의 적들이 비교적 약할 때 서부 4개의 진과 장성 안에 있는 태원은 평안을 유지할 수 있었다. 요동遼東, 계주薊州, 선부宣府, 대동大同 네 곳은 북경의 좌우 날개로서 국가의 중심을 보호하고 있었지만 늘 위험했다. 그리하여 이곳에 총독부를 설치했다. 이곳의 중요성은 병부 좌·우 시랑이 계주와 선대(선부와 대동)의 총독으로 전출되었고, 총독 임기를 마치고 돌아오면 병부상서로 승진하는 것을 보아도 알 수 있다. 때로 특별한 임무를 가진 병부상서가 총독으로 나가기도 하는 등 계주와 선대는 대단히 중요한 전략지역이었으며, 계주는 더욱 위험에 노출되어 있었다.

처음 요동은 타타르와 일정한 거리가 있어 비교적 안전했다. 선부, 대동도 험준한 산봉우리가 막아줘 그다지 위험하지 않았다. 그러나 삼위三衛[14]를 포기한 후 북경 동북에선 산해관, 즉 명조와 타타르 사이에는 겨우 빈약한 성곽 하나만 남아 있었다. 적은 수시로 희봉구, 황애구, 고북구를 침략해 북경 주변을 포위하고 위협했다. 하지만 계요총독(계주와 요동)은 외곽에서 발을 구르는 외에는 달리 방법이 없었다.

사정이 긴박해지자 1571년(융경 5년) 총독 유응절劉應節은 세 단계의 방어책을 제시했다.

"정병 20만을 동원, 대령을 회복해 외곽을 통제하면 동북의 경계선이 단축되어 수도 주변의 경계가 두터워지고, 선부와 요동이 상호 긴밀한 관계를 가지면서 북경은 몇 겹의 방어선을 확보하여 영구적으로 안정을 취할 수 있을 것이다. 그것이 어렵다면 우선 병사 30만을 모아 각지에 주둔시키고, 머리와 끝부분이 서로 연락하게 하면 100년은 버틸 수 있다. 이것도 어렵다면 병사 17만을 훈련시켜 자신의 지역이라도 남에게 의지하지 않고 지키게 해 지금의 위험에서 벗어나야 한다." 그러나 성조 때 대령을 포기한 후로 삼위의 회복은 꿈도 꾸지 못한 채 모든 초점은 계주로 모아지고

명나라 군대
명대에는 많은 무기 관련 서적이 간행되었는데, 화약이 장전된 포탄은 물론이고 지뢰의 구조가
나와 있는 최초의 기록도 있다. 그림은 총기를 들고 행진을 하고 있는 군사들의 모습이다.

있었다.

1599년, 양박은 계주의 중요성을 인식하고 공격보다는 견고히 지킬 것
을 주장하면서 유응절과는 다른 시각을 가지고 있었다. 어쨌든 명과 타타
르는 일시적인 평화를 유지했다. 1567년 9월 알탄 칸이 대동을 공격해 석
주, 교성, 문수 등 산서 중부를 괴롭히며 북경을 위협하자, 북경은 다시 한
번 전쟁의 공포에 휩싸였다. 이에 놀란 목종이 신하들에게 대책을 강구하
도록 명령하자, 장거정은 인재를 모아 대책을 논의할 것을 건의했다. 당시
오시래는 복직해 공과급사중工科給事中이 되었는데, 이미 왜구와 싸워 혁혁

한 공을 세운 바 있는 담윤譚綸, 유대유兪大猷, 척계광戚繼光을 추천했다.

오시래는 서계의 문하생이었고, 담윤은 당시 제일가는 인재였기 때문에 이 건의는 곧바로 받아들여졌다. 본래 담윤은 양광兩廣 군무를 담당하고 있다가 병부좌시랑兵部左侍郎 겸 우첨도어사右僉都御史로 소환되었고, 계요·보정 군무를 총괄하는 총독으로 임명되었다. 유대유는 광서廣西 총병관總兵官으로 광서 지역에 주둔하고 있었지만 나이가 많아 움직이지 않았다. 척계광은 신기영 부장神機營副將으로 임명되었다가 다음 해에 계주, 창평, 보정의 총리總理가 되어 세 개 진의 군사훈련을 담당했다.

담윤과 척계광은 북쪽 변방에서 장거정과 밀접한 관계를 맺었다. 1572년 장거정이 권력을 잡게 되자 담윤은 병부상서가 되어 1577년 세상을 떠날 때까지 장거정을 도왔다. 척계광은 계주에서 16년을 보낸 뒤 장거정이 죽자 광동으로 전보되었다. 담윤과 척계광이 이 지역에서 수많은 문제들과 부딪치고 있을 때, 장거정은 내각에서 이들을 전적으로 지지함으로써 힘을 실어주었다. 척계광은 부임한 후 자신을 불필요한 존재로 보는 주변의 시각 때문에 힘들었다. 사실 계주, 창평, 보정의 총병과 척계광이 맡은 총리는 중첩되는 보직이었다. 총리는 불과 병사 3만 명밖에 없지만 10만 명을 거느린 총병관을 지휘해야 했던 것이다. 하지만 이것은 실제적으로는 불가능했고 이 때문에 척계광은 무척 난감했다.

명대의 정치는 이원제二元制로, 중엽 이후 정치의 중심은 점차 육부六部에서 내각으로 옮겨가고 있었다. 내각은 명목상 황제의 비서실이었을 뿐이다. 대학사의 책임도 명의상 '표의'票擬만 할 뿐, 육부를 통제할 수 없었다.* 인

---

* 표의는 전국에서 올라온 장주들을 내각대학사들이 먼저 읽고 자신들의 의견을 작은 종이에 써서 장주에 붙여 황제에게 올리는 제도를 말한다. 황제는 모든 장주를 일일이 다 읽을 수가 없기 때문에 대학사들의 의견을 참조하여 간단한 답변을 붉은 글씨[朱批]로 달게 했다.

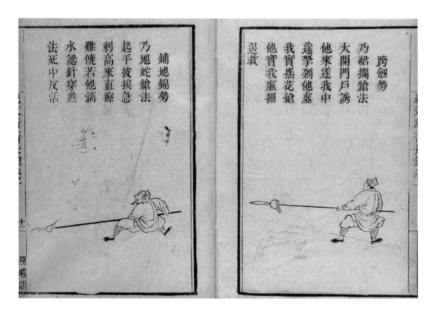

명나라 군사 훈련
창검을 들고 훈련을 받고 있는 군사들. 척계광이 집필한 훈련도감인 《기효신서》 권18 부분. 척계광은 장수로
서만이 아니라 전략가로도 유명했다.

사는 이부상서가, 국방은 병부상서가 장악했고 이들의 지위가 더 높았다.
경제 때 모든 권력은 병부상서 우겸에게 있었던 것처럼 때로는 이부와 병
부의 권력이 대학사 위에 있을 때도 있었다. 그러나 장거정이 권력을 잡으
면서 사실상 육부는 통제되었다. 그러자 내각과 이부·병부는 끊임없이 서
로를 견제하면서 타협과 충돌을 빚었다. 오직 정치적 수완이 있는 사람만
이 정국을 안정되게 이끌 수 있었다.

척계광의 문제가 불거졌을 때 공교롭게도 계요총독 담윤이 계주진 총
병관 곽호(郭琥)에게 불만이 있다는 소식이 전해졌다. 이것은 병부의 소관이
었다. 병부상서 곽익은 간단하게 생각하고 곽호를 해직하고 척계광에게 계
주진 총병관을 맡겼다. 하지만 일은 그리 간단하지 않았다. 곽호는 영향력

을 가진 무장이었고, 담윤의 불만도 심각한 것은 아니었다. 척계광의 보직 변경 역시 실권은 늘었지만 명목상으로는 좌천이었다. 결국 세 사람 모두에게 상처를 입히는 조치였다.

하지만 병부상서와 내각의 이춘방, 진이근 그 누구도 심각하게 여기지 않고 방치하자, 결국 장거정이 중재에 나설 수밖에 없었다. 장거정은 계주진 총병관을 총리연병사무 겸 진수總理練兵事務兼鎭守라는 이름으로 바꾼다는 특별교지를 내려 척계광의 입지를 넓혀 주었다.[15] 이후로도 척계광이 현지에 적응하는 데 어려움을 겪자, 장거정은 진사 동기인 능운익凌云翼을 통해 문제를 해결하도록 배려했다.[16] 척계광은 계주에서 16년을 보내는 동안 혁혁한 전과는 없었지만 북쪽 변방을 안정시키는 데 일조했다. 이는 역시 장거정이 든든한 배경이 되어주었기 때문에 가능한 일이었다. 장거정의 북변에 대한 관심은 담윤이 성곽을 증축하거나[17] 군량미를 조달하거나[18] 선대 방면의 문제[19]에 이르기까지 빈틈이 없었다.

요왕, 폐위당하다

1568년 12월 요왕 주헌위가 폐위되었다. 본래는 어사 진성陳省이 요왕을 탄핵하자 '청미충교진인'淸微忠敎眞人이라는 도교의 호를 박탈하는 것으로 비교적 간단하게 마무리되는 듯했다. 그러나 어사 고광선郜光先이 다시 열세 가지 죄를 들어 요왕을 탄핵하자 목종은 형부시랑 홍조선洪朝選을 보내 조사하도록 했다. 마흔넷의 요왕은 여전히 놀기를 좋아하며 방탕한 생활을 하고 있었다. 그는 도교에 심취해 상제가 자신을 보호해줄 것으로 믿었으나 안심이 되지 않았다. 또한 홍조선의 조사 역시 자신에게 유리할 것 같지 않자, 마치 연극의 한 장면처럼 '억울하다'는 흰 깃발을 걸어놓는 우스

꽝스러운 일을 저질렀다. 그러자 마침 강릉에 있던 안찰부사按察副使 시독신施篤臣이 이는 '모반'이라며 병사 500명을 동원해 요왕부를 포위하고 형부시랑의 명을 기다렸다. 사람들 사이에서는 요왕이 억울함을 해명하기는커녕 모반죄를 뒤집어쓴 것은 평소 시독신과의 관계가 나빠서였다는 이야기가 나돌았다.

모반을 하려면 그만한 용기와 준비를 했겠지만, 요왕은 그저 놀기 좋아하는 한심한 왕족이었을 뿐이었다. 모반의 준비는 오직 흰 깃발이 전부였고, 홍조선도 이를 알았다. 그래서 상소문에서 모반을 뺀 채 요왕은 황음무도하고 불법을 저질렀다고만 했다. 황제는 요왕부를 폐하고 요왕을 서민으로 강등시켰다. 그리고 모든 요왕의 관할지는 초왕부楚王府로 이관했다. 일이 이렇게 마무리되자 사람들의 시선은 모두 장거정에게 향했다. 31년 전의 예언대로 요왕은 장거정에게 목숨을 구걸해야 하는 처지가 되었기 때문이다. 일은 그렇게 끝나는 듯했지만 이는 훗날 엄청난 파동을 예고했다.

1582년 장거정이 죽자 어사 양가립羊可立이 장거정을 탄핵했다. 당시 요왕의 둘째부인 왕씨가 살아 있었는데, 왕씨가 요왕이 폐위된 것은 장거정이 개인적인 원한으로 복수한 것이라며 소송을 제기했기 때문이었다. 이는 결국 장거정의 가산을 몰수하는 빌미가 되었고, 여론은 더욱 분분해졌다. 장거정이 요왕부의 화려함을 흠모해 요왕을 모함했다는 설도 있고, 장거정은 홍조선이 요왕 모반이라는 모함을 거절하자 1580년(만력 8년) 복건순무 노감勞堪에게 홍조선을 음해하도록 해서 홍조선이 결국 하옥되고 사흘 동안 단식한 끝에 숨을 거뒀다고도 했다.

그러나 이것은 모두 소문일 뿐이다. 1673년(강희 12년), 장거정의 증손 장동규張同奎가 이것을 수정해줄 것을 요구해 《명사·장거정전》의 기록은 고쳐졌다. 하지만 《요왕전》遼王傳20), 《손위전》孫瑋傳21)에는 그 흔적이 아직 남아 있다. 1537년부터 1739년까지, 《명사》가 완성되는 203년 동안 이 사건은 분명하게 결론나지 않았다. 만약 당시 요왕의 어머니 모비^{毛妃}가 먼 훗날의 이러한 결과를 예측했더라면 열세 살의 어린아이에게 화근을 심어주지는 않았을 것이다.

1569년에는 조정길^{趙貞吉}의 입각과 대열^{大閱}(군주가 군대의 사기나 교육 정도, 장비 유지 따위를 친히 검열하는 일), 그리고 고공의 재입각이 있었다. 조정길은 내강 출신으로 진이근과 동향이었다. 1535년에 등과한 그는 진이근, 이춘방, 장거정보다도 훨씬 빨리 관직에 올랐다. 재능이 뛰어났고 기백도 남달랐다. 1550년 알탄 칸이 침공해 입공을 요구했을 때 다들 속수무책이었지만 제일 먼저 반대한 사람이 바로 조정길이다. 그는 그 일로 유명해졌다.

그러나 엄숭의 미움을 사서 여파전사^{荔波典史}로 좌천되었다가 이후 다시 승진을 거듭해 목종 융경 초년 예부좌시랑, 남경 예부상서가 되었다. 명대에는 남경에 북경과 같은 육부를 두어 상서와 시랑이 다 있었지만, 사실 남경은 실권 없이 그저 노인들에게 주어지는 한직이었다. 목종은 조정길의 강직함을 높이 평가해, 1569년 8월에 예부상서 겸 문연각대학사에 임명했다. 그는 성은에 보답한다며 기존의 변방사무를 모두 정리하고 새롭게 국정을 정비하려 했다. 그러나 병부상서 곽익이 반대했다. 이 일로 곽익은 1570년(융경 4년) 2월 해임되었다.

그는 분명 재주 있고 나라에 충성하는 열정도 있었다. 하지만 이미 예순을 넘어선 데다 내각의 동료들이 모두 후배여서 일을 추진하면서 때로 오만함을 보이기까지 해, 결국 사람들의 불만을 샀다. 장거정은 조정길의 모습을 높이 사면서도 한편으로는 유치하다고 생각했다. 그해 내각에는 또다른 변화를 예고하는 조짐들이 나타나고 있었다.

황제가 참석하는 열병은 선종, 영종 때부터 있었던 행사였다. 목종은 이 행사를 조금 정돈해 다음 해 8월에 열도록 지시했다. 남경 형과급사중 낙문예駱問禮는 대열이 급한 사무가 아니니 굳이 거행할 필요가 없다는 상소를 올렸다. 장거정은 경성에 주둔하는 군대의 군비를 정돈하고 군사들의 사기를 올려주는 일이 중요한 일이라는 상소를 올렸다.[22]

제6장

끊이지 않는 정쟁·2

고공, 다시 입각하다

1569년 10월 내각에는 다시 한 번 큰 파도가 밀려 왔다. 이부상서 양박이 사임하자, 목종은 고공을 다시 내각에 불러들여 이부를 같이 관리하게 한 것이다. 내각과 이부를 움켜쥔 고공은 실질적인 재상이었다. 왕세정의 《수보전》首輔傳과 《명사·장거정전》에 따르면, 고공의 재기는 전적으로 장거정의 계획이었다. 장거정이 환관 이방李芳과 결탁해 이방이 고공의 입각을 건의한 것인데, 이는 고공을 입각시켜 조정길을 견제하고 수보 이춘방의 권력을 뺏기 위해서라는 것이다.

그러나 이것은 터무니없이 왜곡된 것이다. 왜냐하면 이춘방은 독자적으로 권력을 행사한 적이 없었다. 더욱이 장거정의 변방 정책에도 간섭하지 않았다. 개성이 강한 조정길을 장거정이 불편해 한 것은 사실이지만 호랑이를 끌어들여 늑대를 견제하려 한다는 것은 어리석기 짝이 없는 일이다.

더구나 이방은 1568년 11월 황제의 명을 거역했다는 죄명으로 이미 형부에 감금되어 처벌을 기다리다가 4월 4일 남경으로 유배되었다.[1] 형부 감옥에 수감되어 있던 환관이 내각대학사를 추천한다는 것은 불가능했다.

고공의 입각에 환관이 힘을 썼다는 설은 맞는 말이다. 목종은 대신들과 가져야 할 관계를 갖지 못하자 환관들에게 의지했다. 목종 초기, 가장 힘 있는 환관으로 등상^{騰祥}, 맹충^{孟沖}, 진홍^{陳洪}이 있었다. 이들은 목종을 온갖 오락과 유흥으로 인도하고 자신들과 불편한 서계의 사직을 주도했다. 고공이 입각한 후 사례태감^{司禮太監} 자리가 비자 환관 풍보^{馮保}가 은근히 그 자리를 기대했지만, 고공은 이를 외면하고 진홍을 추천했다. 그러나 진홍이 일을 잘 처리하지 못해 쫓겨나자, 고공이 이번에는 맹충을 추천해 풍보는 또 한 번 고배를 마셔야 했다. 결국 풍보는 고공에게 원한을 품었고, 1572년 목종이 서거하자 장거정과 결탁해 고공을 밀어냈다.

그렇다면 1567년에 고공은 왜 퇴출당했는가. 당시에는 서계가 건재했고, 고공과 환관들 사이에는 긴밀한 관계가 형성되지 않았다. 1569년 단양^{丹陽} 협객이라 불리던 소방선^{邵方先}이 서계에게 고공의 복직을 부탁했지만 서계는 듣지 않았다. 그 후 소방선이 북경을 다녀오고 나서[2] 고공이 재입각했으니, 소방선이 환관을 매수해 고공의 복직이 이루어졌다는 설이 파다했다.[3] 그러니 이번 고공의 재입각은 누군가 추천한 것이며, 중간에서 주선한 사람도 있었다고 한다. 이것은 모두 《명사》에 나와 있다.

그런데 《명사·장거정전》에서 이 모든 것을 장거정의 책동이라고 묘사한 것은 잘못된 것이다. '협객'이란 단지 강호를 떠도는 불량한 무뢰배들로, 1572년 6월 장거정이 권력을 잡자 응천순무 장가윤^{張佳胤}에게 거간꾼 소방선을 처단하도록 했으니, 통쾌한 일이 아닐 수 없다.

장거정은 고공의 입각과 관련해 어떠한 움직임도 보이지 않았고 별다른

고공高拱(1512~1578)
1541년 진사가 된 후 목종이 유왕裕王이었을 때 9년 동안 강관을 지내면서 크게 인정을 받았다. 1566년 서계徐階의 천거로 문연각대학사가 되었지만 목종이 즉위하자 제왕의 구신舊臣으로 자부하여 서로 정적이 되었다. 한때 사직한 뒤 귀향했다가 1569년 겨울 다시 대학사가 되어 이부吏部의 일을 관장하면서 권력의 정점에 섰다. 신종(만력제)이 즉위하자 태감 풍보馮保를 제거하려다 도리어 배척을 받고 사직했다.

반감도 없었다. 오히려 기대하는 입장이었다. 국자감에 같이 근무하면서 서로를 잘 알았고, 미래의 정계에서 중요한 일을 할 상대라는 것도 예상했기 때문이다. 고공이 죽은 뒤 장거정은 "눈물을 금할 수 없다"[4)]고 했다. 이때는 이미 장거정의 시대였으므로 이 말은 진심이었을 것이다. 그리고 주周나라 성왕成王 때의 고사를 빌려 고공과 자신이 성왕을 보좌하던 주공周公과 소공召公처럼 잘 협력할 수 있을 것이라 기대했다.[5)] 고공이 예순이 되던 1571년 12월, 내각에는 고공과 장거정 두 사람뿐이었다. 장거정이 '주공과 소공의 협력'을 이야기했던 것은 고공이 그에게 상당한 지위를 부여했다는 것을 의미한다.

그러나 "주공이 중심이 되고 소공이 그를 도와 성왕을 보좌했지만 소공은 그다지 기쁘지 않았다"[6)]는 것이 경전의 가르침이 아니던가? 비록 '전권을 행사한다'는 말은 역사책에서는 좋지 않은 말이나, 권력은 독점하는 것이지 다른 사람과 공유할 수 있는 것이 아니었다. 정치적 욕망이 강한 사람이 옆에 있고, 그로 인해 자신이 돋보이지 않는다는 것은 필히 정치적 불안을 초래하게 된다. 장거정은 이러한 현상을 직접 경험했다. 훗날 자신의 시대가 되었을 때 그는 여조양呂調陽, 장사유, 마자강馬自强 등 비교적 무난한 인사들을 선발했다. 신시행申時行은 특별한 경우였지만, 그는 1562년 진사에 합격해 연배 차이가 많아 위협이 되지는 못했다. 고공의 실패가 장거정에게는 큰 교훈이 되었다.

고공, 권력 투쟁의 바람을 일으키다

고공은 입각하면서 동시에 이부를 장악해 인사권과 행정권을 장악함으로써 조정에서 가장 큰 세력이 되었다. 그러자 내각에서 가장 크게 위협을 느낀 사람은 조정길이었다. 공교롭게 좌도어사 왕정이 1570년 정월에 사임하자 조정길은 도찰원을 장악했다. 지난해 12월 고공이 입각한 후 조정길이 사임할 때까지 한쪽은 행정권을, 또 다른 한쪽은 감찰권을 쥐고 내각에서 대치했다. 수보 이춘방과 진이근은 그저 방관했고, 장거정은 고공과 가까운 편이었다.

고공은 이부상서로서 뛰어난 능력을 발휘했다. 이부는 전통적으로 불필요한 의심을 피하기 위해 외부와 접촉하지 않는 부서였다. 그러나 서계가 이부시랑으로 온 뒤 이러한 전통은 깨졌고, 고공은 한 걸음 더 나아가 모든 관리들의 자료를 책으로 만들어 국가가 필요한 인재들을 일목요연하게 알 수 있도록 했다. 그는 국방의 중요성을 깨닫고 병부시랑이 변방의 총독으로 나갔다가 병부상서로 귀임하도록 하는 관례를 확정짓기도 했다. 군사 행정에는 전문 인재가 필요하다는 인식을 가지고 병부 관리들의 인사 이동에 신중을 기하며 병비도兵備道와 변방독무邊防督撫 등 변방 책임자는 병부 내부 사람을 기용했다.

그러나 서계와는 좋은 관계를 유지하지 못했다. 그는 세종이 서거하자 서계가 자신과 상의도 없이 세종의 유서를 공개한 일을 기억하고 있었고, 3년을 기다려 복수의 기회를 잡았다. 과거 세종은 대례大禮로 인해 많은 사람을 내쫓았는데, 서계는 유서를 이용해 그들을 다시 복직시켰다. 고공은 말했다. "국가의 제도가 확립된 지 오래되었는데, 국사를 다루는 신하가 유지遺志를 왜곡해 의례에 관련된 죄인들을 다시 복직시켰으니, 선황의 영이 어찌 편하실 것이며, 또 황상께서는 제를 지낼 때마다 무슨 낯으로 조상을 뵐 수 있겠습니까? 이는 잘못된 일입니다." 그러고는 그들을 다시 퇴출시켰다.

세종은 죽기 전에 왕금, 도방, 도세은, 유문빈, 고수중 등 도사들의 의술을 믿고 모두 승진시켰다. 그런데 서계는 유서를 발표하면서 이들의 죄를 물어 하옥시키고 사형을 명했다. 황천에 있는 세종의 보살핌이었는지 이들의 집행은 1567년부터 1570년까지 미뤄졌다. 고공은 입각 후 왕금 등의 죄를 사면했다. "사람이 비명에 가면 최후가 편치 못하고 이름도 더러워집니다. 선제께서는 60여 세를 사셨고 45년간 황제 자리에 계시면서, 비록 말년에는 병이 많았지만 선정을 베푸셨습니다. 만약 왕금이 황제를 해하여 최후가 편치 못했다고 한다면 후세는 선제를 어떻게 평가하겠습니까. 이들에 대한 형 집행은 옳지 못합니다." 목종은 이를 받아들였고 왕금 등은 죽음을 면하고 서민으로 강등되었다.

유서는 당연히 대신들의 주장이었지만 당시 이를 주도한 것은 서계와 장거정이었다. 지금 유서 문제가 다시 불거지면 장거정도 자유롭지 못할 것이 뻔했다. 이처럼 1572년 정변의 씨앗이 조금씩 자라고 있었다.

1569년에 고공이 다시 입각했을 때 장거정은 일말의 기대를 했다. "한마음으로 국사를 논한다면 잘 될 것이다"[7] 그러나 다음 해 초부터 고공의

신시행申時行(1535~1614)

1562년 진사, 한림원 수찬修撰을 시작으로 관직에 나아갔다. 장거정에게 인정을 받았지만 사람됨이 온화하여 별나게 행동하지 않았다. 장거정의 후임으로 장거정 사후 조정에 몰아친 격랑을 처리했지만 신종의 정치적 무관심을 막지는 못했다. 항상 황제의 뜻만 살펴서 사람들이 '태평재상'太平宰相이라 불렀다.

세력이 커지자 장거정은 조금씩 불길한 위협을 느끼기 시작했다.[8] 먼저 권력을 포기한 것은 진이근이었다. 내각의 싸움에서 그는 끝까지 중립을 지켰다. 고공과는 과거 유왕부 시절의 동료였고, 조정길은 동향이었으며, 장거정은 자신의 문하생이었다. 국가대사를 담당할 인재는 많으니, 굳이 자리에 연연하지 않았던 그는 1570년 7월 먼저 사직서를 제출하고 낙향했다.

그해 10월 고공이 먼저 포문을 열었다. 육과 급사중과 13도 감찰어사監察御史에 대해 고찰考察을 실시하자고 제의했다. 예전에는 자신이 언관들 때문에 물러났으니 이번에는 그들을 감찰해보자는 것이었다. 고찰은 일종의 임시경찰로, 이부와 도찰원이 합동으로 거행했다. 따라서 이부상서를 겸하고 있는 고공과 도찰원을 겸하는 조정길은 정면으로 충돌했다. 조정길은 이번 고찰이 자칫 언관들의 언로를 막고 사기를 저하시켜 국가에 해가 된다는 이유로 반대했다. 하지만 목종은 고공의 제의를 받아들여 실시를 명했다. 고찰을 실시하면서 고공은 조정길의 측근을 쫓아내려 했고, 조정길 역시 고공 측 인사를 모두 몰아내려 했다. 결국 협상과 타협이 진행되었고 쌍방 인사는 서로 건드리지 않기로 했다.

다만 고공의 정적 가운데 조정길과 무관한 자는 모두 쫓겨났다. 이번 고찰로 어사 왕기王圻, 급사중 위시량魏時亮, 경정향耿定向, 오시래 등 27명이 좌천되었고, 이전에 고공을 탄핵했던 어사 학걸郝杰은 스스로 사임했다. 고공은 통쾌하게 복수를 했고, 수하에 있는 언관 한즙韓楫, 송지한宋之韓, 정문程文, 도맹계涂孟桂 등도 자신들의 마음에 들지 않는 사람은 바로 탄핵해 쫓아냈다. 장거정은 서계의 문하생인 오시래와 자신의 친구인 경정향이 당하는 것을 보고 점점 불안해졌다.

짧았던 화해가 끝나자 고공은 조정길을 또다시 공격했다. 이번에는 한즙이 나서서 조정길은 무능하며 고찰에 사심이 개입되었다며 탄핵했다. 조정길은 고공의 이부상서 겸직을 해제해 달라고 건의하며 사임하려 했다. "신이 도찰원 정무를 맡은 뒤 오직 고찰에서만 고공과 의견이 달랐습니다. 고찰에 잘못이 있다면 책임을 질 것입니다. 권력을 전횡한 자는 바로 고공입니다. 그는 사당私黨을 만들 것이니 전권을 주어서는 아니 됩니다." 그러나 그가 사직하기 전 의외의 일이 발생했다.

변방에 새로운 상황이 발생하다

명나라 개국 초기부터 목종 때까지 타타르는 중원의 화근이었다. 타타르의 우두머리는 소왕자小王子였지만 세종 이후에는 알탄 칸이 전권을 쥐었다. 그는 군사를 동원해 북경을 위협하며 수차례 노략질을 자행했다. 세종은 이 책임을 물어 병부상서와 계요총독을 죽음으로 문책하는 등 강력하게 대응했다. 알탄 칸은 타타르 군사 외에 한인漢人도 거느렸다. 타타르는 개개인의 전투력은 뛰어났으나 조직력이 약해 전투를 오래 끌지 못했는데, 한인들이 가세한 뒤 조직력이 강화되어 중원을 크게 위협했다. 세종 당시 구부丘富, 조전趙全 등이 타타르에 가세한 뒤 점차 변방의 한인들을 끌어들여 그 수가 수만에 이르렀고, 그들은 타타르의 중심 세력이 되었다. 이들은 풍주豊州에 성을 쌓고 수전水田을 일구며 알탄 칸을 도와 참전하거나 장성을 공격했다. 구부가 명군明軍과의 전쟁에서 죽자, 조전이 알탄 칸을 인도해 대동을 공격했다. 조전은 알탄 칸을 황제라 칭하고 자신도 왕이 되려 했다. 그런데 예상치 못한 일이 일어났다.

알탄 칸의 셋째아들 철배대길鐵背臺吉이 아들 파한나길把漢那吉을 남기고 죽자, 알탄 칸 부부는 손자를 정성을 다해 길러 혼인시켰다. 그러나 파한나길은 할아버지가 정해준 여자에 만족하지 못하고 고모의 딸인 삼낭자三娘子를 사랑했다. 불행하게도 알탄 칸 역시 자신의 외손녀를 사랑했고, 결국 알탄 칸이 삼낭자를 차지했다. 할아버지에게 사랑하는 여자를 빼앗긴 젊은 청년은 질투, 수치, 원한, 독기를 품고 할아버지를 저주하며 수십 명의 가족을 이끌고 대동으로 와서 순무 방봉시方逢時에게 투항하려 했다.

그로 인해 가까스로 평안을 유지하던 변방의 사정이 긴박해졌다. 알탄 칸의 군대가 곧 추적해올 것이고, 파한나길에게 도박을 걸기에는 무리라고 생각한 방봉시는 선대총독 왕숭고王崇古에게 이를 알렸다. 두 사람은 우선 군사 500기를 보내 파한나길을 영접해 왔다. 실연한 젊은 청년은 잠시 변방의 귀빈이 되었다. 왕숭고와 방봉시는 그해 임지로 부임하기 전 장거정에게서 이 지역의 중요성에 대해 충분히 숙지했다.[9] 왕숭고는 실연에 빠진 젊은 청년과 조전을 교환하자는 담판을 벌이기로 하고 조정의 의사를 구

타타르 궁수

몽골계인 타타르인들은 명대 북변을 넘나들며 끊임없이 명나라를 위협했다. 장거정은 이 지역의 안정을 위해 척계광 등 유능한 장군들을 파견했다. '타타르'는 유럽인들이 몽골인들을 '악마보다 더 무서운 민족'이란 뜻으로 부르는 비칭이다. 유럽의 중세 작품들에는 '타타르'Tatar 혹은 '타르타르'Tartar라는 이름으로 몽골 혹은 몽골인이 묘사되어 있다. 이 말의 어원은 그리스 신화에 나오는 지옥의 악마 이름에서 유래한 것이다. 그림은 서양인이 그린 타타르 궁수의 모습.

했다.

조정에서는 격렬한 논쟁이 벌어졌다. 어사 엽몽웅^{葉夢熊} 등은 송말 곽약사^{郭藥師} 등의 항복이 더 큰 화로 번졌던 경우를 거울삼아 당연히 거절해야 한다고 했다. 그러나 왕숭고, 방봉시는 물론이고 장거정, 고공 역시 항복을 받아들이자고 주장해 결국 파한나길에게 지휘사^{指揮使}라는 관직과 붉은 비단 옷을 하사했다.

그러자 엽몽웅 등의 예상대로 알탄 칸의 대군이 쳐들어왔다. 타타르 군사들이 침범하자 북변에는 전운이 감돌았다. 죽음과 약탈이라는 공포가 엄습했다. 그러나 계요에는 담윤과 척계광이 있고, 섬서 삼변에는 용맹한 총독 왕지고^{王之誥}가 있었다. 게다가 왕숭고와 방봉시까지 더해진 이곳은 강력한 전투력을 구비하고 있었다.

알탄 칸도 이를 모르지 않았지만 아이를 직접 길렀던 아내의 재촉을 피할 수 없었다. 그렇다고 이번 전쟁에 확신이 있는 것도 아니었다. 그사이 조정의 사신 포숭덕鮑崇德이 도착했다. 알탄 칸은 호기를 부렸다. "당신들은 우리를 이길 수 없소." 그러자 포숭덕은 "그러면 당신 손자는 죽습니다"라며 조전과 교환하자는 제의를 했다. 알탄 칸은 즉답을 피하고 우선 그 제안에 호감을 표시했다. 그 뒤 돌아가는 그에게 타타르의 좋은 말 한 마리를 선물로 주었다.

양측은 전쟁을 준비하면서도 승리에 대한 확신이 서지 않아 고심했다. 조정에서는 전쟁의 피해가 두려웠고, 알탄 칸은 손자의 목숨 때문에 역시 망설였다. 어려웠지만 전쟁과 평화 중 하나를 선택해야 했기에 장거정의 주도하에 양측은 비밀리에 협상을 추진했다. 이때 조정에서는 어사 요계가姚繼可가 순무 방봉시가 타타르와 내통하고 있다며 탄핵을 제기했다. 다행히 고공과 장거정이 이를 막아 주어 재론되지는 않았지만 비밀협상을 하고 있는 마당에 위험천만한 일이 아닐 수 없었다. 장거정은 왕숭고에게 방봉시를 위로해줄 것을 거듭 당부했다.[10]

알탄 칸은 고심 끝에 결국 조전 등 10여 명을 넘겨주기로 합의했다.[11] 12월 삭풍이 몰아치는 계절에 조전은 대동을 거쳐 북경으로 압송되었다. 목종은 이들을 오문루吾門樓에서 둘러보고 하늘에 제사를 지냈다. 그리고 다시 태묘太廟에 고하고 사지를 찢어 죽이는 형에 처했다. 포로를 잡은 뒤 하늘에 제사를 지내고 태묘에 고하는 행사는 가장 성대한 의식이었다. 조전은 이러한 의식을 거쳐 죽음을 맞았고 수급이 구변九邊(변방의 아홉 군데 거점)에 돌려졌으니 후회는 없었을 것이다.

이 일로 왕숭고는 태자소보로, 방봉시는 병부우시랑 겸 우첨도어사로 승진했다. 병부상서 곽건郭乾, 시랑 곡중허谷中虛와 왕린王遴, 대학사 이춘방,

고공, 장거정, 은사담 등에게도 상이 내려졌다. 조정길은 11월에 사임했지만 역시 공을 인정받아 황제의 은혜를 받았다.

고공, 실권을 장악하다

은사담殷士儋은 산동山東 역성歷城 출신으로 장거정과 같은 해에 진사가 되어 1568년 예부상서가 되었다. 고공이 입각한 후 은사담은 진이근, 고공, 장거정이 모두 유왕의 강관 출신으로 입각한 것을 보고 강관을 지내지 않은 자신이 입각할 수 있을지 걱정했다. 그는 고공이 자신을 이끌어주기를 바랐지만, 고공은 개성이 강한 은사담보다 공손한 한림원 학사 장사유를 선택했다. 그러자 은사담은 환관 진홍의 도움을 받아 11월에 목종의 특간으로 입각했다. 고공은 이러한 은사담을 싫어했고, 은사담 역시 고공에게 원한을 품었다. 은사담의 입각은 내각에 또 다른 불편한 분위기를 조성했다.

1570년 북변에서의 성공은 의외였다. 파한나길의 투항과 알탄 칸이 조전 등과의 교환을 허락한 것 모두 예상치 못한 일이었다. 파한나길은 방봉시의 환대를 받은 뒤, 황제가 하사한 비단옷을 입고 타타르 진영으로 돌아갔다. 할아버지, 할머니는 재회의 눈물을 흘렸다. 그리고 왕숭고에게 사람을 보내 사의를 표하고 다시는 대동을 침범하지 않겠다고 약속했다. 일순간 변방에는 평화의 기운이 감돌았다. 장거정은 1553년에 과거의 시험관이 되어 진사인 방상붕龐尚鵬, 양몽룡梁夢龍, 진서陳瑞, 증성오曾省吾 등을 선발해 문하생으로 두었는데, 이들은 훗날 모두 유명인사가 되었다.

알탄 칸 사건에서 병부상서 곽건이 보인 행동은 대단히 실망스러웠다. 뚜렷한 의견을 제시하지도, 과감한 결단력을 보여주지도 못했다. 그는 결국

1571년 3월에 면직되었다. 고공은 그의 후임으로 군사전문가인 양박을 떠올렸다. 하지만 양박은 이미 육부의 수장인 이부상서를 역임했기 때문에 그에게 이부상서라는 직함을 주고 병부를 관리하도록 했다. 대학사인 고공이 이부를 장악하고 양박이 이부상서로 병부를 관리하는 등 정국은 기형적이었지만, 고공과 양박 모두 당대 최고의 인물임에는 틀림없었다.

고공이 권력을 좌지우지하는 동안 수보 이춘방은 권력에 연연하지 않았다. 이춘방은 대학사가 황제의 개인비서일 뿐이고, 수보라는 자리 역시 정치제도상 명확한 규정이 없이 그저 상황에 따라 변하는 것이라 여겨 그냥 흘러가도록 내버려두었다. 그러나 고공은 이춘방의 존재 자체가 불편했다. 고공이 서계에게 복수전을 펼치려 할 때, 이춘방이 가로막기도 했다. 그리하여 어떻게든 이춘방을 처리하려 했다. 이를 감지한 이춘방은 먼저 사임을 청했다. 목종은 만류하고 싶었지만 고공의 사주를 받은 남경 급사중 왕정王禎의 탄핵이 이어지자 5월 이춘방의 사임이 허락되었다. 이춘방은 1568년 7월부터 1571년 5월까지 2년 11개월 동안 수보의 자리에 있다가 물러났다. 고공은 수보 겸 이부상서가 되었고, 목종의 신임과 자신의 능력을 바탕으로 사실상의 독재자가 되었다.

장거정은 봉공奉公과 호시互市(변방에서 벌어지는 주변 국가와의 물물교역)의 쟁론에서 주도적 역할을 했다. 고공, 왕숭고, 장거정이 고르게 공을 나눠 가졌지만 그런 생각은 모두 장거정의 머리에서 나온 것이었다. 곽건이 우유부단하게 시간을 보내고 있을 때 대신들은 중의를 모아 사태의 흐름을 결정지었다.

그리고 왕숭고와 네 가지 주요 사항을 토의했다. 첫째, 호시를 열면 백성들은 타타르와 교역하는 것을 원하지 않을 테니 초기에는 관이 주도해 백성들에게 이익을 볼 수 있다는 것을 알려주어야 한다. 둘째, 타타르는 솥을 사고 싶어 한다. 솥은 철로 만들어진 것으로, 훗날 무기로 전환할 수 있으니 쉽게 팔아서는 안 된다. 무기를 만들 수 없는 솥만 팔도록 한다. 셋째, 타타르의 사절은 절대 받아들이지 말고 변경에서는 단기간만 머물도록 한다. 넷째, 만약 휴전을 결정하면 변방의 장군이나 군사들은 공을 올릴 기회를 잃어 원망이 생길지 모르니 각별히 주의한다.

이처럼 장거정은 세심한 면까지 고려했다. 화평책이든 봉공이든 그저 이름만 빌린 일시적 휴전일 뿐이었다. 휴전은 전쟁을 준비하는 기간이다. 그러므로 성곽 수리, 개간과 함께 조전 등의 무리를 제거하고 병사를 훈련시켜 타타르의 재침을 막는 데 온 힘을 기울였다.[12]

장거정은 국사에 힘쓰면서 자신의 스승을 보호하는 데도 소홀하지 않았다. 1569년 유명한 어사이자 응천순무인 해서가 관내의 귀족들에게 칼을 빼든 적이 있었다. 아무리 유능하고 힘을 가진 서계라 하더라도 자신의 아들들은 어쩌지 못했다. 위협을 느낀 서계의 세 아들은 고심하다가 장거정에게 도움을 청했다. 장거정은 국사로 바쁜 와중에도 스승에 대한 위로를 잊지 않으면서 세 아들에게도 바른 처세를 당부했다.[13] 고공이 다시 권력을 잡자 서계의 불안은 고조되었다. 장거정은 응천순무 주대기朱大器에게 이 일을 부탁했다.[14]

1571년 사태는 더욱 심각해졌다. 서계의 생일날, 장거정은 서신을 보냈다. 하지만 말 한마디가 조심스러웠다. 고공은 내각뿐 아니라 언관들도 장악하고 있어서 자신의 행동 하나하나, 말 한마디 한마디가 어떤 결과를 빚을지 예측할 수 없었다. 장거정이 이런 상황에 처해 있을 때 서계는 최악의 상황을 맞고 있었다. 세 아들 모두 체포되어 두 아들은 변방의 군대로 보내졌고, 재산은 몰수당했으며, 서계 자신은 서서히 엄숭과 같은 최후를 기다려야만 했다. 장거정은 고심을 거듭했다. 한편으로는 고공을 불편하지 않게 하면서 다른 한편으로는 서계를 보호해야 했다.

위기를 현명하게 모면하다

고공이 입각한 후 장거정의 위치는 매우 불안정했다. 한 발 내디딜 때마다 신중을 기했다. 권력을 잡은 사람은 결코 그것을 놓으려 하지 않는다. 권력을 유지할 수 있는 것이라면 어떤 노력이든 다한다. 그해 교래하胶莱河(산동반도를 남에서 북으로 가로지르는 강) 문제가 터졌다.

1570년 9월 황하 유역 비주邳州의 둑이 터져 수령睢寧에서 숙천宿遷까지 180리 물길의 수심이 얕아졌다. 그리하여 강남에서 오는 식량선이 움직이지 못했다. 명대 정치의 중심은 북경이지만 경제의 중심은 남경이었다. 모든 자원, 특히 400만 석에 달하는 식량은 모두 남쪽에 의존하고 있었다. 남쪽과 북쪽을 연결하는 유일한 생명선인 운하運河에 문제가 생기면 남쪽과 북쪽의 연결고리가 끊어져 국가 경영에 엄청난 지장을 받게 된다.

그런데 운하는 우리가 생각하는 것처럼 안전한 물길이 아니다. 황하 물길이 과주瓜州에서 소백호邵伯湖, 고우호高郵湖, 범광호氾光湖, 보응호寶應湖, 백마호白馬湖 등을 거쳐 홍택호洪澤湖에 닿으면 안휘安徽에서 오는 회수淮水와 황하가 청구清口에서 만난다. 물길은 이곳에서 다시 서주 다성徐州茶城에 닿는데, 이곳에 물이 너무 많으면 식량선이 표류하게 되고 반대로 물이 너무 적으면 배가 앞으로 나아갈 수 없는 지형이었다. 국가의 운명이 아무런 대책도 없이 예측 불가능한 물길에만 목을 매고 있는 것이다.

따라서 이를 관리하는 하도총독河道總督과 조운총독漕運總督은 매우 중요한 직책이었다. 이 문제를 해결하기 위해 태창, 가정에서 동해를 따라 천진으로 들어오는 바닷길인 해운이 대안으로 떠올랐다. 그러나 이 길은 지금

대운하 주변도

명대 중후반 당시 대운하 주변은 상업이 매우 번성했다. 그림은 명대 말기 구영^{仇英}이 그린 〈청명상하도〉^{淸明上河圖}의 일부로, 송대가 배경이다. 요녕성박물관 소장.

과 달리 16세기에는 많은 위험이 도사리고 있었다. 위험이 많으면 희생이 따르기 때문에 백성들의 고통은 말로 다할 수 없었다.

명대에는 일반적으로 황제가 죄인 한 사람을 처형하려 해도 다섯 차례의 심문과 상소를 거쳐야 했다. 그러므로 보통 관리들은 백성 한 사람한 사람의 희생에 특별히 신경을 썼다. 목종 때 조운총독 왕종목^{王宗沐}이 쌀 12만 석을 회수에서 천진까지 운반하다가 여덟 척의 배가 침몰해 쌀 3,200석이 물에 빠지고 선원들이 죽는 사고를 당했다. 그러자 남경 급사중 장환^{張煥}이 그를 탄핵했다. 왕종목이 어쩔 수 없었던 여러 사정을 설명하자 장환은 이렇게 지적했다. "쌀은 보충하면 되지만 사람 목숨은 어떻게 할 것인가?" 왕종목은 할 말이 없었다. 운하는 이렇듯 수시로 사고가 일어났고 해운은 너무 위험했다. 그리하여 문제를 해결하고 노선을 단축해보려는 논의가 제기되었으니, 그것이 바로 교래하였다.

교래하는 산동 고밀현高密縣에서 시작해 남북 두 갈래로 나뉜다. 남쪽은 교주만胶州湾에 이르러 바다로 흘러가고 북쪽은 액현掖縣 해창海倉에서 바다로 흘러드는 천연의 물길이다. 그러나 이 물길만으로는 배로 운반할 수 없으니, 중간에 새로 물길을 내어 남쪽의 교하와 북쪽의 교래하로 통하는 운하, 이른바 새로운 '교래신하'胶莱新河를 만들자는 것이다. 이것은 급사중 이귀화李貴和가 1571년에 올린 상소에서 제안한 것이다. 마침 전해에 황하의 둑이 터져 배의 운항이 중단되었던 터라 모두가 관심을 가졌다. 교래신하가 생긴다면 배의 운항은 회수에서 바다로 나가 교주만을 거쳐 교래하로 들어오고 다시 해창에서 바다로 나가 천진으로 들어오면 된다. 이러면 배의 운항이 편리해질 뿐 아니라 북변의 군량도 해결되니, 국방 문제와 더불어 경제적인 문제도 함께 해결할 수 있었다.

그리하여 고공은 적극적으로 찬성했지만, 장거정은 물과 바다의 모래가 걱정이었다. 물길은 생겼지만 물을 끌어올 곳이 마땅치 않았고, 바다의 모래가 하천으로 들어오는 것도 문제였다. 이 문제를 우선적으로 해결해야 했지만, 장거정은 발등에 떨어진 자신의 처지를 먼저 걱정해야 했다. 이미 곤궁에 처한 자신이 다시 이 문제로 고공과 대립한다는 것은 생각할 수 없는 일이었다.

그러자 그는 호가胡檟를 떠올렸다. 급사중 호가는 비록 고공 쪽 사람이지만 아부를 모르는 정직한 인물이었다. 장거정은 호가에게 조사를 맡기자고 재의해 고공의 동의를 이끌어냈다. 산동에 가서 상황을 살펴본 호가는 장거정의 우려가 사실임을 확인하고 불가론을 피력했다. 이렇게 해서 장거정은 무사히 또 한 번의 난관을 넘겼다.

이귀화가 상소를 올렸을 때 산동 순무는 양몽룡이었다. 지방관은 지방관의 입장이 있었기 때문에 양몽룡은 상소를 올려 이귀화의 제안을 반대했다. 문제가 해결되자 장거정은 양몽룡에게 서신을 보내 위로했다. 양몽룡의 의견은 받아들여지지 않았으니 혹 있을지도 모르는 후폭풍에 대비해 자신의 문생에게 이 일의 경과를 설명해주었던 것이다.*

결국 은사담을 몰아내다

그해 겨울, 내각에는 또 한 차례 풍파가 일었다. 은사담은 환관들의 도움으로 입각한 처지라 고공과는 각을 세우고 있었다. 고공이 장사유를 추천하려 하자 어사 고영춘郜永春이 탄핵을 제기했다.

고공은 은사담이 배후 주모자라 여겼다. 그는 자신의 수하인 어사 조응룡을 시켜, 은사담은 환관의 추천으로 입각했으니 국정에 참여해서는 안 된다며 맞불을 놓았다. 은사담이 답변을 준비하고 있을 때 고공 측 주요 인사인 한즙이 다시 나서서 은사담을 탄핵하겠다며 위협했다. 은사담은 더 이상 참을 수 없었다.

매월 초하루와 보름에 급사중들은 내각에서 대학사들과 모여 의견을 조율했는데, 이를 '회읍'會揖이라 했다. 이번 모임에 한즙이 참여하자 은사담은 한즙에게 은근히 불을 질렀다. "공이 내게 불만이 있다고 들었는데, 불만은 상관없지만 남에게 이용되어서는 안 될 것이오." 대학사가 내각에서 급사중에게 이렇게 직접적인 발언을 한다는 것은 대단히 놀라운 일이

---

* 《서첩 3》〈답하도안원호옥오答河道按院胡玉吾〉. 원전의 '하남순무'는 산동순무의 잘못 쓴 표기이다.

었다.

한줌은 순간 멍해졌다. 이를 보고 있던 고공이 탄식했다. "이게 도대체 무슨 꼴이오?" 고공의 말이 끝나기 무섭게 은사담은 소매를 걷어붙이고 손가락질을 하며 고공을 통절하게 꾸짖기 시작했다. "진이근, 조정길, 이춘방 모두 당신이 쫓아냈소. 이제 장사유를 끌어들이기 위해 나를 쫓아내려 하잖소. 내각이 영원히 당신 한 사람 것인 줄 아시오?"

내각에서 대신들이 주먹을 쳐들고 서로에게 직격탄을 날리는 상황이 발생하자, 이를 보다 못한 장거정이 조정에 나섰다. 그러나 좋지 못한 말만 들을 뿐 역부족이었다. 국가의 최고기관인 내각에서 이런 활극이 벌어졌으니 어사들이 가만히 있을 리 없었다. 어사 후거량(侯居良)이 은사담에 대한 탄핵을 시도하자, 은사담은 이러한 상황에 환멸을 느꼈고 결국 사직을 청했다. 11월, 산동 출신의 대학사는 초연히 내각을 떠나버렸다.

은사담이 떠난 뒤 내각은 고공과 장거정 두 사람의 연립내각이 되었다. 고공은 네 사람의 대학사를 쫓아냈고, 그의 힘은 갈수록 위력을 발휘했다. 장거정은 신중하고 조심스러운 처세로 일관했지만, 은사담을 몰아낸 무리들의 활은 이제 장거정을 향해 이동하고 있었다.

고공의 활은 다시 장거정을 겨누고

장거정과 고공 사이의 개인적인 관계는 본래 좋았지만 최근에는 두 사람 사이의 격차가 급격히 좁혀졌다. 둘 사이가 너무 가깝다는 것은 일종의 위협인 셈이다. 고공은 그다지 유쾌하지 않았고, 고공의 수하들 역시 공을 세우기 위해 끊임없이 새로운 적을 찾아나섰다. 정치적 주장은 어두운 곳에서 밝은 곳을 향하게 되지만 정객의 음모는 거꾸로 어두운 곳으로 숨어

들고 있었다. 어둠의 동물들은 어둠 속에서만 움직이는 것을 즐기기 때문이다.

내각에서 두 사람은 '서로 속고 속이는' 관계였고, 누구나 이를 알고 있었다. 다만 서계의 일이 계속 장거정을 괴롭혔다. 장거정이 서계를 도우려 하자, 어둠 속 동물들은 그 동기를 궁금해 했다. 이들은 관료사회에 인간적인 정이나 도의란 없으며 오직 세력에 의한 실리만 있을 뿐이라고 생각했다. 이들은 고공에게 충성심을 보이기 위해 장거정이 서계를 돕는 동기를 찾는 데 혈안이 되었다. "서계가 조정에 있을 때는 그를 추앙했지만 이제 재야로 물러났으니 먼지를 털어야 한다. 이것이 현실이다. 그렇지 않은 데는 분명 다른 동기가 있을 것이다." 그들은 발명을 발견이라 강변하면서 결국 동기를 만들어내는 데 성공했다.

고공에게 전달된 내용은 이러했다. 서계의 아들이 장거정에게 은 3만 냥의 뇌물을 주어 장거정의 보호를 받으려 했다는 것이다. 고공은 내각에서 장거정에게 반신반의하며 이를 물었다. 장거정은 얼굴빛을 붉히며 하늘을 두고 맹세컨대 없는 일이라며 부인했다. 한참을 설명한 뒤에야 고공은 오해임을 인정했다. 사건은 가까스로 마무리되었다.

1572년 3월, 상보경尚寶卿 유분용劉奮庸은 황제가 대권을 직접 잡고 친정親政을 통해 충직한 신하를 등용하라는 상소를 올렸다. 그리고 급사중 조대야曹大野는 고공의 불충 열 가지를 들며 탄핵했다. 이들의 행동에는 장거정이 막후에서 조종하고 있다는 말이 돌고 있었다. 불똥은 다시 언관들에게 튀었고, 고공의 부하들은 바로 반격했다. 급사중 도몽계涂夢桂는 유분용이 국시國是를 흔들고 있으며, 급사중 정문程文은 "음모를 계획하여 원로를 모함하는 것은 죽음으로 다스려야 한다"며 유분용과 조대야를 탄핵했다. 결국 유분용은 흥국지주興國知州로, 조대야는 건주판관乾州判官으로 좌천당했다. 고공은 무사히 위기를 넘겼다.

　그러나 불과 두 달 뒤인 5월, 뜻밖의 변고가 발생했다. 정치 투쟁이 끊이지 않는 와중에 피로를 느끼던 서른여섯의 목종황제가 조회 도중 갑자기 쓰러졌다. 그리고 다음 날 세상을 떠나고 말았다.

제7장

대정변이 일어나다

목종, 갑작스럽게 세상을 뜨다

세종 재위 시, 유왕이었던 목종은 창평^{昌平} 이씨^{李氏}와 혼인했다. 이비^{李妃}는 훗날의 효의황후^{孝懿皇后}이다. 1558년 4월 이비가 죽자, 목종은 8월 통주^{通州} 진씨^{陳氏}를 다시 맞아들였다. 목종이 즉위한 후 진비^{陳妃}를 황후로 봉하니 훗날의 효안황후^{孝安皇后}이다. 이비는 아들 익익^{翊鈬}을 낳았으나 다섯 살때 죽었다. 익익의 아우 익령^{翊鈴} 역시 한 살 때 죽었는데, 그의 어머니가 누구인지는 알려지지 않았다. 목종은 1563년에 이르러 다시 셋째아들 익균^{翊鈞}을 얻어 특별히 총애했다.

목종은 여자를 좋아했다. 하지만 가장 총애했던 사람은 곽현^{漷縣} 이씨^{李氏}로, 훗날의 효정황후^{孝定皇后}이다. 그녀의 아버지 이위^{李偉}는 시골생활이 곤궁해 북경으로 올라왔고 딸을 유왕부에 궁녀로 보냈다.¹⁾ 그러던 어느 날 이위의 딸은 유왕의 눈에 띠어 익균을 낳았고, 목종이 즉위하자 귀비^{貴妃}

로 책봉되어 부귀를 누렸다. 목종이 즉위한 후 예부상서 고의高儀가 황태자 책봉을 건의하자 총명한 익균에게 관심이 집중되었고, 1568년 3월 익균은 태자로 책봉되었다. 하루는 목종이 궁내에서 말을 타고 거닐고 있었다. 그러자 익균이 말했다. "혼자 말을 타다가 떨어지면 어떻게 해요?" 목종은 어린아이답지 않은 아들의 걱정에 흐뭇해했다.

진황후가 병이 잦아 별궁에 머물자, 귀비는 매일 아침 태자를 데리고 문안을 갔다. 황후는 자신이 아이를 낳지 못한 탓에 총명한 익균을 무척 예뻐했고, 태자 또한 황후가 묻는 경서 문구마다 또박또박 대답해 황후를 기쁘게 했다. 황후와 귀비 사이에는 복잡한 이해관계가 있었지만, 예의 바른 귀비와 총명한 태자는 황후의 마음을 한층 가볍게 해주곤 했다. 그 사이 어린 황태자는 조금씩 주변의 정치적 분위기를 느껴가고 있었다.

1572년 4월, 고공의 추천으로 전 예부상서 고의高儀가 입각해 문화전 대학사가 되었고 모든 일은 정상적으로 진행되고 있었다. 그러던 5월 어느날, 목종은 조회 도중 갑자기 일어나 몇 걸음 걷는가 싶더니 무슨 말을 하려 했다. 그러나 입 언저리만 움직일 뿐 말이 되어 나오지 않았다.[2] 환관 풍보가 옆에 있다가 급히 부축했고 장거정도 놀라 달려 나갔다. 중풍이었다. 모두가 황망했다.

궁 안으로 대학사들이 소집되었다. 목종은 침대에 누운 채 미동도 없었고, 황후와 귀비, 태자가 옆을 지키고 있었다. 고공, 장거정, 고의가 그 앞에 꿇어앉았다. 황제를 대신해 풍보가 전했다.

짐이 통치를 한 지 6년이 되었으나 병이 중해 더 이상 선제가 맡긴 중임을 수행할 수 없소. 태자가 아직 어리니 일체를 경들에게 부탁하오. 어린 황제를 보필하고 선조들이 남긴 제도를 준수해 사직을 잘 보살피도록 하시오.

효정황태후와 효안황태후

효정황태후 이씨(좌)는 신종의 생모이다. 유왕 시절에는 첩이었지만 목종 즉위 후 황귀비가 되었다. 신종 즉위
후 황태후가 되었고, 자성황태후의 존호를 받고 효안황후와 함께 섭정했다. 효안황후 진씨(우)는 효의황후가
죽자 유왕비가 된 후, 황태자비를 거쳐 황후에 책립되었다. 병약해서 오랫동안 별궁에서 지냈으며, 신종 즉위
후 인성황태후가 되어 섭정했으나 정사에는 뜻이 없었다.

    한없이 처량했다. 친구 사이에도 마지막으로 어린 자식을 부탁하면 슬
픈 일인데, 하물며 유왕부 시절부터 강관을 시작으로 지금의 내각 대신에
이르기까지 목종과 동고동락했던 신하들로서는 너무나 가슴 아픈 일이었
다. 그러나 건청궁은 이들이 함부로 통곡할 수 있는 장소가 아니었다. 고공
과 장거정은 흐르는 눈물을 머금고, 고의는 울음을 삼키며 머리를 조아리
다 내각으로 돌아왔다. 시각은 이미 기유己酉(오후 6시)를 지나고 있었다. 다
음 날인 경술庚戌에 목종황제가 서거했다. 대신들의 통곡이 내각을 뒤덮었
다. 고공은 큰 소리로 울부짖었다. "열 살 난 태자에게 어떻게 천하를 다스
리라고 하는가!" 그는 자신의 책임을 더욱 막중하게 느끼는 듯했다.

어린 신종이 즉위하다

목종이 갑작스럽게 서거한 후 정치권에는 새로운 세력이 등장했다. 바로 환관 풍보였다. 풍보는 세종 때 이미 사례병필태감^{司禮秉筆太監}을 지냈고, 목종이 즉위하자 장인태감^{掌印太監}이 되려 했으나 고공의 반대로 무산되었다. 이로 인해 고공에게 깊은 불만을 품었다.

명대의 정치는 대단히 탄력적이어서 사례감^{司禮監}의 직권 범위가 정해져 있지 않았다. 명목상 장인태감은 '내외에서 올라오는 장주^{章奏}와 어전에서의 심의를 관장'하고, 병필태감은 '장주 문서 관리와 주비^{朱批}'가 주된 업무이지만 상황에 따라 얼마든지 확대되곤 했다. 장주의 관리는 '황제와 신하 사이'를 파고들 수 있는 좋은 기회가 되었다. 주비는 내각에서 올라온 문서에 황제가 붉은색으로 최종 결정을 적는 것으로, 본래 황제의 업무이지만 황제가 이를 소홀히 하자 자연히 병필태감의 몫이 되었다. 이로써 대학사는 황제의 개인비서로 전락하고, 병필태감이 오히려 황제의 중요비서가 되었다.

《명사·직관지》^{職官志 3)}에서는 당시 정치제도의 기이한 형태를 이렇게 지적했다. "내각의 표의는 반드시 태감의 주비를 거쳐야 하니 재상권이 환관에게 있는 것이나 마찬가지였다."

무종 때 사례감 유근^{劉瑾}은 심지어 장주를 자기 집으로 가져가 누이의 사위인 손총^{孫聰}, 식객 장문면^{張文冕} 등과 같이 주비를 달기도 했다. 황제의 중요비서가 중요한 국정에 친척들을 참여시킨 꼴이 되었으니, 이 얼마나 기막힌 일인가. 그러므로 1507년부터 1510년까지는 유근이 사실상 황제였다. 1510년 8월 그가 실각하자 무종은 모든 것을 다시 원상회복했다.

5월 경술일에 목종이 서거하고 6월 초열흘에 신종^{神宗}(만력제^{萬曆帝})이 즉위했다. 그런데 이 15일 동안 대단히 중요한 사건이 일어났다. 이 시기에 제

신종과 장거정

1577년 어린 황제 신종과 장거정이 조정 대신들과 함께 정사를 논의하고 있다. 그림은 서현경徐顯卿의 〈환적도〉宦迹圖의 일부. 북경고궁박물관 소장.

일 바쁘게 움직인 사람은 풍보였다. 그는 황후와 황귀비(훗날의 자성황태후 慈聖皇太后)를 설득해 장인태감 맹충孟冲을 쫓아내고 자신이 그 자리에 올랐다.[4] 《풍보전》馮保傳에서는 그가 장인태감이 된 시기를 목종 서거 이후라고 했고,[5] 《호효전》胡㳭傳에서는 신종 즉위 후 6일이라고 했으니,[6] 두 기록에는 20일 간의 시차가 발생한다.

사실 신종이 즉위하기 전에는 황제의 명령을 집행할 기구가 없었지만 신종 즉위까지 6일 동안 대단히 결정적이고 중요한 사항들이 결정되었다. 바로 대정변이 발생한 것이다. 물론 풍보가 없었다면 정변도 일어나지 않았을 것이다. 풍보가 장인태감으로 승진한 것은 신종 즉위 후, 그리고 아무리 늦어도 결코 6일을 넘지 않는다. 사실 신종 즉위 전에 이미 계획된 것으로, 즉위 때까지 기다렸다 발표했을 뿐이다.

《풍보전》과 《명사기사본말》明史紀事本末에는 이렇게 기록되어 있다. "풍보가 유서를 조작해 내각 대신과 사례감을 동시에 임명했다." 그러나 이는 잘못된 것이다. 명대에 내각과 사례감이 동시에 황명을 받는 일은 훗날 희종熹宗 천계天啓 연간 (1621~1627) 때 유일했고,[7] 다른 사례는 결코 없었다. 그러나 고공, 장거정, 고의가 함께 황명을 받은 것은 사실이었다. 목종 서거 당시 맹충이 장인태감이었으니, 그를 제치고 풍보에게 일을 맡길 이유가 없었다. 그러므로 풍보가 유서를 조작했다는 것은 사실이지만 단지 사례장인태감司禮掌印太監을 사칭했던 것이지 "동시에 임명했다"는 것은 아닐 것이다. 장거정의 기록에서도 풍보가 장인태감이 된 것은 신종 즉위 후라고 했다.[8] 또 《풍보전》에는 다음과 같은 내용도 있다.

목종이 병을 얻자 풍보는 비밀리에 장거정에게 유서 작성을 맡겼다. 그러나 고공에게 발각되어 질책을 받았다. "내가 정사를 책임지고 있는데, 어떻게 공이 환관과 유서를 작성할 수 있소?" 이에 장거정이 낯을 붉히며 사죄했다.*

그러나 이것 역시 불가능하다. 목종은 중풍을 얻은 후 바로 대신들을 소환해 명을 내렸다(《문충공행실》에는 '황상을 부축해 환궁한 뒤에 황상이 태사의 손을 잡고 부탁했다'고 기록되어 있다). 따라서 다음 날 서거할 때까지 비밀리에 풍보를 통해 장거정에게 유서 작성을 명한다는 것은 불가능하다. 더군다나 장거정과 같이 용의주도한 사람이 비밀리에 환관과 공모해 유서를 작성하다가 고공에게 발각될 리 없으며, 무소불위의 힘을 가진 고공이 장거정과 풍보의 결탁 사실을 알고 직접 장거정에게 이를 추궁했다는 것도 이치에 맞지 않는다.[9] 도처에 모순이 너무 많다.

갑작스러웠던 이 정변으로 풍보에 대한 세상의 시선은 곱지 않았다. 이러한 분위기는 이후 장거정이 권력을 잡은 뒤에까지 계속되었다. 그리하여 잘못이 그대로 전해지고, 창작이 발견으로 변질되고, 전설이 사실로 바뀌었다. 더욱이 청나라 초기에 명대 역사를 정리하면서 바로잡지 못한 많은 모순들이 해결되지 못한 채 그대로 남아 있다. 특히 고공과 장거정 관련 부분은 사실과 전혀 다르게 기록된 부분이 많다.

대정변의 시작

1572년 6월 초열흘 갑자^{甲子}로부터 16일 경오^{庚吾}까지, 7일 동안 조정은 하늘을 덮칠 만큼 큰 격랑에 휩싸였다. 정치 조직상으로는 사례감과 내각이 대립했고, 사람으로는 풍보와 고공이 대립했다. 풍보의 뒤에는 효안황후

---

* 《명사》 권213, 《고공전》, 《장거정전》에는 이 내용이 실려 있지 않다.

와 신종의 생모인 황귀비가 있었다. 겨우 열 살이었던 신종은 당연히 생모의 말을 들을 수밖에 없었다. 고공의 뒤에는 육과 급사중과 13도의 감찰어사가 있었다.

백전노장인 고공은 이미 몇몇 원로들과의 싸움에서 이겼으니, 갓 등장한 장인태감 정도는 눈에 들어오지 않았다. 그는 여론과 군중을 등에 업고 있었으며, 내각에는 고의와 장거정뿐이었다. 고의는 자신이 추천해 입각한 지 겨우 두 달밖에 되지 않았고, 장거정은 10여 년 동안 동료로 지내면서 자신과 뜻을 같이하고 있다고 생각했다. 고공은 후방은 아무런 문제가 없다고 생각해 풍보와 한 차례 생사 결전을 벌일 준비를 했다.

다만 그가 가장 불안해했던 것은 황제가 직접 내리는 수유手諭(조서)였다. 과거 중서성中書省이 있을 때는 모든 조서가 중서성을 거쳐야 했는데, 명대에 중서성이 내각으로 바뀌자 역시 같은 과정을 거치며 내각의 부서가 필요했다. 당나라 때 측천무후則天武后의 전횡으로 정치가 혼란스러울 때도 이 과정은 중시되었다. "모든 조서는 풍각風閣(중서성)과 난대鸞臺(문하성門下省)를 거쳐야 한다."10) 명대에는 내각 외에 통정사通政司와 육과가 있어 황제의 조서에 이의를 제기할 수 있었다. 황제는 수시로 수유를 반포할 수 있었지만 반면 여러 면에서 제한이 있었다. 그러나 법은 법이고 실제로 정치가 제대로 실행되지 않는 상황에서 수유는 절대적 효력을 지녔고, 이의 제기는 그저 형식일 뿐이었다. 이것이 바로 책임감 있는 대신들이 가장 두려워한 문제였다.

신종이 즉위한 뒤 곧바로 수유가 내각에 전달되었다. 그중에서 가장 관심을 끄는 것은 풍보를 장인태감에 임명한다는 것이다. 고공은 기가 막혀 전달하러 온 태감에게 고래고래 소리를 질렀다. "이게 도대체 누구의 뜻인가? 어린 황제가 내렸단 말인가? 모두가 너희들 짓이다. 내 곧 너희 모두를

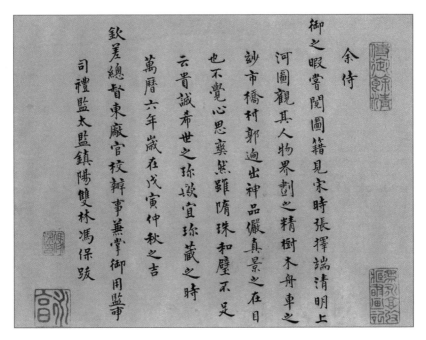

환관 풍보의 글씨

풍보^{馮保}는 가정 연간에 사례병필태감^{司禮秉筆太監}이 되었고, 1567년 동창제독^{東廠提督}이 되었지만 실세인 대학
사 고공이 배척하자 그를 몹시 미워했다. 목종 사후 신종의 고명대신이 된 그는 장거정과 정치동맹을 맺고 고
공을 축출한 뒤 '만력선정'을 펼쳐, 긍정적인 평가를 받았다. 1582년 장거정이 죽자 얼마 뒤에 재산을 몰수당
하고, 남경에 유배되는 등 비참한 최후를 맞았다.

내쫓고 말 것이다!"

궁내의 환관들은 내각과 조정의 모든 소식과 움직임, 여론을 풍보에게
빠짐없이 전달했다. 풍보는 목종이 서거하던 날 고공이 "열 살짜리 어린아
이가 어떻게 황제가 될 수 있는가"라고 외쳤음을 황후와 황귀비에게 알렸
다. 분명 풍보가 왜곡했을 이 엄청난 이야기는 두 여자는 물론 열 살 된 황
제까지도 안색이 변하며 모골이 송연하게 만들었다. 풍보는 자신의 목적을
달성하기 위해 무슨 짓이라도 해야만 했다.

고공 역시 가만히 있지 않았다. 그는 목종에게 보답하기 위해서라도 어

린 황제를 잘 보좌해야 했고, 수보인 자신에게 책임이 있다고 통감했다. 풍보가 장인태감으로 궁궐 내부를 장악한 것은 물론이고 특무기관인 동창東廠의 책임자인 제독이 되어 궁 밖의 세력마저 강해지자, 고공은 육과 급사중 정문, 예부급사중 육수성, 이부급사중 낙준維遵, 도어사 유양필 등을 동원해 풍보를 탄핵했다. "선제가 붕어하시고 갑자기 풍보가 사례감을 장악했습니다. 과연 선제의 뜻이라면 왜 미리 발표하지 않고 이제까지 미뤘는지 이해가 되지 않습니다. 만약 황상의 뜻이라면 비통한 이 순간에 그를 이 자리에 임명해야 할 특별한 이유라도 있습니까?"

이것은 대단히 합리적인 추론이었다. 유일한 답변은 목종도 신종도 아닌 풍보가 꾸민 조서였다. 조서를 위조했으니 그에 맞는 처분을 내려야 했다. 낙준은 고공의 문하생으로 기개가 대단했다. 그는 어전회의 때 풍보가 신종 옆에 있는 것을 보고 풍보에게 일격을 가했다. "하인에 불과한 풍보가 어찌 감히 천자의 옆에 서 있는가. 지금 문무 신하들이 천자를 배알하고 있는가, 아니면 환관을 배알하고 있는가. 황상의 심기를 어지럽게 했으니, 그 죄가 무겁다 할 것이오."

신종이 즉위한 지 엿새가 지나가고 있었다. 상소가 꼬리에 꼬리를 물고 올라왔고, 이를 관장하는 풍보는 여론의 추이를 예의주시했다. 그는 무엇보다 고공이 주도하는 언관들과의 싸움에 집중했다. 1570년 이래 고공이 언관들과 한패라는 것은 공공연할 비밀이었다. 하물며 특무기관인 동창을 장악한 그에게 그런 일은 비밀도 아니었다.

고공은 '정정당당하게 정의의 깃발을 세워' 전횡을 일삼고 발호하는 환관을 공격할 것이라고 했다. 상소문이 올라가면 황제는 내각에 상소문을 보낼 것이고 결정권은 자신에게 있으니 풍보가 무슨 수를 쓰든 걱정할 게 없었다. 자신도 사례감이 장악하고 있는 장주에 관한 사항을 내각으로 넘겨달라는 상소를 올렸다. 그는 승리를 자신했다.

　다만 고공이 걱정한 것은 내각의 동료들이었다. 4월에 고의가 입각했지만 그는 이미 와병 중이었다. 장거정의 설득으로 입각은 했으나,[11] 건강이 좋지 못해 별다른 도움을 기대할 수 없었다. 또 장거정은 그 와중에 목종의 장례를 위해 장지인 북경 교외의 대욕령大峪嶺을 시찰하고 있었는데, 날은 덥고 길은 험해 더위를 먹었는지 돌아오자마자 휴가를 청했다. 두 동료가 모두 와병 중이니, 고공으로서는 모든 책임을 혼자 짊어지고 싸워야 했다.

　장거정은 최근 몇 년간 계속되는 불안을 떨쳐버릴 수 없었다. 내각의 동료들이 모두 떠났고, 1572년 3월에는 예부상서 반성潘晟마저 떠났다. 도대체 이 모든 것은 무엇을 위한 것인가? 반성이 떠난 뒤 보내온 서신에 그는 이렇게 답했다.

　　가만히 돌아보니 평생 동안 사직에 책임을 다했다거나 사대부가 가졌던 포
　　부를 제대로 펼친 것이 없어 부끄럽기 짝이 없소. 거취 문제는 운명이 아니겠
　　소. 그저 조용히 기다리는 수밖에.
　　ㅡ《서첩 4》〈답종백반수렴〉答宗伯潘水簾

　당시 장거정은 고공의 다음 목표는 자신이라고 생각했다. 하지만 고공과의 싸움에 자신이 없어, 그저 조용히 기다릴 뿐이었다. 결정을 하고 나자 무겁게 마음을 누르고 있던 고민이 사라지고 한결 가벼워졌다. 그러는 와중에 목종이 갑자기 서거하고 풍보를 중심으로 한 새로운 세력이 등장해 내각과 싸움을 벌이는 예상치 못한 일이 발생한 것이다.

　장거정은 '내각과의 싸움이 아니라, 고공 한 사람과의 싸움'이라 생각했

다. 자신은 풍보와 별다른 인연도 없고, 고공이 어떤 일을 꾸미고 있는지는 풍보 역시 알고 있을 테니, 굳이 자신이 끼어들 필요는 없었다.[12] 고공이 이기면 장거정은 계속 자리를 보전할 수 있을 것이고, 만약 풍보가 이기더라도 흐트러진 정국을 수습할 수 있는 사람은 오직 자신뿐이었다. 풍보에 대해서도 나름대로 대처 방안을 염두에 두고 있었다.

목종 서거 후 불과 20여 일, 신종 즉위 후 대엿새밖에 지나지 않았는데, 하늘은 잔뜩 흐린 채 당장이라도 폭풍이 몰아칠 것 같았다. '기다리자.' 장거정은 더위를 핑계로 휴가를 내고, 사태를 추이하며 며칠째 관망만 하고 있었다.

고공, 실각하다

6월 16일, 동이 트기 전에 신종은 대신들을 회극문會極門으로 소집했다. 장거정은 휴가 중이라 참석하지 않았다. 그런데 《명사기사본말》과 《명사·고공전》에는 장거정도 참석했다고 기록되어 있다. 반면 주성해周聖楷가 쓴 《장거정전》에는 장거정이 대욕령 시찰에서 돌아오지 않았다고 밝히고 있다. 이 책은 숭정 연간(1268~1264)에 씌어져 믿을 만하다. 또한 《주소 2》 〈사소견소〉謝召見疏를 보면, 장거정이 대욕령에서 돌아와 더위를 먹어 휴가를 신청했다고 나와 있다. 따라서 장거정은 당시 북경에는 있었으나 휴가 중이었던 것으로 보인다.

아무튼, 고공은 풍보를 쫓아낼 기회라고 생각해 서둘렀다. 고공이 회극문에 도착해 위를 올려다보니 어린 황제 옆에 자신의 적인 풍보가 서 있었다. 그런데 풍보와 눈이 마주친 짧은 순간, 고공은 아득한 전율을 느끼고 천길 나락으로 떨어지는 자신의 모습을 직감했다. 풍보는 황후와 황귀비,

황제의 명을 읽어 내려갔다.

내각, 육부의 대신에게 전하노라. 선제가 서거하시기 하루 전 내각대학사와 우리 모자를 불러 이르시기를, "태자가 아직 어리니 잘 보필하라" 하셨다. 그러나 대학사 고공은 권력을 남용하고 방자해 황제를 욕보였으니, 우리 모자는 매우 서글프다. 이에 고공은 고향으로 돌아가도록 명하니 지체하지 말고 떠나도록 하라. 대신들도 권신에 아부해 어린 군주를 멸시한 죄가 크다 하겠으나 이후 성심을 다하라. 만일 다시 죄를 되풀이할 시에는 엄벌에 처하겠노라.

－《명사기사본말》권61

고공의 실각이 공표되면서 순식간에 그의 운명도 결정되고 말았다. 고공의 무기는 조정의 관료들이었지만 풍보의 무기는 궁궐 깊숙한 곳에 있었다. 고공이 언관들을 동원해 풍보의 죄상을 공격하며 명분을 쌓을 동안, 풍보는 여자들을 구슬려 고공의 충성을 의심하게 함으로써 실질적인 결정타를 날려 권좌에서 쫓아버렸다. 장거정은 고공의 실패를 통해, 이후 정사를 처리할 때 후궁과 태감들에게도 적지 않은 신경을 써야 한다는 교훈을 얻었다.

명대는 대신이 해직당해 고향으로 갈 때면 국가가 역참의 마차와 인부를 제공해주는 '급역'給驛을 제공했다. 그러나 고공은 한시도 지체하지 말고 떠나라는 명을 받았으니 이러한 혜택을 받지 못한 채 자신이 직접 마부를 고용해 떠나는 처량한 신세가 되었다. 일설에는 우마차를 타고 떠났다고 하고,[13] 또 다른 일설에는 당나귀가 끄는 마차를 타고 떠났다고도 한다.[14] 그리고 압송하는 병사들이 급하게 길을 재촉했다는 소문이 파다했다.

6월 19일, 장거정은 황제에게 마지막으로 고공에게 은혜를 베풀 것을 간청해 더 이상 곤경에 빠지지 않도록 배려했다. 장거정은 왕숭고에게 보내는 서신에서 자신이 "목숨을 걸고 간청했다"는 표현을 썼다.[15] 왕세정의 《수보전》에 따르면, 풍보는 황후에게 고공이 태자를 폐하고 주왕周王을 옹립하려 했다고 말하면서 다른 환관들과 짜고 이러한 분위기를 연출해 황후가 크게 진노했다고 했다. 《명사기사본말》이나 《명사》에는 이러한 기록은 없다. 그러나 6월 16일 조서에 "황제가 일을 하지 못하도록 하고"라든가 장거정의 "목숨 걸고" 등의 표현을 보면 결코 간단한 일은 아니었을 것이다.

고공은 실각한 지 6년 뒤인 1578년에 세상을 떠났다. 그의 부인 장씨가 황제의 은전을 청했지만, 신종은 "고공은 불충해 짐을 욕되게 했다. 이제 죽어 그 처가 은전을 구걸하나 허락하지 않겠다"는 뜻을 전했다. 장거정이 다시 선처를 표하자, 신종은 겨우 복직을 허락하고 장례비의 반을 지급하도록 했다. 이때 신종은 열여섯 살이었지만 "고공이 선제의 명을 받았으면서도 짐을 멸시한 죄는 용서할 수 없다"고 한 것을 보면, 고공에 대한 원한이 얼마나 깊었는지 알 수 있다. 만약 풍보가 어린 황제 운운한 말이라든가 폐위에 관한 소문을 지어내지 않았다면 신종이 이렇게까지 깊은 원한을 가지지는 않았을 것이다.

정치가는 정치가일 뿐이다

사실 장거정은 6월 6일의 정변에 대해 사전에 들은 바가 있었다. 그는 고공을 누구보다 잘 알고 있었고, 풍보는 비록 생소했지만 태감들의 음험하고 악랄한 수단을 짐작할 수 있었다. 결국 폭풍우가 몰아칠 것을 짐작하고 병을 핑계로 휴가를 낸 것이다. 6월 19일 그가 다시 조정에 나왔을 때

폭풍은 지나간 후였다. 고공은 북경을 떠났고, 내각에 장거정보다 중량감을 가진 신하는 없었다. 6월 23일 고의마저 병으로 세상을 떠나자, 그는 유일하게 선제의 명을 받은 신하로 자연스럽게 수보가 되었다. 이번 정변으로 가장 큰 수혜를 입은 사람은 바로 장거정이었다.

고공은 주왕을 옹립할 음모를 꾸미지 않았다. 황실의 계보로 보더라도 주왕이 대통을 이을 가능성은 없었다. 그러니 풍보의 중상모략은 근거가 없었다. 정치체제상으로도 사례감의 직권 일부분은 당연히 내각으로 넘겨주어 '궁부일체'宮府一體가 되어야 한다는 것이 장거정의 일관된 생각이었다. 따라서 도의적으로 본다면 장거정은 고공을 도와야 했다. 하지만 그들 사이의 우의는 이미 소원해졌다. 장거정에게는 고공을 실각시키고 자신이 권력을 잡아야한다는 목표가 더 간절했을 것이다. 그가 왕숭고에게 했던 "목숨을 걸고 간청했다"는 말은 단지 겉치레에 불과한 궁색한 변명일 뿐, 휴가를 청해 난을 피한 것이 분명하다. 정치가는 성현이 아니라 정치가일 뿐이다. 누가 다른 사람을 위해 자신의 권력을 희생하려 하겠는가. 그리하여 이 정변으로 고공 정권이 물러나고 장거정 정권이 수립되었다.

그런데 고공과 장거정 사이에는 차이가 있었다. 고공은 강력한 힘을 가진 '정치가'일 뿐만 아니라 이부상서를 겸해서 오전에는 내각, 오후에는 이부에서 일을 처리하는 정력적이고 유능한 관료였다. 이에 반해 장거정은 겸직은 하지 않았지만 내각이나 육부의 사무에 정통해, 총명함으로 고공의 강건함을 대신하는 유형이었다. 고공은 동료들에게 권위를 보였지만 장거정은 겸손했다. 고공은 정적에게는 반드시 복수를 했으나 장거정은 인내심이 있었으며, 설사 정치적 이견이 있더라도 인재라면 기꺼이 등용했다.

그러나 장거정 역시 자신의 권력이 안정되어가자 점차 소리를 높여, 1578년 이후에는 거의 고공과 다름이 없게 되었다. 오히려 궁정이나 환관을 상대하는 면에서는 고공보다 한 수 위였다. 장거정은 대충 얼버무리기도 하고 핑계를 대면서도, 자신의 정치적 목표만은 언제나 명확했다. 그래서 궁정이나 환관에게는 실제 정치에 간섭할 여지를 조금도 주지 않았다. 고공이 내각의 목표를 한 단계 끌어올렸다면, 장거정은 이를 완성했다고 할 수 있다. 다만 장거정은 고공의 실패를 경험 삼아 좌절을 용납하지 않았다. 정확히 표현하자면, 고공과 장거정은 환경은 달랐지만 결국 같은 부류의 사람인 것이다. 현실 정치를 잘 이해하지 못하는 사람은 이 두 사람이 왜 서로 협력하지 못했는가 하고 의문을 가질 수도 있다. 그러나 권력은 두 사람의 '정치가'가 공동정권을 형성하도록 용납하지 않는다. 마치 한 가정에 주부가 둘 있을 수 없는 것과 같다.

6월 19일 아침, 신종은 조회 후에 장거정을 따로 불렀다. "부황의 능을 돌보느라 더운 날씨에 수고가 많습니다. 내각의 일은 선생이 잘 보필해주세요." 신종은 아버지 목종이 장거정을 충신이라 칭하며 신임했음을 언급했다.

그러자 장거정은 감격에 겨워 답했다. "선제의 높으신 은혜를 받았으나 재주가 부족해 충성을 다하지 못했사옵니다. 앞으로 국가의 중요한 일은 오직 조종祖宗께서 남기신 법을 잘 받들어 이어가는 것이옵니다. 바라옵건대 현자를 등용하고 백성을 사랑하시옵소서. 또 올 여름은 더위가 기승을 부리니 황상께서는 잠자리와 음식 등을 조심하시어 옥체를 보전하시기 바라옵니다." 신종은 장거정에게 식사를 권하며 다시 한 번 당부했다.[16]

장거정은 어전에서 물러나와 자신의 시정방침을 밝혔다. "조종이 남기신 법과 정책을 유지하겠다." 이런 점에서 장거정은 송대의 왕안석王安石과는 분명 달랐다. 송나라 신종 때 왕안석은 머릿속의 이상을 실현하기 위해 새로운 제도를 만들어가며 줄기차게 개혁을 시도했다. 그러나 명나라 신종 때의 장거정은 태조 때부터 창시한 제도를 철저히 이행함으로써 명분을 추구하고 사직을 안정시키고자 했다. 왕안석이 이상적인 정치가라면 장거정은 현실적인 정치가였다.

고공은 자기와 이견을 가진 사람은 배척했지만 장거정은 인재를 발굴하는 데 있어 사심 없이 공명정대했다. 그래서 훗날 고공은 권력을 남용했다는 악평을 듣기도 했다. 그러나 고공이 등용한 사람은 모두 당대의 제일가는 인재들임에 틀림없었다.

1569년 겨울, 내각에서 광서 고전古田의 동난僮亂을 진압할 결정을 내릴 때 고공은 은정무를 광서순무로 등용해 난을 진압토록 했다. 은정무는 인재였지만 부패하다는 지적이 있었다. 고공은 "그에게 100만 냥을 주면 아마 반은 삼킬지도 모르오. 하지만 그만이 이 일을 해결할 수 있소이다"라며 자신의 주장을 관철시켰다. 과연 은정무는 난을 평정했다.

2년 뒤, 요동순무 이추李秋가 사직하자 고공은 장학안張學顏을 임명하려 했다. 이에 주위 사람들이 의아해하자 고공은 "아직 그의 재주를 모르는가. 힘든 일에 부딪치지 않으면 인재를 구별할 수 없소이다"라고 했다. 결국 장학안은 요동에서 훌륭한 성과를 이끌어냈다.

흥미로운 인물은 장가윤張佳胤이었다. 그는 재주 있고 유능한 신하로 유명했지만 고공과 너무 밀착하여 응천순무 재직 당시 민감한 문제들을 매우 소극적으로 처리하며 주위의 불만을 샀다. 장거정은 그에게 서신을 보내 독려했다.

그러나 장거정은 고공이 잘못 시행한 것에 대해서는 절대 용인하지 않았다. 그는 왕도곤汪道昆에게 이렇게 말했다. "조정의 기강을 무너뜨리는 일은 절대 용납할 수 없네."[17]

장거정 정권이 들어서다

고공이 사임하자 정치권의 핵심은 다시 구성되었다. 당시 가장 덕망이 높은 중신은 병부를 관리하는 양박이었다. 양박은 1555년부터 병부상서를 세 번 역임했고, 1566년에 이부상서가 되었다. 그리고 1571년에 다시 이부 상서로 재기용된 인물로, 자격이나 신망 면에서 그를 따를 사람이 없었다. 장거정은 그를 이부상서에 추천했다. 그가 이부를 맡자 병부가 비었다.

고공 때 중앙-변방의 상호교류 인사원칙에 따라 병부상서에는 총독이 부임해야 했다. 당시는 국방제일, 북변제일의 인식이 있어서 북변의 세 총 독, 곧 전임 계요총독 담윤, 선대총독 왕숭고, 전임 삼변총독 왕지고 등이 물망에 올랐다. 장거정은 양박과 상의를 거쳐 담윤을 병부상서로 기용했 다. 이 와중에 고의가 죽어 내각에는 장거정 한 사람만 남게 되었다. 누군 가를 기용해야 한다면 아마도 가장 먼저 양박을 떠올리겠으나, 이는 체계 에 맞지 않는 인사였다.

명대 정치의 중심은 이원제로, 이부상서의 지위는 본래 내각대학사보 다 위였다. 비록 내각의 권한이 무거워졌다지만 그렇다고 이부상서가 내각 보다 낮아진 것은 아니었다. 이부상서가 길에서 대학사를 만나더라도 길을 비키지 않는 것은 이런 이유에서였다.[18] 대표적인 선례를 들어보면, 효종 홍치 연간 동안 이부상서 왕서王恕는 내각의 간섭을 전혀 받지 않았다. 물 론 대학사가 이부상서로 입각한 경우는 있지만 특별한 경우였다. 일반적으 로 예부상서, 이부시랑, 한림학사 등에서 추천되었다. 따라서 신종이 장거 정에게 추천을 명했을 때 양박은 당연히 그 대상이 아니었다.[19]

장거정은 예부상서 여조양을 이부상서로 추천했다. 내각에는 정치적 이상을 가졌거나 노회한 중신보다는 그저 충직하고 성실하게 고충을 함께 나눌 사람이 필요했다. 이것은 장거정의 개인적 생각이기도 했지만 목종 때 겪었던 내각 싸움에서 얻은 경험의 산물이기도 했다. 내각이 안정되어야 국가 발전도 기할 수 있으니, 신축년 과거시험에서 자신을 도왔던 여조양을 선택했다.

여조양이 입각하고 예부상서에는 육수성陸樹聲이 기용되었다. 육수성은 1541년 급제해 남경 한림원, 남경 국자감제주 등을 거쳐 이부우시랑을 제수 받았으나 병으로 부임하지 못했다. 융경 연간에도 다시 기용하려 했으나 역시 성사되지 않았다. 그는 신망이 두터운 중신이어서 장거정은 후배로서 선배를 만나는 예우를 갖춰 대접했다.

7월에 호부상서 장수직張守直, 형부상서 마자강이 사임했다. 장수직은 알탄 칸이 침입했을 때 장거정과 의견을 달리했고, 마자강과도 정치적 이견이 있었다. 장거정은 그 자리에 왕국광王國光, 왕지고王之誥를 기용했다. 왕국광은 원래 호부상서, 총독창장을 역임한 경제통으로, 임기 내에 《만력회계록》萬曆會計錄을 완성했다. 왕지고는 1569년 섬서 삼군총독, 남경 병부상서를 지내 자격과 신망이 충분했다. 게다가 장거정에게 아부를 하지 않는 절개 있는 인물로 재야의 존경을 받았다. 특히 장거정과 왕지고와는 사돈지간이기도 했다. 그의 넷째아들 간수簡修가 왕지고의 딸과 결혼했던 것이다.

이외에 공부상서 주형朱衡과 좌도어사 갈수예는 유임되었다. 주형은 하천공사 전문가였고, 갈수예 역시 절개가 굳기로 유명한 인물이었다. 수보에게 인사결정권이 있는 것은 아니지만, 장거정은 고심 끝에 이번 배치에 자신의 주장을 대부분 관철시켰다.

1572년 6월부터 1582년 6월까지 10년 동안 장거정은 서서히 자신의 정치적 이상을 완성시켰다. 그리고 권력을 장악해가는 동안 정치적 현안의 해결 외에 황귀비, 풍보, 신종 등 세 중요 인물을 상대해야 했다. 사실 이들은 모두 장거정의 주인들로 서로 입장이 달라 언제나 곤란한 문제를 일

헌종(1447~1487)
8대 황제. 연호는 성화제. 부황^{父皇}인 영종으로
인해 빚어진 정국을 안정시키고 대역죄로 처형을
당한 우겸^{于謙}의 억울함을 풀어주었다. 그러나 환
관을 기용해 무고한 충신들을 죽이는 등 실정을
저질렀다.

으켰다. 하지만 그는 자신의 정치적 재능으로 무사히 난국을 헤쳐 나갔다. 그러나 결국 완전한 해결책은 못 되어서 그가 죽은 뒤 전혀 예상치 못한 파동을 일으키게 된다.

황귀비는 유능한 여자였다. 목종이 병이 중해 풍보가 유서를 읽을 때 그녀는 장거정에게 간청했다. "사직이 위급하니, 선생은 충성을 다해주시오."[20] 결국 당시의 결단과 선택이 사태를 결정하는 가장 중요한 순간이었다. 신종은 즉위한 뒤 장거정에게 당부했다. "황후는 짐의 적모^{嫡母}이고 황귀비는 생모이니, 존호를 붙일 때 특별히 유념해 주시오." 그런데 이것이 문제였다. 황후는 당연히 황태후가 될 것이나, 황귀비를 황태후로 하는 것은 쉽지 않았다. 그러나 황제의 생모이니 황귀비에게도 존호를 붙여주고자 하는 것은 인지상정이었다.

앞서 1464년 8대 황제인 헌종 때도 같은 문제가 발생했다. 당시에는 적모는 자의황태후, 생모인 황귀비는 그냥 황태후라고 해서 존친尊親을 구별했다. 장거정은 철저하게 현실적으로 문제를 처리하고자 황후 진씨에게는 인성황태후仁聖皇太后, 황귀비 이씨는 자성황태후慈聖皇太后라는 존호를 붙이자고 했다.[21] 그의 이런 타협 능력은 주로 세종 때의 경험에서 이뤄진 것으로, 때로는 지나치게 황실에 아부한다는 인상을 주었다. 만력 원년인 1573년 한림원에 흰 비둘기가 태어나자, 장거정은 이 비둘기와 내각에 핀 연꽃을 신종에게 바쳤다. 그러자 신종은 기뻐하며 "흰 비둘기와 연꽃을 모두 황태후에게 드리니 너무 기뻐하셨소. 다른 곳도 아니고 한림원에 핀 것을 보니, 하늘이 이를 빌려 선생이 사직의 충신이고 꽃에 핀 군자라는 것을 말해주는 것 같소. 짐은 선생에게 의지할 뿐이오!"[22]라고 했다. 이외에도 장거정은 황태후에게 시를 여러 편 지어 바치며 호감을 얻지만,[23] 어느새 자신도 의식하지 못하는 사이에 변해가고 있었다.

풍보는 장인태감으로, 궁내에서는 황제의 하인에 지나지 않았다. 그러나 황제에게 건네지는 모든 문서를 장악하고 있으므로 역시 장거정에게는 또 한 사람의 주인이었다. 풍보는 절대적으로 자성황태후에게 의지했다. 그러므로 장거정은 태후와 좋은 관계를 유지해 풍보의 압박을 줄이려 했다. 자성황태후는 불심佛心이 돈독하고 공덕 쌓기를 좋아해 여러 곳에 공사를 벌였다. 탁주涿州에 다리를 건설하고 승은사承恩寺, 동악묘東岳廟, 해회사海會寺, 자수사慈壽寺, 만수사萬壽寺 등의 불사를 벌였는데, 풍보가 공사를 담당하고 장거정은 비문을 지었다.[24] 그는 심지어 이러한 칭송도 마다하지 않았다. "불교의 가르침으로 태양이 황제를 비추고 태후의 촛불을 밝혀 비추지 않는 곳이 없고, 그 공덕이 무한해 설사 바다의 모래를 다 합쳐도 이르지 못할 것입니다."[25] 장거정도 스스로 지나치다는 것을 모르지 않았지만 어쩔 수 없었을 것이다.

장거정은 황태후의 뜻을 철저히 받아주어 신뢰를 쌓고, 풍보에게는 적당히 대함으로써 권력을 잡은 10년 동안 내각과 사례감은 별다른 충돌 없이 평온을 유지했다. 그렇다고 풍보가 자기 분수를 지키는 사람은 아니었다. 북교北郊에서 교제郊祭(하늘에 지내는 제사)를 지낼 때 오직 황제만이 할 수 있는, 북쪽을 향해 향을 피우는 것을 풍보가 했다는 소문이 떠돌았지만[26] 장거정은 상관하지 않았다. 그는 풍보가 정치에만 간섭하지 않으면 대체로 눈을 감았다.[27]

풍보가 자신의 수하인 금의지휘동지錦衣指揮同知 서작徐爵을 입궁시켜 장주를 보게 하자, 장거정은 자신의 하인인 유칠遊七을 그와 의형제를 맺도록 해 무슨 일이 벌어지는지 알아냈다. 훗날 서작과 유칠은 자신들의 주인인 풍보와 장거정의 사소한 일들을 비밀스럽게 대신 처리하면서 매우 유명해졌다. 풍보가 고향인 하북 심주深州에 자신의 공덕비를 세우려 하자, 장거정은 보정순무保定巡撫 손비양孫丕楊에게 대신 건축해주도록 하고 좋은 문장을 써주기도 했다.[28] 장거정이 풍보를 칭송한 것은 풍보가 진심으로 사직을 위해 노력해 영원히 이름을 남기기를 바랐기 때문이다.

신종은 당시 열 살이어서 비교적 쉽게 상대할 수 있는 것처럼 보이지만, 실제로는 가장 어려운 상대였다. 장거정이 죽은 뒤 발생한 일을 보면 얼마나 어려웠는지 잘 알 수 있다. 신종은 비록 나이는 어렸지만 점차 정치를 이해해가고 있었다. 그는 자신이 이 나라의 주인임을 알았지만, 실제로는 정치를 하지 못하고 다른 사람의 지시를 받아야 하며, 심지어 자신을 지배하는 사람에게 호감을 얻어야 한다는 것을 인식하고 있었다. 실제로 10년 동안 장거정은 수보이자 독재자였으며 황제의 스승으로 신종을 지배했다. 신종은 장거정에게 호감을 얻어야 한다는 것을 아는 한편, 자신이 그의 주인이라는 것도 깨닫고 있었다. 신종은 자신의 지위와 행동이 일치하지 않는다는 것을 알았고, 이를 바로잡으려 했다. 따라서 장거정에 대한 호감은 자격지심으로 인해 점차 나쁜 감정으로 변해갔다. 그러나 나이가 어린 신종의 미묘한 변화를 장거정은 간과하고 말았다.

목종은 부친 세종과 전혀 달랐지만 신종은 조부인 세종과 유사한 점이 많았다. 유전은 한 대를 건너뛴다는 말도 있지 않은가. 세종은 열여섯에 즉위해서 45년을, 신종은 열 살에 즉위해서 48년을 보위에 있었다. 세종은 전권을 가진 통치자였고, 신종 역시 친정을 시작한 후에는 그러했다. 세종은 즉위한 지 20년 후부터는 정치를 돌보지 않았는데, 신종 역시 중년 이후에는 정치를 멀리 했다. 이런 점에서 두 사람은 비슷한 점이 많다.

그러나 신종은 어머니에게서 신중함과 부드러움을 배웠고, 정권을 잡은 뒤부터는 이를 정치적으로 이용하기도 했다. 그는 조금도 물러서지 않았고, 자기의 욕망을 만족시키기 위해 관례조차 과감히 깨버렸으며, 상대방을 못살게 굴기도 했다. 어머니가 자신을 보호하기 위해 아침마다 해도 뜨기 전에 황후에게 가서 문안을 드리는 노력 끝에 결국 보위에 오를 수 있었고, 두 사람은 지금 모두 황태후가 되었다. 어린 마음은 경험을 통해 많은 것을 배우고 있었다.

마지막으로 생모인 자성황태후는 신종에게 가장 직접적으로 책임을 느끼고 효과적으로 제어할 수 있는 사람이었다. 건청궁은 오직 황제만 머무는 곳이지만, 자성황태후는 신종이 어리다는 이유로 신종의 혼인 전까지 아들과 함께 건청궁에 머물렀다. 평소에 그녀는 아들의 공부를 감독하고 게으름을 피우면 무릎을 꿇리고 벌을 주기도 했다. 황제라도 생모의 명은 거스르지 못했다. 강관들의 강의가 끝나면 신종은 궁으로 돌아와 황태후 앞에서 복습을 했다.

3, 6, 9일은 아침 조회가 있었다. 이날 해가 뜨기 전 오경伍更(새벽 4시)에 황태후는 아직 곤한 잠을 자고 있는 아들을 깨워 조회에 내보냈다. 신종은 황제가 된다는 것이 전혀 즐겁지 않았지만 어머니의 뜻을 거슬러서는 안 된다는 것을 알고 있었다.

장거정은 신종 즉위 후 일강日講에 대해 소疏를 올렸다.

군주의 덕을 기르고 배움을 얻기 위해 공부가 가장 중요합니다. 신은 선제의 부탁을 받았기에 강학을 통해 그 뜻을 이루려 합니다.

　　-《주소 2》〈걸숭경학이륭성치소〉乞崇經學以隆聖治疏

충심을 다해 신종을 가르치다

명대 황제의 교육은 경연經筵과 일강日講으로 구성되어 있다. 경연은 매월 2자가 있는 날에 거행되는 매우 장엄한 행사다. 더위와 추위가 기승을 부리는 한여름과 겨울은 생략되었다. 공신과 대학사, 육부 상서, 도어사, 한림 학사 등이 참석했고, 한림원 춘방이나 국자감 제주가 경사經史를 강의했다. 신종은 휴가 때를 제외하고는 처음 10년 동안 한 번도 빠지지 않고 참석했다. 경연은 만력 원년(1573) 이후 봄에는 2월 12일부터 5월 2일까지, 가을은 8월 12일부터 10월 2일까지 한 달에 아홉 번씩 정기적으로 열렸다.

일강은 문화전에서 거행되며 강독관과 내각대학사만이 참석했다. 장거 정이 신종에게 정해준 규칙은 다음과 같았다.

• 《대학》大學 강독은 5장까지, 《상서》尚書는 〈요전〉堯典까지 매일 이어서 읽는다. 먼저 《대학》열 번, 《상서》열 번을 읽고 강관이 들어와서 강의한다.

신종에게 경연을 하는 장거정

장거정이 대신들과 함께 어린 신종에게 경연經筵을 행하고 있는 그림이다. 서현경徐顯卿의 〈환적도〉宦迹圖의 일부. 북경고궁박물관 소장.

- 강독이 끝나면 황상은 잠시 쉰다. 사례감에서는 장주를 올려 황상에게 보인다. 신들은 서상방에서 기다린다. 황상이 자문이 필요하면 신들을 불러 하나하나 물어보고 설명을 듣는다. 이렇게 계속 하다보면 자연히 익숙해진다.
- 장주 열람이 끝나면 신 등이 정자관을 대동하고 글자를 강의한다. 피곤하면 잠시 쉬고, 신 등은 서상방에서 대기한다. 만약 계속하겠다면 계속 강의한다.[29]
- 오후에는 《통감절요》通鑑節要를 강의한다. 강관은 앞 왕조의 흥망성쇠를 명확하게 강의하고, 강의가 끝나면 환궁한다.
- 매일 강의가 끝난 뒤, 의문이 있으면 바로 하문하고 신 등이 다시 쉬운 말로 강의를 해서 반드시 이해할 수 있도록 한다.
- 매월 3, 6, 9일은 조회가 있어 강의는 쉰다. 황상께서는 궁중에서 시간을 내 경서를 읽고 복습한다. 또 습자책을 보고 아무 글자나 한 장씩 쓰되 꾸준히 한다.
- 매일 일정하게 해 뜰 무렵 아침 식사를 하고 강독을 한 후, 점심 식사를 마치고 나서 환궁한다.
- 선대와 마찬가지로 큰 더위나 추위가 아니면 강독을 멈추지 않는다. 만일 비바람이 치면 잠시 중지한다.[30]

이것이 신종의 학습시간표였다. 《통감절요》가 끝난 뒤에는 연이어 《정관정요》貞觀政要를 강의했다. 아직 열 살이 채 안 된 신종에게 이 시간표는 대단히 부담스러웠지만, 황제는 장거정의 의사를 존중해 노력했다. 둘의 관계는 갈수록 가까워졌다. 그해 장거정은 수차례 신종과의 관계에 대해 이야기했다.

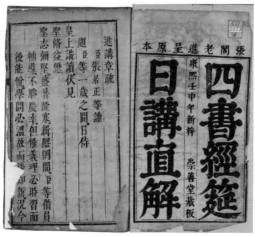

《제감도설》과 《사서직해》

장거정은 어린 신종의 교육을 위해 그림을 곁들인 《제감도설》帝鑑圖說
을 집필하고, 《논어》·《맹자》·《중용》·《대학》에 대한 해설서인 《사서
직해》四書直解를 편찬해 신종을 가르쳤다.

다행스럽게도 황상은 어린 나이에도 매우 총명하고 직분에 충실하며 집중한다. 다만 나의 학식이 일천해 감당하기 힘들다. 이렇게 간다면 큰 희망을 가질 수 있다. −《서첩 4》〈답양광반석정〉答兩廣般石汀

황상이 어린 나이에도 이미 영명한 모습을 보이고 최근 강독을 통해 정사에도 관심을 가진다. −《서첩 4》〈여왕감천언로왕공시〉與王鑒川言虜王貢市

1572년 12월, 장거정은 직접 《역대제감도설》歷代帝鑒圖說이라는 책을 썼다. 이 책은 요순 이래 천하의 군주들이 행한 일 가운데 선한 일 81가지와 나쁜 일 36가지를 정리한 것이다. 장거정은 매 사건을 그림으로 그려 기록하고 해석을 뒤에 첨부해 2권으로 만들었다.[31] 이 역사그림책은 열 살이 채 안 된 황제에게는 더할 수 없이 좋은 학습교재였다. 신종은 이 책을 읽을 때면 매우 즐거워했다. 장거정은 옆에 서서 한문제漢文帝(태종)가 군대를 위문하던 이야기를 자세히 설명했다. "황상은 군비에 유념하셔야 하옵니다. 선조께서는 무력으로 천하를 얻으셨으나 태평성대가 오래되어 군기가 많이 해이해졌으니, 하루 빨리 정비를 하지 않으면 아니 되옵니다." 신종은 그저 "예!"만 연발했고, 장거정은 군비를 정돈하고 변방의 오랑캐를 몰아내야 한다는 자신의 구상을 소상히 설명했다.

신종이 열네 살이 되던 1576년(만력 4년) 2월 29일 아침, 신종은 강관이 써준 태조의 《대보잠》大寶箴으로 글씨를 연습하고 있었다. 장거정의 당부가 이어졌다. "이 문장에는 군주의 덕과 나라를 다스리는 법이 잘 나타나 있으니, 황상께서는 글씨만 쓰실 것이 아니라 외워서 잘 이해하셔야 하옵니다." 이어서 장거정은 《대보잠주해》大寶箴注解를 강독했다. 이날 신종은 문화전에서 장거정을 앞으로 나오게 한 뒤, 일어나서 《대보잠》을 높이 들어 장거정에게 건네주고, 그 앞에서 큰 소리로 전문을 외웠다. 그러자 장거정은 다시 한 번 해석을 강조해 신종으로 하여금 완전히 이해하게 했다. 신종은 마지막 구절인 '종심호담연지역'縱心乎湛然之域에 이르자 "사람은 당연히 마음을 비우고 일을 처리해야 한다는 말이지!"라고 했다. 장거정은 기쁜 나머지 두 손을 들어 칭찬하며 신신당부를 했다.

마음을 비운다는 것이 바로 이 문장의 핵심입니다. 사람이 마음을 비우지 못하는 것은 개인의 욕심에 흔들리기 때문입니다. 물은 맑지만 모래가 섞이면 깨끗하지 않습니다. 거울은 밝지만 먼지가 앉으면 잘 보이지 않습니다. 황상께서는 이 마음을 기르시어 개인의 욕심을 버리고 명경지수처럼 유지하시면 자연히 분명하고 공평하게 모든 일을 처리하실 수 있을 것입니다.

─《주소 12》〈송기거관강기사〉送起居館講記事

장거정은 신종에게 엄격한 스승이 되어 모든 방법을 동원해 이상적인 황제의 경지에 오르도록 애썼다. 그는 이 어린 학생이 매일 한 발씩 한 발씩 자신의 요구대로 매진하자 무한한 희열을 느꼈다. 그러나 이 어린 학생도 결국 한 사람의 인간으로, 필연적으로 인간이 가지고 있는 결점을 지니고 있다는 사실을 간과했다. 더구나 신종은 세종의 손자이자 목종과 이귀비의 아들로, 그의 혈관 속에는 교만, 퇴폐, 왜곡, 자기과시 등으로 뭉쳐진 피가 들끓고 있음을 잊은 것이다.

신종은 강관들의 지도 아래 눈부시게 성장하고 있었지만 스승의 눈에는 그저 말 잘 듣는 학생일 뿐이었다. 한번은 신종이 《논어》를 낭송할 때 실수로 '색발여야'色勃如也를 '색배여야'色背如也로 잘못 읽었다. 그러자 장거정은 엄하게 지적했다. "당연히 발勃로 읽으셔야 하옵니다." 신종은 "발여"勃如

산책하는 신종

신종이 일과가 끝난 뒤 궁의 정원을 거닐고 있는 모습이다. 서현경徐顯卿의 〈환적도〉宦迹圖의 일부. 북경고궁박
물관 소장.

라고 다시 읽었지만 장거정의 화는 쉽게 가라앉지 않았다.

자존심이 강한 사람이 부담을 느끼면 괴로워지기 마련이다. 어른도 그
러할진대 하물며 어린아이는 더욱 그러리라. 어린아이는 부모나 선생님에
게 혼이 나면 어린 동생이나 강아지, 고양이 등에게 화풀이를 한다. 신종
은 장거정에게 한없이 공손했다. 어머니인 자성황태후도 장거정에게 그러

할진대 신종인들 오죽할까.

사례감 풍보는 궁내의 모든 일을 관장하는 사람이어서 자성황태후 역시 그의 말을 들어야 했다. 신종은 그를 '대반'大伴이라 부르며 마치 장거정을 '선생'이라고 하는 것처럼 어려워했다. 어린 마음에 대반은 무서운 존재였다. 그런데 문화전에서는 대반조차 꼼짝 못하고 다소곳이 서 있었다. 장거정이 국가의 대사를 이야기할 때면 대반은 진지하게 신종에게 당부하곤 했다. "선생은 선제께서 황상을 부탁하신 충신이므로 선생의 말씀은 열심히 들으셔야 하옵니다." 그러면 장거정의 얼굴에는 특유의 장엄함이 깃들고 신종은 마치 어린 양처럼 고분고분해졌다.

그러나 신종은 수시로 답답함을 느꼈다. 그의 이러한 반응은 여러 곳에서 감지되었다. 열 살 때 자경궁慈慶宮의 일부가 무너지자 어사 호효胡涍가 "군주가 덕을 베풀지 못하면 하늘이 신호를 보낸다"며 후궁에 있는 궁인들을 귀가시키자는 상소를 올렸다. 신종은 크게 노해 엄벌에 처하겠다고 했지만, 장거정의 중재로 호효는 서민으로 강등되고 다시는 관직에 나오지 못하게 하는 선에서 마무리되었다. 열두 살 때는 환관 장진張進이 술에 취해 주정을 부리자 언관들이 탄핵했다. 그러나 신종은 언관이 궁내의 사소한 일에 간섭하는 것은 황제를 멸시하는 것이라며 진노했다.[32] 장거정은 신종이 나이가 어리다는 이유로 신하들이 그를 속이려 들면 더 화를 낸다는 것을 알았다. 그러나 1582년 이후 신종이 자신을 그렇게 원망하게 된 것 역시 같은 심리적 맥락임을 짐작할 수는 없었을 것이다.

1572년의 대정변을 거치면서 장거정은 국가를 책임지는 중임을 맡았다. 그러면서 자성황태후, 풍보, 신종 등 어느 한 사람도 쉽지 않은 주인들을 상대하고 있었다.

제8장

개혁을 단행하다·1

부국강병의 뜻을 세우다

1571년 겨울, 내각에서의 싸움이 점차 격해지자 장거정은 자신의 정치 생명에 위협을 느꼈다. 그는 '사사로운 이익에 구애받지 않고 모든 것을 다 바친다'는 각오로 포기하지 않고 후퇴보다는 전진을, 위축되려 할 때는 차라리 희생을 하자며 마음을 다졌다. 이제 자신의 시대가 되자, 사직을 위해 온몸을 바치겠다는 의욕에 불탄 그는 소회를 피력했다.

작년, 군주는 어리고 사직이 위태로울 때, 온몸으로 천하의 변화에 맞설 때 어느 누구도 진심을 알아주지 않았고, 나 또한 스스로 돌보지 않았다.
－《서첩 5》〈답이중계유도존사〉答李中溪有道尊師

장거정은 세종, 목종 시대의 정치적 문란과 혼란은 국가의 기강이 무너졌기 때문이라고 생각했다. 그래서 그는 기강을 바로 세우는 데 가장 효과가 큰 경찰을 실시하기로 했다. 1572년 7월, 장거정은 경찰의 실시를 건의하고 오품 이하는 이부와 도찰원이, 사품 이상은 스스로 자신의 행적을 반성하는 기회를 갖도록 했다. 이 과정에서 장거정은 '여론몰이로 정치에 간섭한' 인물들(주로 고공의 무리들)을 조심스럽게 제거했다.

장거정은 인물을 등용할 때 '행정 능력과 군주에 충성을 다할 것'을 가장 중시했다. 이것은 사대부가 갖춰야 할 기본 소양이었다. 하지만 진퇴를 반복하며 자리에서 눈치만 보는 사람들에게는 대단히 가혹하고 날카로운 기준이었다. 그는 자신이 "별다른 재주는 없어도 참을성 있게 남의 충고를 듣는다"며 자신을 반대하는 사람들도 등용했다. 참는다는 것은 서계에게서 배운 가장 큰 재산이었다. 서계는 언행이 일치하지 않는 동료들과 참고 지내야 했고, 장거정은 변화무쌍한 정국을 참고 이겨내야 했다.

7월, 경찰이 끝나고 황후의 존호 문제가 마무리되자, 9월에는 목종의 장례 문제로 대욕령에 다녀오는 등 매우 바쁘게 지냈지만 그는 잘 견디고 있었다.[1]

일반 대신들은 장거정에게 큰 정치를 기대했다. 그들은 자신들이 읽었던 성현의 책에서처럼 장거정이 공자나 맹자가 되어 왕도정치를 실시해, 과거 혜제惠帝가 방효유方孝孺 등과 실시하려다 실패했던 정치가 다시 재현되기를 바랐다. 그러나 장거정은 부국강병이라는 매우 현실적이고 어떻게 보면 소박한 정책을 내걸었다. 1579년(만력 7년)에 장거정은 이렇게 말했다. "공자는 정치를 논할 때 '풍족한 양식'과 '많은 병사'를 강조했다. 순임금도 지방 관리들에게 '경제의 중요성'을 이야기했으며, 주공의 정치 또한 국가의 부강을 이루기 위한 것이었다. 훗날 학문이 흐트러지고 공담만을 일삼아 인의는 버려진 채 '왕도'라며 부강을 추구하니 '패술'만 늘고 말았다. 사람들은 왕도와 패도, 인과 의를 구분하지 못한다. 인의를 말하면 왕도이고, 부강을 말하면 패도인가? 나는 7, 8년 동안 패습을 고치고 덕을 쌓아 이 두 가지를 함께 추구해왔으나 아직도 이루지 못하고 있다"고 지적했다.[2] 장 거정은 국사는 곧 부국강병이라고 인식했지만 사람들은 요순과 주공을 논하며 송대의 정이程頤(송나라의 유학자), 주희를 거론하기 좋아한다. 부국강병이라는 구체적 목표는 오히려 사소하게 치부했다. 그러나 중요한 것은 무엇보다 우선 세종 이래 누적된 소극적이고 위축된 분위기였다. 세종 때는 의기소침하고 맥 빠진 정치로 일관했고, 목종 때는 훌륭한 중신들의 역량이 비효율적인 정쟁에 낭비되었다. 장거정은 이렇게 말했다.

> 천하에는 대세라는 것이 있어 한번 정해지면 돌이키기 어렵다. 세勢가 정해지면 난亂은 일으키고 싶어도 할 수 없다. 그리고 난이 대세가 되어버리면 이를 바로잡아 치세로 돌이키는 것 역시 어렵다. 나라의 세가 강하면 난이 일어날 수 없고, 나라의 세가 약하면 난이 기승을 부린다. 마치 사람의 원기가 충만하고 힘이 넘치면 설사 병이 있어도 약이나 침으로 바로 치유되지만, 그렇지 못하면 이것저것 치료를 해도 효과가 없다. 이렇게 허한 증세는 어찌할 수 없다.
> -《문집 10》〈잡저〉雜著

다행히 목종 시대의 쇠약한 증세는 치료가 불가능한 정도는 아니어서 장거정은 개혁을 결심했다.

군자가 나라를 위한다는 것은 그 근본을 강하게 하고 기강을 바로잡아 중지를 모아 따르도록 하는 것이다. 싸움의 빌미를 주지 않고 기회를 살려 세세한

신종(1563~1620)

13대 황제. 연호는 만력제. 명대 황제 중 재위 기간이 가장 길었다. 장거정의 보필을 받아 개혁을 실시했으나 이후 정치에 관심을 두지 않아 결국 왕조는 서서히 몰락해갔다.

부분까지 치료한다면 비록 대가를 치르더라도 회복할 수 있을 것이다.

─《문집 11》〈잡저〉

부국강병은 이상이 아니라 구체적인 현실 문제로, 경제적 기반이 탄탄해야만 국방을 이야기할 수 있다. 장거정 정권 초기에는 광동, 광서의 소수민족과 복건의 백성들이 계속 소란을 일으켜 정세가 위태로웠으나 국방을 위협하는 정도는 아니었다. 문제는 북변으로, 타타르의 방어가 큰 과제였다. 1571년 알탄 칸의 봉공이 확정된 후에 접후, 길능, 절진태길 등 서북쪽의 족장들은 공시貢市(시장)를 통해 안정을 유지하고 있었다. 그러나 장거정은 이것이 일시적인 정전 상태일 뿐 평화가 정착된 것은 아니라고 판단했다. 그는 대외적으로는 기미정책羈縻政策(회유정책), 대내적으로는 군비 정돈에 착수해, 평상시에 식량과 군사를 준비해 전쟁에 대비하는 등 북변의 문제에 긴장을 풀지 않았다.

1572년 10월 번잡한 일들이 마무리되자 장거정은 대신들에게 직접 북변을 시찰하도록 했다. 먼저 병부좌시랑 왕도곤은 계주와 요동을, 병부우시랑 오백붕은 산서 3개 진을, 병부시랑협리경영융정兵部侍郎協理京營戎政 왕린王遴은 섬서 4개 진을 순시했다. 이들은 모두 1557년에 출사한 진사들로 장거정과는 동년배였다.

왕도곤은 이번 시찰에서 문인으로서는 가질 수 없었던 특별한 경험을 했다. 장거정의 부탁을 받은 담윤과 척계광은 그에게 상세한 설명을 해주었다.[3] 왕도곤은 귀경 후 군량과 방어선 증설이 필요하다는 상소를 올렸다. 장거정은 그가 올린 상소에 대해 "의미가 분명하고 문체가 아름다워 읽고 다시 읽게 되었다"며 칭찬을 아끼지 않았다. 왕도곤은 좋은 문장을 쓰는 문관이었지만 이번 여행을 통해 담윤과 척계광을 통해 변방 사무를 이해하게 되었으니 장거정으로서는 더할 나위없이 다행스런 일이었다.

　왕린은 평소 장거정과 그다지 좋은 관계는 아니었는데, 섬서를 다녀온 후 병을 이유로 사직하고 낙향했다. 이것은 정치적 불만을 표시한 것으로 장거정은 "사람마다 다 뜻이 다르지만 굳이 이럴 필요가 있겠는가? 그렇다면 자중하시라"며 만류하지 않았다.[4]

　오백붕의 시찰에는 어려움이 많았다. 선대총독 왕숭고는 오백붕이 괜한 트집을 잡을까봐 회피했고, 오백붕은 이것이 자신을 존중하지 않아서라고 오해했다. 오백붕은 순시를 마치고 돌아와 왕숭고, 선부순무宣府巡撫 오태吳兌, 산서총병 곽호 등에게는 처벌을, 대동총병 마방馬芳에게는 뇌물을 받았다며 강력히 탄핵했다. 오백붕의 지적이 틀리지는 않았으나 수보인 장거정의 입장은 달랐다.

　명대 군대의 부패는 이미 오래된 일로 말단에서부터 장군까지 모두 연결되어 있었다. 최고 책임자인 총병관, 수도의 병부, 어사는 물론이고 때로는 대학사들에게도 뇌물을 주었으며, 이는 관례로 여겨졌다. 상관이 청렴해 뇌물을 받지 않으면 측근들을 매수했다.

　명대 중엽 이후 군인들의 사회적 위치가 점차 하락해 삼군 사령관 격인 총병관이 병부의 공문을 받을 때면 무릎을 꿇어야 하는 등 군인의 위상이 말이 아니었다. 무엇보다 국가의 운명이 이들에게 맡겨져 있다는 것이 더욱 큰일이었다. 이러한 부패의 고리를 잘 알고 있던 장거정은 1573년부터 서북 변방에 문인을 장수로 임명하려 했다. 문인들은 절개와 청렴을 중시해 적어도 부패에서만은 벗어날 수 있으리라 생각했기 때문이다. 그러는 와중에 오백붕의 탄핵문이 올라왔다. 언관들은 여기에 선부총병 조가趙岢도 함께 탄핵했다.

　결국 마방은 면직되었다. 장거정은 오백붕에게 자신의 고충을 설명했지만,[5] 동료들은 이해하지 못했다. 장거정은 이후에도 북변의 일에 노심초사해 계속 사람을 보내 순시하고 인선에 신중을 기했다. 원래 알탄 칸은 이 지역에서 상당한 영향력을 가지고 있었으나 당시 각 부족들이 서로 반목하면서 분열하고 있었다. 장거정은 이들을 작은 단위로 나누는 분산책을 써서 힘을 약화시켰다. 이들이 연합하지 않아야 국가의 안전이 보장될 수 있기 때문이었다.

권력의 대가로 피를 부를 것인가

1572년이 지나고 만력 원년이 되었다. 정월에 왕대신王大臣 사건이 발생했다. 하루는 신종이 건청궁에서 산책하다가 행동이 미심쩍은 사람을 발견해 잡아 심문해보니 계주에서 도망쳐온 탈영병 왕대신이었다. 단순한 사건이었지만, 특무기관인 동창 제독東廠提督인 풍보가 이 일을 알게 되면서 사정이 복잡해졌다. 풍보는 이미 사임해서 고향에 돌아가 있는 고공을 떠올렸다. 그에 대한 원한이 아직 해소되지 않았고 어떻게든 복수를 해야 했다.

풍보는 왕대신을 동창으로 데려와 심문한 결과, 몸에서 칼을 찾았다고 했다. 칼이 나왔고 건청궁을 배회한 이상, 황제를 암살하려는 자객으로 몰아붙이기에 충분했다. 동창이 심문 근거를 바탕으로 주모자가 고공이라고 주장하자, 왕대신은 물론 고공의 목숨까지 거론되었다. 그러나 당시 풍보가 장악하고 있던 동창은 과거 헌종 때 왕직汪直이 장악하던 서창西廠이나 희종 때 위충현魏忠賢이 장악하던 동창과는 완전히 달랐다. 이미 신종 초기의 조정은 이러한 음모를 묵과하지 않았다. 장거정도 "조정에 어른들이 많다"고 하지 않았던가. 따라서 풍보의 의지대로 일을 몰아가기는 쉽지 않았다. 모든 것은 장거정에 의해 결정되었고, 그의 판단이 중요했다.

희종(1605~1627)

15대 황제. 연호는 천계제. 부황인 광종(태창제)
이 즉위한 지 29일 만에 사망하자 뒤를 이어 황
제에 즉위했다. 환관 위충현^{魏忠賢}에게 정치를 모
두 넘기고 목공 일에만 심취했다. 위충현은 전횡
을 일삼아 간신들의 부정부패가 끊이지 않았다.

    장거정은 풍보와 밀착한 결과 고공을 실각시켰고 가장 큰 수혜를 입었
던 만큼, 그가 과연 풍보의 음모에 동조할지에 관심이 집중되었다. 1548년
하언이 죽은 이래 정권을 잡았던 자는 결국 최후에 생명의 위협을 피해가
지 못했다. 엄숭이 정권을 잡자 하언을 죽였고, 서계가 정권을 잡자 엄세번
을 먼저 죽였으며, 엄숭은 여든이 넘어서까지 죽음을 강요당했다. 고공이
정권을 잡자 서계의 아들이 유배당했고, 서계 역시 위험한 상태가 되었다.
이것은 이 왕조 아래에서 이미 하나의 전통이 되어 가고 있었다. 권력의 대
가는 피의 복수를 불렀다. 이제 고공이 그 대가를 지불해야 할 시기가 된
듯했다. 전통이라기에는 너무나 참혹하고 흉측한 상황이었다. 사람들은 장
거정이 고공을 압박해서 마지막으로 피를 뿌리게 할 것이라고 생각했다.
    대신 중에서 가장 존경받고 영향력 있는 양박과 갈수예가 나서기로 했

다. 두 사람은 장거정을 찾아가 동창이 무리하게 일을 꾸몄다며 자신들이 보장하겠다고 고공을 변호했다. 이들의 표현이 마치 장거정이 관련되어 있는 듯 조금 앞서 나가자 장거정은 섭섭하게 여겼다. 모두가 자신의 행동에 관심을 가지고 있는 때에 다른 사람들은 몰라도 자신이 존경해오던 두 사람만은 자신을 믿어줄 것이라고 생각했기 때문이다. "두 분은 제가 이렇게 하기를 원하는 줄 아십니까?" 그러자 양박이 말했다. "아니오. 그런 것이 아니라 오직 공만이 그를 살릴 수 있기 때문이오."

장거정은 절충안을 제안했다. 동창의 심문은 초심이니 사건을 금의위錦衣衛로 넘겨 도독都督 주희효朱希孝와 좌도어사 갈수예, 그리고 풍보가 재심을 하도록 하자는 것이었다. 주희효는 2등 정난공신靖難功臣 성국공成國公 주능朱能의 후손으로 6대 성국공 주희충朱希忠의 동생이었다. 명나라는 성조 이후 정난공신을 특별히 우대했는데, 1등 정난공신 기국공淇國公 구복丘福의 후예가 제거되자 성국공이 당시 제일가는 세도가가 되었다. 더구나 주희충, 주희효는 모두 세종 이래 특별히 은전을 받은 공신들이었다. 장거정이 주희효를 천거한 것은 바로 이 점을 고려한 것이다.

주희효는 난처했다. 풍보를 따르자니 사대부들과 등을 돌려야 하고, 양심을 따르자니 풍보와의 관계가 껄끄러워질 것이 분명했다. 그는 어쩔 수 없이 장거정에게 도움을 청했다. 장거정은 다시 양박, 갈수예와 상의하도록 했다. 간단한 사건이 매우 복잡하게 전개되었다.

왕대신은 고공이 시켰다고 거짓말을 할 수도 없고, 풍보의 고문 때문에 자백했다고 하지도 못한 채 형부로 넘겨져 참수되고 말았다. 고공의 억울함은 벗겨졌지만 장거정은 자신에게 쏟아진 의심으로 곤혹스러웠고, 사대부들의 무지에 분노했다. 자신 또한 고공에게 불만이 없는 것은 아니지만, 그렇다고 무고하게 죽일 생각까지는 없었다. 그는 오백붕에게 자신의 아픔을 실토했다.

> 내 평생 훌륭한 사대부들도 많이 보았지만, 배신을 한 사람도 적지 않소. 그
> 들의 마음을 쉽게 얻을 수 없다는 것을 이 일을 통해 뼈저리게 느꼈소.
> ―《서첩 5》〈답오요산언굉원제세〉答吳堯山言宏願濟世

새로운 개혁정책을 시도하다

1573년 6월, 장거정은 자신의 정치생애 중 가장 중요한 일인 국가개혁
에 착수했다. 우선 내각에서 수시로 고성考成을 실시하자는 상소를 올렸다.
장거정은 평상시에 조종의 유업을 지키겠노라고 입버릇처럼 말했다. "법이
행해지지 않고 사람이 움직이지 않는다면, 먼저 사람에 대해 이야기를 해
야지 법을 논해봤자 도움이 되지 않는다." 그리고 이에 대한 방책으로 고
성법考成法을 창안했다. 이것은 그가 만든 유일한 제도로, 간단하지만 대단
히 혁신적인 제도였다.

먼저 행정부서인 각 아문에 세 권의 장부를 만든다. 한 권에는 이곳에
서 수발한 공문, 장정章程, 앞으로의 계획을 빠짐없이 기록한다. 여러 항목
중에서 연례행사들을 제외한 사안들은 다시 두 권의 장부에 분류해서 정
리한다. 다른 한 권에는 다른 과에 보낸 사항 중 실행된 것과 취소된 것을
기록한다. 만약 시간이 오래 지났는데도 실행되지 않는다면 그 과에서 상
소를 올려 결과를 기다린다. 나머지 한 권에는 같은 내용을 적어 내각에
보내 조사를 받는다.[6]

당시 조정에는 고성은 구태의연한 것이라는 인식이 뿌리박혀 있었다.
그리하여 법령이나 장정은 단지 종이와 붓의 낭비일 뿐이라고 생각했다. 머

릿속에 쓰레기만 가득한 사람이 별 생각 없는 사람들을 거느리고 있다면서, 그것은 국가를 위한 사업이 아니라 종이를 위한 사업으로 여겼다. 종이는 북경의 지물포에서 나와 한 아문으로 보내져 몇 가지를 기록한 뒤, 일정 기간 여행을 거쳐 다른 아문에 도착한다. 그리고 접수가 되면 그 후로는 흔적도 없이 사라져버린 후 다시는 세상 밖으로 나오지 못한다. 수많은 정책들이 이렇게 사장되었다. 이것이 정치라고 생각하니 안타깝기 그지없었다.

장거정은 현실적인 정치가였다. 그는 일이 제대로 이뤄지지 않는 것이 기구나 조직이 부족해서가 아님을 알았기 때문에 새로운 기구를 증설해서 문제를 해결하려 하지 않았다. 그는 종이만 왔다 갔다 하는 '공문정치'로는 또 다른 공문정치를 없앨 수 없다는 것도 알았다. 그래서 종이를 낭비하는 법령이나 장정을 새롭게 제정하지 않았다. 단지 각 기관의 사업과 실행 여부를 명명백백하게 공개할 필요가 있으며 그것을 점검할 수 있도록 한 것이 바로 고성법이었다. 이것은 내각이 각 과에서 해야 할 일들을 빠짐없이 기록한 장부를 수시로 조사하고 대조해, 육과가 육부를 통제하고 내각이 다시 육과를 통제하는 새로운 정책이었다.

육과六科는 명대 특유의 정치조직이다. 국가의 모든 행정사무는 이·호·예·병·형·공부의 육부六部로 나누고, 각 부서의 장관으로는 상서와 좌·우 시랑을 두었다. 동시에 육과가 있어 도급사중, 좌·우 급사중, 급사중이 있다. 상서는 이품이고 도급사중은 칠품에 불과했지만, 육과는 육부를 봉박封駁하거나 탄핵할 수 있어서 사실상 육과가 육부를 통제했다. 이것은 고위 관리가 하위 관리를 통솔하지만, 하위 관리 역시 고위 관리를 견제할 수 있는 명조의 입법정신이기도 했다. 육과는 실제적인 육부의 감찰기관으로, 각과 급사중은 각과의 일을 나눠서 관리하는 한편, 내각대학사의 추천이나 이부상서나 병부상서, 재외총독, 총병의 임명 등 중요 사무에도 참여했다.

원래 육과가 육부를 통제했지만, 내각이 육과를 통제하는 것은 장거정이 새롭게 시도한 것이다. 내각은 본래 황제의 비서실로 사실상 행정책임은 물론 감찰책임도 없었다. 그러나 고성법을 실시한 후 내각의 권한은 눈에 띄게 확대되었다. 그러자 1576년 유태劉台가 탄핵을 시도했다. "고성법은 두 권의 장부 중 한 권은 내각에, 또 한 권은 육과에 보내도록 하고, 만약 늦으면 육부가 처벌을 받고, 육부에서 숨기는 사실이 있으면 육과가 처벌을 받으며, 육과가 숨기면 내각이 처벌을 받도록 했다. 원래 국가의 사무를 분리해 육과가 탄핵할 수 있도록 한 것이 본연의 정신이다. 내각은 한림들이 있어 토론과 사색을 하는 고문으로서의 역할만 하면 되는데, 고성법은 내각이 육과를 통제할 수 있게 함으로써 원래의 법정신을 흐리고 있다." 물론 틀린 말은 아니나 개혁을 추진하는 과정이라 장거정은 동의하지 않았다.

고성법의 실시는 세금을 걷는 부세賦稅 정돈에도 커다란 효과를 거뒀다. 사람들은 성현의 말씀에 너무 집착하곤 한다. 많은 이들이 맹자가 양혜왕梁惠王을 보고 한 첫마디가 "왕이 무엇 때문에 이利를 이야기하십니까. 인의仁義를 먼저 말씀하셔야 합니다. 왕께서 인정仁政을 베푸셔서 형벌을 가볍게 하고 세금을 줄여주면 백성이 생산에 힘을 쏟아 땅을 깊이 파고 잡초를 제거할 것이고, 또 젊은이들이 농한기에 충효를 깨친다면 막강한 진나라나 초나라의 군대도 능히 물리칠 수 있을 것입니다"라는 이야기를 인용하며 정치가가 경제를 이야기하는 것을 수치스럽게 여겼다.

그러나 한무제漢武帝 때 대외전쟁으로 국가경제가 붕괴되자 상홍양桑弘羊을 대농승大農丞으로 등용해 평준책平準策을 실시한 바 있었다. 평준책은 '백성들의 세금 부담을 늘리지 않고 국고를 충족'[7]시켰으니 얼마나 큰 공헌을 한 것인지 모른다.

당시 유생인 복식卜式은 상홍양의 경제정책이 유가정신에 위배된다며 비판했다. 그런데 국가에 어찌 경제정책이 없을 수 있는가. 경제가 없으면 정치도 있을 수 없다. 맹자는 세금으로 10분의 1을 걷으라 했다. 백규白圭가 "20분의 1은 어떨까요?" 하니 맹자가 답하길, "그것은 조직이 없는 나라라면 가능하다"고 대답했다. 정상적인 국가라면 10분의 1은 걷어야 된다는 것으로, 맹자가 세금을 줄이라는 것은 현대식 용어로는 세원稅源을 양성한다는 말이다. 세금이 지나치게 무거우면 백성이 경제활동에 적극적으로 참여할 수 없으니, 국가는 세금을 낮추어 10분의 1을 징수하는 것이 적당하다는 의미다. 맹자의 이 주장은 대단히 현실적이다.

장거정은 강병强兵을 이루기 위해서는 먼저 부국富國이라는 기초가 필요하다고 판단했다. 부국이란 재원을 확충하고 지출을 줄이는 것을 말한다. 고성법이 재원을 확충하는 것이었다면 다음으로는 지출을 줄여야 하는 부분이 숙제로 남았다. 1568~1569년의 국가 예산은 매년 수입 259여 만 냥에 지출이 400여 만 냥으로,[8] 적자가 누적되는 매우 위험한 상태였다. 지출을 줄이려면 중복되는 기구를 감축하거나 인원을 감원하는 것이 우선이다. 그래서 지엽적인 부분보다는 큰 부분에서부터 시작하기로 하고 황제의 씀씀이와 국방에 먼저 손을 댔다. 1569년 목종이 호부에 은 30만 냥을 요구하자, 내각은 세입과 세출 상황을 설명하고 철회할 것을 건의해 10만 냥으로 줄였다.[9]

장거정은 1572년 권력을 잡은 뒤부터는 아주 작은 부분까지도 철저하게 절약했다. 신종이 《목종실록》穆宗實錄을 편찬할 때, 장거정은 관례대로 거행해온 연회까지 생략했다.[10] 그리고 이를 시작으로 정월 연회와 원단 등 불행사 등이 황제의 동의를 거쳐 생략되었다. 연회가 정지되자 황실의 각종 행사를 주관하는 광록시光祿寺에 지급되던 경비가 700여 금金이나 절약되었다. 1573년 10월 장거정은 일강 때, 송 인종宋仁宗이 보물을 좋아하지 않은 이야기를 언급했다.

"황상께는 좋은 신하들이 바로 보배이온데, 다른 보물들이 무슨 필요가 있겠사옵니까." 그러자 신종이 답했다. "예, 그렇지요."

"훌륭한 군주는 오곡을 귀히 여기고 보물은 천히 여깁니다. 오곡은 사람을 키우지만 보물은 먹을 수도 없고 추워도 덮을 수 없습니다."

"예. 바로 그렇습니다. 궁인들이 보물을 좋아하나 짐은 연말에 상을 내릴 때도 모두 줄여버렸습니다."

"황상께서 이렇게 말씀해주시니, 사직의 큰 복이옵니다."

장거정은 가슴 깊숙이 어린 군주의 영명함을 느꼈고, 호부도 점차 여유를 가질 수 있었다. 가능한 한 불필요한 경비는 철저하게 줄였다. 그 와중에 내승운고태감內乘運庫太監 최민崔敏이 내각에 금붙이를 하사하자는 상소를 올리자, 장거정은 보지도 않고 바로 돌려보냈다.

장거정은 북방의 문제도 역시 국가의 재정 문제와 연계해 처리했다. 알탄 칸의 봉공 문제는 최소한의 경비로 해결하도록 했고, 계요 변방의 이민족들이 물품을 요구할 때는 들어줄 만한 가치가 없다며 거절했다.[11] 세종 말년 광록시는 물품 구입비용이 연간 17만 냥에 달했지만, 이제는 13~14만 냥으로 줄었다. 절약은 황제의 주방에까지 미쳤다.

절약 못지않게 중요한 것은 새로운 자원의 개발이었다. 고성법은 자원개발에 모든 행정을 독려하고 재촉하는 채찍이 되었고, 합법적인 보장이기도 했다. 이 법이 재정 방면에서 특히 탁월한 성과를 나타내자, 장거정은 자신감을 비쳤다. "이 법을 몇 년만 더 잘 실행한다면 세금을 더 걷지 않아도 풍족해질 것이다."[12]

세수를 정비해 국가 경제를 튼튼히 하다

장거정과 한나라 때의 상홍양은 목표가 같았다. 상홍양의 무기가 평준
책이라면 장거정의 무기는 바로 고성법이었다. 평준책은 당시 돈 많은 부자
상인들이 매점매석으로 얻은 이익을 국가가 환수해 무제가 대외정벌로 야
기한 재정적 어려움을 극복했다. 고성법은 생산량에 따라 세금을 걷도록
해 대지주들의 탈세를 원천봉쇄했다.

당시 국가의 세수는 주로 강남과 절서(절강성 서부), 특히 소주부^{蘇州府}에
많이 의존했다. 소주부에서만 1년에 274만 6,000석을 걷었는데, 이는 절강
성 전체 세수에 버금갔다. 세금이 무거울수록 빈농의 생활은 어려워졌고,
어쩔 수 없이 전답을 부자에게 조금씩 팔아서 문제를 해결했다. 때문에 토
지는 부자에게 더욱 집중되었다. 그들은 세력이 커지자 세금을 탈세하거나
높은 지위를 이용해 세금감면 혜택까지 누렸다. 대지주들은 세금을 내지
않고 버티기 일쑤였으며, 심지어 나라에서 장정에게 의무적으로 시키는 노
동인 요역^{徭役}에도 응하지 않았다. 사회적 이익은 지주들이 독점하고 모든
부담은 빈농에게 돌아갔다. 빈농이 도저히 견딜 수 없는 상황이 되면 결국
에는 남은 토지를 모두 팔아 소작농으로 전락했다. 어떤 빈농은 토지뿐만
아니라 신체의 자유마저 포기해 지주의 노예로 전락해 평등한 신분마저
상실했다.

그러나 국가로부터는 오히려 자유로워졌다. 관리들이 세금을 걷거나 요
역을 강요하는 등 귀찮게 하지 않아 주위의 소농들이 은근히 부러워하는
기현상이 발생했다. 어떤 소농은 사정이 어렵지 않은데도 대지주에게 땅을

해서海瑞(1514~1587)

늙은 종에게 농사를 짓게 해 자급했을 정도로 검소해서 명대 최고의 청렴한 관리로 꼽힌다. 미리 관을 사두고 가족들과도 이별을 한 후 상소를 올릴 정도로 황제에게도 직언을 서슴지 않았다. 만력 초기에 여러 사람이 추천했지만 장거정은 그가 지나치게 강직하다 여겨 중앙으로 부르지 않았다. 장거정 사후에 다시 관직에 나가 남경 이부우시랑에 이르렀다.

팔고 스스로 농노農奴가 되어 국가 조직에서 이탈하기도 했다.

경제적인 측면에서 국가와 지주는 대립했다. 지주의 세력이 클수록 국가의 수입은 줄어든다. 지주가 세금을 내지 않고 버티거나 탈세를 하고 소농들이 요역을 피하면, 국가는 부세와 요역을 다른 농민들에게 전가하지 않을 수 없다. 그 결과 소농의 소작농화 추세는 더욱 빨라졌고 대지주들의 세력의 증가되었다. 그러나 뜻있는 관리들은 '지주를 압박해서 토지 겸병을 억제하는' 방법으로 문제를 해결하려 했다.

1569년, 응천순무 해서는 대지주들에게 편입된 빈농들의 땅을 찾아주어 자신이 꿈꾸는 사회정책을 실현하려 했다. 그러나 바로 "사대부를 유린하고 명예를 탐내 정치를 망치고 있다"는 이유로 탄핵을 받아 해직되고 말았다. 당시 지주와 농민의 이익이 충돌할 경우, 지주를 비호하는 세력 때문에 농민 보호정책은 늘 실패했다. 장거정은 해서와 의견이 같지는 않았으나 해서가 관직을 잃자 크게 아쉬워했다. "그의 정책이 과한 면은 있으나 이는 백성을 위하는 마음에서였다." [13]

이러한 아쉬움은 백성들이 더했다. 1587년(만력 15년) 해서가 죽자 백성들은 시장을 폐쇄하고 통곡했다. 성을 나서는 그의 장례 행렬을 따르는 인파가 100여 리에 이르렀다고 한다. 이것은 해서의 정책이 백성에게 얼마나 호응을 얻었는지 잘 보여주는 것이었다.

장거정은 지주들에게 토지를 빼앗아 농민에게 돌려주는 무리한 정책보다는, 고성법을 충실하게 실시해 세수가 증가하게 되면 지주에게 타격이 갈 것이므로 빈농의 부담을 줄일 수 있으리라 판단했다. 장거정은 강남 지주들에게 불만을 가지고 있었다. 한번은 서계가 분통을 터트렸던 것을 떠올렸다.

그 지방에서는 천리天理가 통하지 않는다네. 관리들은 귀신이 사는 땅이라고 하며, 만약 난이 일어나면 반드시 그곳일 거라고 하지. 조정의 정령政令도 통하지 않고 인심은 교활해 아무리 참으려야 참을 수가 없다는군.
－《서첩 8》〈답응천순무논대정대전〉答應天巡撫論大政大典

장거정은 자신의 정책을 확신했고 백성의 지지를 받을 것이라고 믿었다. 당시 국고의 주된 수입원은 논농사에서 나오는 세금이었다. 이를 정확히 파악해야만 국가재정이나 부국을 이야기할 수 있다. 1571년에는 세금을 전국의 80%도 걷지 못해 관리들의 봉록조차 지급하지 못했다.[14] 신종이 등극한 후, 1567년 이전의 미납 세금은 일괄 사면하고, 1570년 이전 것은 70%만 걷는다는 조서를 내렸다.[15] 다시 말해서 1571년 이후의 밀린 부분은 징수하고 이전 3년분은 70%만 징수한다는 것이다. 고성법이 실시된 후에는 징수가 미진한 지역의 순무와 순안어사巡按御史를 징계하고 부·주·현의 관리들은 좌천시키는 등 징계 강도를 높이자 관리들은 바짝 긴장했다. 관리들은 너무 서두른다며 불만이었고, 세금 탕감 후 다른 방법으로 국고의 수입을 늘려 세입, 세출의 엄청난 차액을 메울 수 있을지 의문을 표했다.

호부상서 왕국광이 지방관리가 징수한 세금 가운데 필요한 부분만 지방의 경비로 쓰고, 나머지는 호부에 보내 국방비로 쓰자고 건의하자 장거정도 동의했다.[16] 이렇듯 1582년까지 국가가 '부유'했던 배경에는 장거정의 공이 가장 컸다.[17]

1573년, 육부에는 두 차례에 걸친 인사이동이 있었다. 9월 이부상서 양박이 병으로 사임하자마자 사망했다. 그의 사망은 커다란 손실이었다. 장거정은 매우 애석해했다.

> 조정에 출사한 뒤 양공을 만나 마음속으로 존경했고, 공도 나이를 초월해 잘 보살펴 주었다. 공은 병부에 오래 있어 군사 등에 조예가 깊고 변방에 아주 밝았다. 우리는 여러 차례 변방의 오랑캐를 통제하는 방법에서부터 장수들의 능력에 이르기까지 세세하게 토론했다. 내각에 들어온 후 실시했던 국방 정책들은 공에게서 배운 것이 많았다.
> ─《문집 5》〈이부상서양의양공묘지명〉吏部尚書襄毅楊公墓誌銘

이부상서 후보로는 좌도어사 갈수예, 공부상서 주형, 남경 공부상서 장한張瀚 등이 떠올랐다. 자격으로 보면 당연히 갈수예였고, 주형은 하천 정비에서 탁월한 성과를 올렸다. 하지만 장거정은 장한의 청렴성을 높이 사서 그를 추천했다. 보통 세 번째로 추천된 사람이 기용된 예는 없어, 장한은 장거정에게 깊은 고마움을 표했다.

그런데 이 인사에 예부상서 육수성이 불만을 품고 사직을 청했고, 장거정이 만류했지만 그의 뜻을 꺾지 못했다. 그러자 장거정은 친히 육수성의 집에 찾아가 후임을 추천해달라고 부탁했고, 남경 예부시랑 만사화萬士和를 추천받아 12월에 예부상서로 임명했다.

변방에서도 인사이동이 있었다. 선대총독 왕숭고가 쉬고 싶다는 의사를 보여 장거정은 방봉시를 추천했고, 이에 대해 어전에서 문답이 있었다. 신종이 물었다. "선대는 중요한 요새인데, 왜 왕총독을 교체합니까?"

"조정에서 사람을 등용할 때, 그 사람의 재능을 다 소진하도록 하는 것은 좋지 못합니다. 왕숭고는 너무 오래 있었으니 휴식이 필요하고 훗날 다시 쓸 기회가 있을 것입니다."

"좋은 사람이 있습니까?"

"방봉시가 좋을 것 같습니다." [18]

이리하여 왕숭고와 방봉시의 인사 문제는 순조롭게 마무리되었다. 북변이 안정되자 광동, 광서, 사천 등에도 인사 조정이 필요하다는 의견이 대두되었다. 장거정은 지방 관리들에게 자신의 자리가 안전하다고 믿음을 주는 것이 중요하다고 생각해 신종에게 쓸데없는 소문에 귀를 기울이지 말라고 당부했다. 신종은 장거정의 뜻을 존중했다.

"선생의 말이 맞습니다. 모두 사직을 위해 하는 일인데, 누가 부당하다고 이의를 달겠습니까?" [19]

광동은 북경에서 멀리 떨어져 있고 경제적으로도 부유해서 중앙에서 통제하기가 쉽지 않았다. 그리하여 부패한 관리들로 인해 백성의 원성이 끊이지 않았다. 세종 중엽 이후 이문표李文彪 등이 강서와 광동 접경 지역을 점령하고 왕이라 칭하며 소란을 피웠다. 하지만 정부는 왜구를 상대하느라 신경을 쓰지 못했다. 목종 때 혜주惠州의 남일청藍一淸과 뇌원작賴元爵, 조주潮州의 임도건林道乾과 임풍林風 등이 난을 일으켜 지역 사회가 다시 불안해졌다.[20] 1571년 8월 고공은 장거정과 상의해 은정무를 양광총독으로 임명해 토벌을 명했다. 장거정은 은정무가 토벌에 전념하도록 병사와 말 등의 지원을 아끼지 않았다. 그는 정권을 잡은 뒤에도 은정무에게 이렇게 말했다.

> 광동의 폐해는 어제오늘의 일이 아니네. 이를 해결하기 위해 모든 방법을 강구하도록 하게. 근래에 의견이 분분하나 조정은 공이 하는 모든 일을 지원할 것이네. 오직 바라는 것은 지방의 안녕이니 탄핵에도 동요하지 마시게.
> ─《서첩 4》〈답양광은총독〉答兩廣殷總督

1573년 반계순潘季馴이 장거정에게 광동의 일을 걱정했다. 장거정은 은정무의 능력을 긍정적으로 평가하며 1~2년이면 평정을 되찾을 것이라 했다.[21] 장거정의 결심과 지원으로 광동 지역은 점차 안정을 되찾고 있었다.

광서 지역은 은정무가 양광총독으로 자리를 비우자 곽응빙郭應聘이 부임했다. 이때 부강府江 지역의 요족瑤族들이 큰 난동을 일으켰다. 부강은 계림桂林에서 창오蒼梧의 계강桂江에 이르는 300~400여 리 지역으로, 요족이 살고 있었다. 요족이 계강 주변을 공격하자 각 현에서는 대낮에도 감히 성문을 열지 못했고 지현 마희무馬希武가 살해당하는 등 상황이 엄중했다. 장거정은 10만 대군을 보내 다시는 준동하지 못하도록 철저히 소탕할 것을 명했다.[22]

같은 해 사천에서도 소란이 있었다. 장녕長寧 등 여섯 현이 함락되었고 무리들은 구사산九絲山, 계관령鷄冠岑, 도도새都都塞, 능소봉凌霄峰 등을 약탈해 큰 화를 일으켰다. 사천순무 증성오는 장거정의 지원을 받아 총병 유현^{劉顯}에게 14만 대군을 지휘하도록 했다. 유현은 복건에서 유대유, 척계광 등과 함께 왜구 소탕에 큰 공을 세웠으나 무장들의 고질병인 뇌물 수수와 군법을 위반하는 일이 다반사여서 처벌을 받던 중이었다. 장거정은 증성오에게 말했다. "지방의 일은 공이 더 잘 알 것이니 그가 반성하면 특사를 베풀어 공을 세워 죄를 면할 수 있도록 해주고, 만약 그렇지 못하면 다른 사람을 등용하시게."[23] 그해 9월, 결국 유현은 난을 평정했다는 소식을 전해왔고, 장거정은 지방의 안정에 겨우 한숨을 돌렸다.[24]

장거정은 안정 속에서 발전을 추구했다. 한편으로 부세 정돈과 지출 절약으로 국가경제의 기초를 단단히 했다. 그러나 최종 목표는 북방의 안정이었다.

제9장

개혁을 단행하다 · 2

군자가 나라를 위한다는 것은……

1573년, 장거정이 신종에게 《역대제감도설》을 강의한 지 1년 만에 효력이 나타나기 시작했다. 열두 살이 된 신종은 이부상서 장한, 도찰원 좌도어사 갈수예에게 청렴하고 유능한 관리들을 격려하겠다는 뜻을 표했다. 장거정은 바로 소를 올려 칭송했다. "신들은 언제나 성현의 말씀을 깨닫기 위해 노력합니다. 이는 무엇보다도 백성을 편하게 하려는 것입니다. 그리고 그 핵심은 바로 관리들입니다. 선대에서도 이를 실천하고자 했으나 미처 이루지 못했습니다."[1]

다음 해 정월 신종은 회극문에서 절강포정사浙江布政司 사붕거謝鵬擧 등 25명을 알현하고 금품을 하사하며 격려했다. 9월, 형부는 사형에 처할 중죄인의 명단을 올렸다. 가을에 사형을 집행하는 추결秋決은 연례적인 행사였다. 하지만 그동안 자성황태후가 이를 말려 집행을 미루고 있었다. 신종이 장거정의 의사를 물었다. "태후께서 형의 집행을 중지하라고 하는데, 선생의 의견은 어떻습니까?"

"봄에 새 생명이 태어나고 가을에 죽는 것은 하늘의 이치이옵니다. 황상이 즉위하신 후 이미 수차례 형 집행을 정지시킨 바 있사옵니다. 잡초를 제거하지 않으면 좋은 곡식을 거둘 수 없듯이, 흉악범들을 제거하지 않으면 선량한 백성이 마음 놓고 살 수 없사옵니다. 형은 집행해야 하옵니다."

신종은 황태후에게 다시 청해 처형을 집행하도록 허락받았다. 이 문제는 고대부터 통치층의 정치철학과 밀접한 관련이 있었다. 실제적인 정치 책임을 지지 않는 사람들은 항상 관대함을 주장해 백성들의 호평을 받았지만, 실제로 책임을 맡은 사람들에게 이것은 받아들이기 어려운 선택이었다.

춘추시대 말기 정鄭나라 목공의 손자이자 재상이었던 정자산鄭子産(공손교公孫僑의 다른 이름)은 죽기 전에 아들 태숙太叔에게 충고했다. "내가 죽으면 국가대사는 이제 네 몫이다. 덕 있는 사람은 백성을 관대하게 다스리지만 그렇지 못하면 엄격해야 한다. 불은 모두가 무서워서 겁을 내므로 불에 타 죽는 사람은 많지 않다. 그러나 물은 만만히 보여 누구나 쉽게 접근한다. 그래서 물에 빠져 죽는 사람이 많다. 관대한 것이 반드시 좋은 것만은 아니다." 정자산이 죽은 뒤 태숙이 권력을 물려받았다. 그러나 그는 관료주의에서 벗어나지 못해 관대함을 표방했다. 핍박받던 백성들은 이 기회를 이용해 난을 일으켰고, 이에 태숙은 크게 당황해 아버지의 말을 듣지 않은 것을 후회했다. 그리고 결국 군대를 동원해 난을 일으킨 백성을 진압했다.

장거정은 이를 교훈으로 삼아 강력한 법집행을 주장했다. 또한 그는 원나라 말기에 조정이 관대함을 빙자한 방만함으로 전국 도처에서 수습할 수 없을 정도로 난리가 일었음을 기억했다. 장거정은 믿음을 가지고 있었다. 그리고 "도적들은 반드시 잡혀 처형당한다는 것을 알아야 감히 도적이 되지 않을 것"[2]이라며 고성법에 '도적'에 관한 규정을 명문화했다. 다만 그렇다고 해서 모든 도적을 처형한 것은 아니었다.

당시 매년 일정하게 사형이 집행되었던 것은 불가사의한 일이 아닐 수 없다. 《애목전》艾穆傳에는 다음과 같은 이야기가 있다. 애목艾穆이 형부원외랑을 지낼 때였다. 섬서성에서 재판을 진행했는데, 두 사람에게만 사형을 선고했다. 그러자 판결에 참여했던 사람들이 처벌이 너무 가벼워 조정이 질책하지 않겠느냐며 우려했다. 그러자 애목이 말했다. "나는 다른 사람의 생명으로 내 자리를 보전하지는 않을 것이오." 이로써 미루어 볼 때 장거정이 집권하던 시기에 지방관들이 법을 지나치게 엄격히 적용해 사형을 집행했다는 것은 분명한 사실이다.

1574년(만력 2년) 10월, 요동총병관 이성량李成梁이 건주부建州府의 부족장과 수하 1,100여 명을 살해하는 큰 전과를 올렸다. 이성량은 좌도독으로 승진하고 계요도독, 내각 대신들에게도 고루 작위를 내리는 등 포상이 이뤄졌다. 장거정은 극구 사양했지만 신종은 친히 말했다.

짐이 어려서 등극해 선생의 노력으로 사방이 편안하고 변방 또한 안정을 유지하고 있습니다. 조상들도 선생의 공을 알 것이니 작위를 사양하지 마세요. 예부터 충신은 많으나 선생 같은 분은 드물지요. 선생의 마음은 누구보다 짐이 잘 압니다. 옷과 은 50냥을 내려 감사의 뜻을 표하고 싶습니다. 선생의 뜻은 충분히 알았습니다.

　—《주소 4》〈사어찰장려소〉謝御札獎勵疏

알탄 칸의 봉공 이후 전운은 점차 동쪽으로 움직였다. 동부 타타르는 토만土蠻의 지휘 아래 계속 변경을 괴롭혔다. 가장 곤란한 것은 '속이屬夷' 문제였다. 희봉구, 선화 바깥에는 타안위朵顔衛, 금주, 의주가 있었고, 광령 바깥에는 태녕위泰寧衛, 심양, 철령이 있었고, 개원 바깥에는 복여위福余衛 등 소위 대녕삼위大寧三衛와 건주위建州衛가 있었다. 명목상 그들은 명에 복속되어 있어서 '속이'라 불렸지만, 실제로 이들의 부족장들은 모두 토만, 통해, 계요 일대의 외환外患이었다. 그러므로 토만을 상대하려면 먼저 속이를 해결해야 했다. 1573년, 장거정은 이 일에 착수했다.[3] 이 무렵 요동대첩 소식은 '속이' 정책에 대한 성공을 보여주었다.

전운이 감도는 계요 지역은 지형적으로 대단히 불리했다. 삼위는 열하를 중심으로 요령의 서쪽과 계주, 요동 두 진 사이의 연락이 원활하지 않았다. 장거정은 양박이 고수했던 장성 쌓는 정책을 계속 추진했다. 계주 일대에 장성을 쌓아서[4] 타타르의 진공에 대비하고 반격을 준비한 것이다. 요동, 선부, 계주 삼진을 연결하고 계주를 중심으로 요동과 선부 두 방향에서 협공하고자 계요총독 유응절에게 당부했다. "마음을 가다듬고 장기적인 계획을 세워 착실하게 준비하는 것이 중요하네."[5] 1582년까지 계주의 성문은 척계광이 단단히 지키고 있어 토만은 감히 남침하지 못했다. 장거정은 참을성 있게 기미정책을 적절히 사용해 변방의 안정을 도모했다.

잘못된 학풍을 바로잡다

장거정은 자신에게는 별다른 장점이 없고 그저 인내심이 있을 뿐이라고 했다. 이는 겸손한 표현이긴 하지만 사실 그가 성공할 수 있었던 중요한 덕목이기도 했다. 인내심이 있는 사람들은 일을 추진함에 있어서 꼼꼼하기에 쉽게 흥분하거나 그르치지 않는다. 또 일의 결과를 쉽게 얻으려고 하지

명대 과거시험

명대처럼 과거시험이 문화에 절대적인 영향을 준 시대도 드물다. 때문에 중기 이후에는 학교 교육이 과거시험을 위한 준비기관으로 전락하였다. 장거정은 여러 차례 규정을 고치면서 전국의 학당과 생원을 정리하는 등 인재 등용에 엄격했다. 그림은 진사를 선발하는 소시召試(회시) 장면을 그린 명대 화가 구영의 작품.

않고 한 걸음씩 견실하게 일을 풀어나간다.

인재를 등용함에 있어서도 그의 개혁은 조심스럽게 추진되었다. 1574년 4월, 장거정은 이미 1568년에 주장했던 구임법久任法을 실시하도록 했다. 그리고 북경 천도 후에도 남경에 남겨 두었던 육부 등은 이미 거의 하는 일이 없는 부서가 되어, 세종과 목종 때에 조금씩 조정되기 시작했지만 1575년 2월부터 다시 9년에 걸쳐 나이 든 고관과 반드시 필요한 관리 외의 관직은 모두 정리했다. 이것은 그가 재임 중에 거둔 큰 성과 중 하나이다.

교육개혁도 중요한 과제였다. 1575년 4월 장거정은 《청칙학정소》請飭學政疏를 올려 학교개혁을 시도했다. 명대의 학제는 북경과 남경에 국립대학인 국자감國子監을 두고 각 부·주·현에는 부학府學, 주학州學, 현학縣學을 두어 성省의 제학관提學官이 일정한 수의 학생들을 관리했다. 그리고 향촌에는 사학社學이 있어서 일반인도 자유롭게 입학해 정원에 관계없이 교육을 받을 수 있었다. 그런데 문제는 지방의 부·주·현학에 있었다.

태조는 홍무 연간(1368~1398) 동안 부학 40명, 주학 30명, 현학 20명의 학생들에게 매일 식비를 제공해 이들을 늠선생원廩膳生員이라 불렀다. 1382년부터는 관에서 매월 쌀 한 석과 생선, 소금, 식초 등 생필품을 공급하고, 당사자 외에 집안의 다른 두 젊은이의 요역을 면제해주는 등 혜택의 범위를 점차 늘렸다. 1428년에는 다시 부·주·현학의 생원을 늘려 증광생원增廣生員이라 했으며, 쌀은 주지 않고 요역만 면해주었다. 즉 한 집에 생원이 하나면 세 사람이 요역을 면제받았다. 이후 다시 일종의 특별생으로 요역만 면제해주는 부학생원府學生員이 생겨났다. 이렇게 해서 학생 수는 계속 증가했다.

이들은 한나라 때 쓰던 수재秀才라는 호칭으로 불렸다. 간혹 문장력이 좋고 학문이 뛰어나 과거에 응시해 거인擧人이나 진사進士가 되기도 했다. 하지만 대부분 평생 부·주·현학 생원으로 눌러앉아 국가가 주는 혜택만을 누렸다. 이들의 수가 매년 증가하자 서로 연대해 은연중 지방의 특권세력이 되어 백성을 못 살게 굴었고 지방 관리들에게는 커다란 부담을 주었다. 눈만 뜨면 입에 공자, 맹자를 달고 성현과 사서삼경을 인용하며 도덕과 인의를 표방했지만, 사실상 갖가지 못된 짓만 골라하는 지방의 커다란 화근이었다. 1531년의 기록에 따르면, "생원 중에 교활하고 수치심을 모르는 자들이 있는데, 이들이 모여 못된 무리[學覇]를 형성하고, 그 방자함이 도를 넘어 학교에서 쫓겨난 뒤에도 온갖 못된 짓을 일삼는다"6)고 했는데, 바로 이들을 지칭하는 것이다.

1574년, 장거정은 이부에 특별히 명했다. "제학관 인선에 신중을 기해 제대로 하지 못하는 자는 파면하도록 하시오." 그러나 1년이 지나도 별다른 변화가 없었다. 장거정은 오직 각 성의 제학관을 통제하는 것만이 생원들을 통제할 수 있다고 판단했다.7) 장거정은 여러 차례 세세한 규정을 고쳐가며 잘못된 학풍을 정돈해나갔다.

- 성현들이 좋은 말씀을 남기셨고 국가는 이로써 인재를 양성한다. 만약 경서經書를 다 이해한다면 그것이 바로 학문인데, 다른 기치를 세우고 무리를 모을 필요가 있는가. 이후 제학관들은 교관들과 학생들을 잘 지도해 평소에 경전의 의미를 깨우쳐 실천하도록 하라. 그리하여 국가에 필요한 인재를 만들도록 하라. 별도로 서원을 세워 무리를 만들거나 쓸데없는 공담으로 사회의 누가 되어서는 안 될 것이다.
- 늠선과 증광생원 등 정원 외에 부학 등의 명목으로 학생 수가 많이 늘었다. 이후 관리를 엄격히 해서 행동이 방자하고 황당한 자는 바로 퇴출한다. 유언비어를 날조하거나 사적인 보복을 일삼는 자는 법대로 처리한다. 동생

童生의 수를 엄격히 제한해 큰 부는 20명, 큰 현은 15명을 초과하지 않도록 하고, 설사 문풍이 성한 지역이라도 4~5명을 넘지 않도록 한다. 만약 향신郷紳들이 발호하면 주모자를 찾아내 법대로 처리하라.

• 생원시험을 통해 문장이 서툰 자 중 늠선생원이 된 지 이미 10년이 지난 자는 부근으로 보내고, 6년 이상 지난 자는 현지에서 채용하도록 하라. 중 광생원이 된 지 10년이 넘은 자는 현지에서 채용하되, 6년 동안 상급시험을 통과하지 못하면 일반 백성으로 강등한다.

명대 초부터 공담을 일삼는 무리들을 타파하기 위해 서원書院 건립을 불허하고, 사람 수를 제한해 학패의 근원을 차단하며 시험을 치도록 했다. 그러나 제대로 지켜지지 않자 신종 초기에 다시 정비한 것이다. 1579년에 전국의 서원을 모두 철폐하고, 학생 정원에는 고성법을 엄격하게 적용해 나갔다. 《명사·선거지》에서는 이때를 이렇게 기록했다.

가정 10년, 생원들을 도태시키려 했으나 어사 양의楊宜가 반대해 이루지 못했다. 만력 연간 장거정이 전국의 생원들을 감원하고 독학관이 매우 엄격하게 동생의 입학을 제한하자, 한 개 주나 현에 겨우 한 명밖에 뽑지 않았다.[8]

만약 장거정이 자신의 정치적 생명을 고려했다면 학풍學風을 정돈하는 일을 단행하지는 못했을 것이다. 어느 시대에나 당대의 지식층이 있고 이들에게 밉보이면 정치적으로 곤경에 처할 수 있기 때문이다. 수재는 당시의 지식층으로 관리 배출뿐 아니라 지방 여론을 주도했다. 백성은 이들이 자신들을 못 살게 굴어도 반항하지 못했고 그럴 기회조차 갖지 못했다. 오히려 백성 중 우수한 사람들이 수시로 이 계층에 흡수되었기 때문에 반대는커녕 지지를 받기까지 했다. 백성의 인식이 낮아 이들이 기고만장해 특권층으로 행동하더라도 어느 누구도 간섭하지 못했다. 세종이 이들을 도태시키려 했지만 실패했었다.

장거정 이후 사종思宗 때 대학사 온체인溫體仁이 같은 주장을 했다가 형과 도급사중刑科都給事中 부조우傅朝祐에게 탄핵을 받았다. "체인은 수재의 감원을 주장하나, 이것은 국가가 300년 동안 지식인을 뽑아왔던 길을 훼손하는 것으로 성현을 욕되게 하는 것이다." 이는 《명사·부조우전》傅朝祐傳에 나오는 기록이다.

생원의 감원이 어떻게 성현을 욕되게 하는 것이란 말인가? 공자나 맹자는 특권층이 아니었으며, 쌀을 받거나 요역의 감면을 주장하지도 않았다. 그런데 생원을 감원해 백성의 부담을 줄여 공평하게 요역을 분담하자는 것이 어찌 성현을 욕되게 한단 말인가? 부조우의 주장은 단지 특권층이 자신의 기득권을 옹호하는 것일 뿐이다. 장거정은 학풍의 정돈에 대해서 다음과 같이 밝혔다.

공평하게 법을 집행하는 것은 모든 집행자들이 바라는 일이지만, 열심히 하려는 것이면 족하다. 인정상 어쩔 수 없다는 것은 쓸데없는 말이다. 이를 이루지 못하면 천하에 이룰 수 있는 일은 없다.
  -《서첩 12》〈답남학원이공언득실훼예〉答南學院李公言得失毀譽

장거정은 원대한 포부를 지니고 자신의 개인적인 명예나 이익에 구애받지 않고 개혁을 추진했다. 그러나 개인적인 정을 돌보지 않아 많은 적을 만들었으니 개혁은 성공했으나, 훗날의 재앙을 피하지 못하였다.

1575년 5월, 토만이 20여 만 기병을 동원해 요동을 침공하려는 움직임을 보였다. 요동순무와 병부상서가 긴급 상황을 알리자 열세 살의 황제는 장거정에게 물었다. 장거정은 여름은 적들이 준동하기에 편한 시기가 아니라며 어린 황제를 안심시켰다. 그러나 언관들은 수도 방어를 위해 즉각 계엄을 선포하고 해자壕字(적의 침입을 막기 위해 성 밖을 둘러 판 못)를 파야 한다는 등 법석을 떨었다. 장거정은 5년 전 이춘방과 조정길이 창황하게 서두르던 기억을 떠올렸다. 그는 한숨을 내쉬며 계진에 있는 척계광과 선부순무 오총吳兌에게 실상을 보고하라고 지시했다. 얼마 후 척계광은 이 지역 타타르 추장들은 이미 해산된 지 오래로 단체 움직임은 보이지 않는다고 보고했다. 더 나아가 순무 오총은 군사 움직임은 물론 요동 진공이란 가당치 않다고 보고해왔다. 장거정의 예상대로 잘못된 보고였을 뿐이었다. 그러나 북경성의 분위기는 그리 쉽게 진정되지 않았다. 가을이 되었고 철저한 준비가 필요한 시기여서 장거정은 긴장의 끈을 늦추지 않았다.[9]

장사유와의 악연이 시작되다

1575년 6월 각 성의 순무와 순안어사에 대한 감찰이 진행되었다. 당시 국가는 진사, 거인, 이원吏員의 삼급 체계를 통해 관리를 등용해 '삼도병용'三途竝用이라 했으며, 책임자는 모두 진사 출신이 맡았다. 진사는 특별대우를 받았지만 거인과 공생貢生 출신은 차별을 받았고, 이원은 더 말할 것도 없었다. 이원이나 거인, 공생은 관직에 나가기가 쉽지 않아 오직 시험을 통과해 진사가 되어야 했다. 한 번 시험에 떨어지면 3년을 기다려야 했다. 이렇게 시험과 시험을 거치면서 몸과 마음은 지쳐가고 종이에 파묻혀 인생을 낭비하는 인사가 많아지자 과거시험이 사회적으로 커다란 병폐를 낳는다는 지적이 일었다.

목종 때 고공은 명초에 거인들도 충신을 많이 배출했으니, 진사에 편중된 인사를 고쳐 관리의 출신보다는 업무에 대한 고과성적으로 임명하자고 건의했다. 이는 대단히 뛰어난 식견이었으나 받아들여지지 않았다. 1570년 이과급사중 가삼근賈三近이 진사와 거인을 구별하지 말고 지방관에 임명하자는 의견을 제시하여,[10] 목종이 비준을 했음에도 불구하고 역시 실행되지 못했다. 장거정이 대학사로 있을 당시에 그는 이 두 상소를 보았고, 이제 이것을 실천하려고 했다. 그러나 장거정 역시 임기 내에는 별다른 성과를 보지 못했고, 사후에는 더 말할 것도 없었다. 과거시험은 관료제도를 정비하는 데 큰 장애물이었던 것이다.

1572년 6월 이후 내각은 장거정과 여조양 두 사람만으로 3년을 보냈다. 1575년 8월, 장거정은 상소를 올려 이부좌시랑 장사유, 마자강, 신시행 중 장사유를 대학사에 추천했다. 장사유가 내각에 들어왔으나 그 역시 장거정의 지휘를 받아 수보의 권력은 더 한층 강화되었다.

장사유는 산서성 포주蒲州 출신으로, 자를 자유自維라 했으며, 1553년 진사에 합격했다. 양박과는 동향으로, 왕숭고의 외조카였고, 장거정과도 개인적인 관계가 있었다. 능력과 인내심을 겸비했고, 특히 상인집안 출신이어서 돈이 많아 승진하는 데 보이지 않게 큰 도움이 되었다.

목종 때 변방에 대한 토의가 활발했던 당시 장사유는 알탄 칸의 봉공을 강력하게 주장해 고공의 눈에 들었다. 고공이 그를 입각시키려 하자 은사담이 반대하고 언관들이 탄핵했다. 이후 장사유는 휴가를 내고 집에서 은신했다. 그는 은신해 있으면서도 주요 인사들과 꾸준히 교류했다. 1572년 고공이 실각하자 장사유는 왕숭고의 소개로 장거정과 알게 되었다. 장사유는 조정 외에 풍보와 자성황태후가 중요한 핵심이라는 것을 알고 황태후의 부친인 이위李偉에게 접근했다.

이런 배경으로 1574년 한림학사를 거쳐 이부좌시랑이 되었다가, 다음 해 8월에 이부상서 겸 동각대학사가 되어 입각했다. 관직은 순조로웠지만 장거정이 있는 이상 권력을 넘볼 수는 없었다. 여조양은 입각한 지 3년 동안 관례적인 일 외엔 별로 할 일이 없었다. 장사유 역시 '수보의 의사대로 일을 하는 역할'로, 이것이 자신이 추천된 이유이자 조건임을 잘 알고 있었다. 대학사였지만 사실은 장거정의 뜻에 따라 일을 하는 꼭두각시에 불과했다. 그리고 이는 장거정과 장사유 간에 보이지 않는 묵계였다.

그런데 장거정은 충직한 사람과 재능 있는 사람의 차이를 간과했다. 여조양 같은 충직한 사람은 이 묵계에 충실하면서도 고통스러워하지 않았다. 그러나 장사유 같이 재능 있는 사람은 묵계에 충실하면 할수록 불만이 쌓여갔다. 그는 이 역할이 싫었으나 어쩔 수 없었다. 그러니 외적으로는 대단히 공손하면서도 속으로는 점차 불만이 커져가고 있었다.

이것이 장거정이 죽은 뒤, 장사유가 적극적으로 보복을 한 이유가 되기도 했다. 1582년 장거정이 죽자 장거정의 집안은 가산을 몰수당했고, 장남 경수는 끝내 자살하고 말았다. 경수는 죽기 전 "산서 포주 장공(사유)에게 이제 장가張家의 일이 끝났으니, 영원토록 천자를 잘 보필하라고 전하라"는 혈서를 남겨 장사유가 가문의 철천지원수임을 알렸다. 그러나 장거정은 죽기 전까지 장사유를 대단히 공손하고 분수를 지키는 동료로만 알고 있었다.

백성을 울리는 제도를 대대적으로 정비하다

1575년 강절江浙(강소성과 절강성) 앞바다에서는 규모는 작았지만 왜구가 계속 소란을 일으켰다. 세종 중엽 왜구가 창궐했다. 담윤, 유대유, 척계광,

유현 등의 노력으로 소란은 진정되었으나 왜구들은 끊임없이 이 지역을 괴롭혔다. 목종 때에 이르러 왜구는 광동의 소요에도 가담했다. 장거정 역시 왜구의 폐해를 알고는 있었지만, 국가의 주요 적은 북방의 타타르라고 생각해 별달리 신경을 쓰지 않았다. 그래서 동쪽 연해에 순시선을 띄워 수시로 왜구들을 상대하도록 하는 정도였고,[11] 북변 제일의 정책 하에서 왜구 문제는 근본적으로 해결되지 못했다.

그해 장거정은 또 다른 비리의 온상인 역체驛遞 문제를 정돈하기 시작했다. 이는 가장 많은 원망을 초래한 큰 사건이었다. 북경에서부터 각 성에 이르는 교통 노선에는 역참驛站이 있었다. 이것은 당시 전국을 이어주는 중요한 교통망이었다. 역참에는 말, 당나귀, 마부와 이를 책임지는 관리가 있었고, 강 주변의 수역水驛에는 배, 뱃사공 등이 있었다. 이곳에 필요한 것은 모두 주변 민간에서 차출했다. 마부와 뱃사공은 3년 동안 스스로 먹을 것을 마련하면서 근무했다. 그리고 이곳을 오가는 사람들에게는 관호館戶가 음식을 제공했다. 처음에 이 요역은 나라에서 양식을 제공받았지만, 1548년부터는 이것마저 없어졌다. 결국 요역은 권리는 없고 의무만 있는, 그리하여 교통 노선 주변에 사는 백성은 국가의 노예나 다름없었다.

중앙과 각 성을 이어주는 교통망은 이 넓은 국가를 운영하는 데 절대적으로 중요했다. 그러나 노선 주변의 백성에게는 거의 착취나 마찬가지여서 합리적인 조정이 필요했다. 결국 제도를 어떻게 운용하는가가 문제였다.

태조 때 역참을 사용하는 규정은 대단히 엄격해서 군사적 목적이 아니면 함부로 사용하지 못했다. 그리하여 비록 공, 후, 부마, 도독 등 고관의 출장길에도 부하 한 사람만 대동해 일반 백성의 고통은 그나마 덜했다. 한번은 길안후吉安侯 육중형陸仲亨이 섬서에서 북경으로 돌아오는 길에 임의로 역참의 말을 사용하자, 태조가 이를 알고 크게 꾸짖었다. "중원이 병마兵馬

에 휩싸였을 때 백성이 얼마나 고생이 심했는가. 그런데 모두 너와 같이 역
참을 마음대로 사용한다면 백성들은 자식을 내다팔아도 감당할 수 없을
것이다."

태조 때에는 역참에 관한 규정이 6개항이었다가 1558년에는 51개로 늘
어났다. 그러나 세월이 흐르자 엄격했던 규정은 점차 느슨해졌다. 사용자
는 모두 온溫·량良·공恭·검儉·양讓 다섯 등급으로 나눠 감합勘合이라는 신
분증을 소지해야 했다. 이것은 북경에서는 병부에서, 각 성에서는 순무와
순안이 발급했다. 원래 발급에는 여러 제한이 있었지만 거의 임의대로 발
급했고, 때로는 선물로 사용되기도 했다. 더욱이 유효기간이 없어서 이를
지닌 사람은 평생 사용할 수 있고, 다른 사람에게 주면 이름을 바꿔 다시
신청할 수 있었다.

이렇게 다방면으로 쓰일수록 역참 주변 백성의 고통은 더해갔다. 감합
을 쓰는 사람들은 온순하지도[溫], 공손하지도[恭] 않았으며 검약[儉]은 물론
사양[讓]도 하지 않는다는 풍자가 회자될 정도로 폐해는 깊어갔다. 관리들
은 역참에 도착하면 양식, 연료, 술상, 채소, 인부, 말 등 필요한 것을 요구
했다. 어떤 때는 가야 할 거리를 금전으로 환산해 인부와 가격을 흥정했
고, 인부가 자기가 가는 것보다 차라리 돈으로 주는 것이 편하다고 생각하
면 돈을 주고 가지 않기도 했다. 관리들은 역참에서 환대를 받는 동시에
백성을 갈취하는 강도였다. 그럼에도 이것을 당연히 누려야 할 특권으로
여겼다. 이러한 상황에서는 어느 누구도 이를 지적하며 그 이익을 포기하
려 하지 않았다. 1575년, 장거정은 이러한 역체를 대대적으로 정비하기 시
작했다.

 •모든 관리들은 공무가 아니면 감합을 사용할 수 없다. 군사적인 업무가 아

니면 금고기호金鼓旗號(행차 시 사용하는 북과 깃발)를 함부로 써서는 안 된다. 비록 출장 중이더라도 가마를 메는 인부의 수를 제한하고, 어느 아문을 불문하고 응해서는 안 된다. 순무, 순안이 이를 위반하면 병부에서는 탄핵해야 한다. 만약 부·과가 이를 숨기면 모두 죄를 묻겠다.

- 순무, 순안, 사, 부, 각 아문에 속한 관리들은 원거리 여행을 이유로 역체를 괴롭혀서는 안 된다. 이를 위반하면 끝까지 책임을 추궁하겠다.
- 각 역이 있는 주와 현에서는 통과하는 관리들에게 쌀과 채소를 제공하고 기름, 연료 등은 제공하지 않는다. 절대로 예물을 받아서는 안 되며, 이를 어기는 자는 죄를 묻겠다.
- 정유, 기복, 승진, 전보, 부임하는 관리들은 감합을 발급하지 않고 역에 들러서는 안 된다.[12]

그해부터 북경에서 각 성으로 가는 자는 병부에서 감합을 발급받고 돌아와서는 반드시 반납해야 했다. 만일 북경으로 돌아오지 않는 자는 도착한 곳에서 회수해 연말에 모두 병부로 보내도록 했다. 각 성에서 북경으로 오는 자는 순무나 순안에게서 감합을 발급받아 북경에 도착하면 병부에 반납하고, 돌아갈 때는 다시 병부에서 발급받아 도착하면 반납하도록 규정을 엄격히 했다.

태조 시대에 비한다면 이러한 장거정의 규정은 대단히 느슨했지만 이미 200여 년의 시간이 흐른 뒤여서 사람들은 이 정도 규정에도 불편해했다. 세종이나 목종 때에도 유사한 규정은 있었으나 얼마 후 모두 사문화死文化되어 이번에도 그렇게 될 소지가 있었다. 그러나 장거정에게는 '고성법'이라는 칼이 있었다. 그는 육과를 통제해 순무와 순안을 통제하고 내각이 육과를 통제해 장정이나 조례 등은 반드시 실행해 필요한 조항이 사문화

되지 않도록 했다. 이것이 고성법이 가진 진정한 효력이었다.[13]

이제 역체에 관한 조례가 마련되었으므로 실행할 일만 남았다. 장거정은 이것이 백성을 편하게 하는 중요한 일이라고 보고 긴장을 늦추지 않았다. 그는 먼저 자신부터 시범을 보였다. 아들이 과거시험을 보기 위해 고향인 강릉에 갈 때, 아들에게 스스로 마차와 인부를 고용하라고 했다. 그리고 아버지의 생신 때에도 솔선수범해 나귀를 타고 하인들에게 선물을 메게 해 고향에 갔다. 1580년, 동생 장거겸張居謙이 병이 위중해 고향으로 갈 때였다. 당시 보정순무 장로張鹵가 감합을 발급해주자 장거정은 꾸짖으며 바로 돌려보냈다.[14]

장거정은 항상 스스로 먼저 모범을 보였다. 이것은 그가 우리에게 남긴 중요한 교훈이다. 역체를 정돈하면서 특히 고관부터 지키도록 하고 감합을 발급하는 순무나 순안 등의 기관 정돈에도 힘을 쏟았다. 한번은 감숙순무 후동래侯東萊의 아들이 규정을 어겨 언관의 탄핵을 받게 되었다. 감숙은 외진 곳이지만 북변이었고, 후동래는 타타르를 상대하는 중요한 인물이어서 장거정은 입장이 난처했다. 그러나 순무 하나가 중요하다고 해서 국가의 법질서를 깨트릴 수는 없었다. 그는 우선 그 아들의 관직을 박탈한 후 천천히 보상을 해주겠다는 언질을 주는 선에서 마무리했다.

보정순무 장로張鹵는 고성법을 위반한 10여 명을 상부에 그대로 보고했다. 그런데 위반한 수가 너무 많아 어쩔 수 없이 태복시太僕寺와 태원부太原府의 관리만 처벌하고 끝내려 했다. 그러나 태원부 지부知府는 조례 위반은 자신의 잘못이 아니며 산서순무가 사람을 파견한 것이라고 항변해 다시 산서순무에게까지 여파가 옮겨갔다. 장거정은 이 일로 변방의 대신까지 문책할 필요는 없으니 서신을 보내 엄중하게 경고하는 것으로 끝을 냈다.[15] 이는 과거에 역체가 얼마나 방만하게 운영되었는지를 보여주는 좋은 사례이다.

황하

서쪽 청해성靑海省에서 발원하여 동쪽 산동성山東省의 발해만渤海灣으로 유입되는 5,464킬로미터에 이르는 거대한 하천. 상류는 비교적 물이 맑으나 중류의 황토 고원을 지나면서 많은 지류가 유입되어 물의 색이 황색을 띠어 황하라는 명칭이 나왔다. 예부터 황하는 하류의 강바닥이 주위보다 높아 자주 범람했다. 역사상 황하는 26번이나 물길이 바뀌었으며, 1,500여 회 홍수가 났다. 중국의 역사는 이 황하를 다스리는 역사라고 할 만큼 중국인의 생활과 밀접한 관계가 있다.

가장 처리하기 힘든 경우는 내감內監과 연성공衍聖公의 경우였다. 내감은 궁내 일을 담당하므로 함부로 간섭할 수 없었기에 장거정은 어쩔 수 없이 그 우두머리로 하여금 처리하도록 했다. 연성공 상현尙賢은 공자의 64대손이었다. 그는 성현의 후손으로서 모범이 되어야 했으나 항상 이를 지키지 않았다. 1580년에는 산동포정사가 "상현이 매년 곡부曲府에서 북경으로 올 때마다 연도에 끼친 해악이 심하고 개인적인 물건을 북경에 가져와 장사를 한다"며 장거정에게 하소연했다.[16] 다음 해 상현의 집에 분란이 일었다. 서모 곽씨가 상현을 고발한 것이다. 장거정은 그의 입조를 매년 한 번에서 3년에 한 번으로 조정해 문제의 소지를 줄여나갔다.[17]

담담히 실패를 인정하다

1575년에 수리水利 문제가 발생해 해묵은 논쟁인 교래하 문제가 다시 제기되었다. 본래 명대의 수리 문제는 정치적, 군사적인 이유로 황하에 집중되었다. 수도인 북경이 북쪽에 있어 전체 국방 문제는 당연히 북변에 힘이 쏠려 있었다. 그리고 이를 위해 조운漕運이 중요했다.[18] 그러다 보니 자연히 황하의 관리가 주목받았다. 따라서 매년 남쪽에서 조운을 통해 운반되어 오는 4백만 석의 세금은 국가의 생명선이었다.[19] 그러나 그해, 회하와 황하 모두 제방에 구멍이 생겨 황하의 물이 계속 남쪽으로 흘러 장강에까지 이르렀고, 이로 인해 회수와 양주 일대에 엄청난 공황이 발생했다.

그러나 관리들은 여전히 운하에만 관심을 쏟았다. 명대에는 이 물길을 관리하는데 몇 가지 꼭 지켜야 할 규칙이 있었다. 첫째, 황하가 개봉開封까지 온 다음에는 다시 북쪽으로 흘러서는 안 된다. 둘째, 서주徐州까지 온 다음에는 다시 남쪽으로 방향을 잡을 수 없게 한다. 계속 남쪽으로 흐르면 명대 선조들의 묘지에 영향을 주기 때문이다. 셋째, 설사 이 범위 안이라 해도 절대로 가볍게 물길을 바꿔서는 안 된다. 이는 양식을 싣고 올라오는 배와 내려가는 빈 배의 노선을 방해하기 때문이다. 따라서 명대의 치수 정책은 제방을 쌓아 물이 넘치지 못하게 하는 정도의 소극적인 상태에 그쳤다. 제방을 쌓는 기술은 발달했지만 강물은 수시로 범람했다.

장거정은 온갖 방법을 시도했지만 모두 실패했다. 하지만 이 실패는 의

외의 결과는 아니었다. 장거정 자신이 물길을 다스려본 경험이 없었을 뿐 아니라 이 일대를 지나가본 적도 없어서 정확히 판단할 수 없었다. 의지와 정치적 역량이 있다 하더라도 능력을 가진 인재가 없이는 실패할 수밖에 없다. 그는 의연하게 실패를 인정했다. 이것이 그의 장점이다. 아쉬운 점은 1574년 공부상서 주형이 사임해 경험 많고 신망이 두터운 대신을 잃은 것 이다. 만약 장거정이 그와 함께 문제를 해결했다면, 적어도 이렇게 철저하 게 실패하지는 않았을지 모른다. 1575년, 공과급사중 서정명徐貞明은 하북, 산동 일대 수리 공사를 통해 북방 군대에 보내는 공급선을 확보할 수 있 다는 제의를 했다. 그러나 이 제안을 살펴본 공부상서 곽조빈郭朝賓은 공사 가 "백성들에게 지나친 부담이니 훗날을 기약하자"며 묵살하고 말았다. 만 약 장거정이 서정명에게 조금만 더 힘을 실어주었으면 북방의 양식 공급선 을 확보할 수 있는 근본적인 해결책이 될 수 있었을지도 모른다.

제10장

처음으로 정치적 타격을 입다

―――

장거정, 탄핵을 당하다

1575년 요동대첩 때, 순안어사 유태劉台는 요동순무 장학안보다 먼저 북경에 소식을 알리는 일종의 월권행위를 범했다. 순안이 월권을 했으니 할 일 없는 순무는 사임해야 했다. 그렇게 되면 변방이 동요할 수 있었다. 명분과 실리를 함께 고려해야 하는 장거정의 입장에서는 간과할 수 없는 일이었기에 유태를 엄하게 질책했다. 같은 해에 삼변총독 석무화石茂華가 어사들이 성급하게 전쟁을 재촉하자 무리하게 덤볐다가 크게 패했다. 장거정은 그에게 책임 있는 행동을 강조했다. "지금은 예전과 다르네. 공이 그 지역을 맡았으면 모든 일은 공의 책임이니 구구하게 변명할 필요 없네."[1] 이일로 장거정은 변방 총독이나 순무 등은 어사의 견제를 받지 않아야 안정되게 업무를 수행할 수 있다고 생각하게 되었다.[2]

그러나 유태의 생각은 달랐다. 요동순안어사도 어사이긴 하지만 장학안 역시 우부도어사로 요동 지방의 어사였다. 명대는 감찰권이 우선하는 시대여서, 지방관 중 문관으로는 좌·우 포정사가 있고, 무관으로는 도지휘사, 변방의 요새를 지키는 총병관總兵官이 있다. 그러다가 나중에 순안과 순무, 총독이 생겼다. 그런데 이들은 엄격하게 말하면 모두 자신의 지역이 있더라도 감찰관이지 지방관은 아니다. 이들의 관품이 반드시 높은 것이 아닌데도 지방관들은 이들의 통제를 받아야 했다. 이것이 감찰권의 힘이다. 따라서 유태는 모두가 감찰권을 가진 중앙 관리인데, 왜 순무는 군대를 움직일 수 있고 순안은 보고조차 먼저 할 수 없는지 이해할 수 없었다. 그래서 먼저 보고를 올렸던 것이다.

그러나 법제상 순안과 순무는 달랐다. 1439년 순안어사 순시에 관한 규정이다. "총병과 진수관鎮守官은 조정에서 외적의 침입을 방어하도록 명을 받아, 군대의 이동이나 구역의 확정에 간섭을 받지 않는다." 또한 요동순무의 직책은 '요동 지방 군무의 처리'에 국한되므로 순무의 직무인 군대의 이동에 순안은 간섭할 수 없다. 그런데 순안과 순무의 이러한 직책상의 혼란은 반드시 바로잡아야 했다. 그래야만 변방의 고위 관리가 누구의 간섭도 받지 않고 업무를 수행할 수 있게 된다. 이것은 법리적으로나 사리를 따져보더라도 올바른 판단이다. 1619년(만력 47년) 요동에서는 양호楊鎬가 병과 급사중 조흥방趙興邦의 재촉을 받아 진격하다가 크게 패한 일이 있었으니 이와 같은 판단은 타당한 것이었다.

그러나 질책을 받은 유태는 깊은 원한을 품었고, 결국 1576년 정월 장거정의 재상권을 박탈하라는 탄핵을 제출했다. 장거정으로서는 처음 당하는 타격이자 일생에서 가장 큰 충격이었다. 명조가 개국한 200여 년 동안 문하생이 좌주座主를 탄핵한 일은 없었다. 그런데 장거정은 자신이 뽑은 진사로부터 탄핵을 당한 것이다. 그 충격은 이루 말할 수 없었다. 그동안 자신이 한 고생을 유태가 모른다 하더라도, 황제에게 자신의 재상권을 박탈하라고 요구하니 앞으로 어떻게 일을 하라는 것인가. 특히 장거정을 상심하게 한 것은 유태의 지적이 설사 틀렸다 하더라도 전혀 근거가 없는 것은 아니라는 점이다. 유태의 무고인가, 아니면 그가 이해할 수 없었던 것일까. 자기를 뽑아준 좌주의 고심을 왜 알아주지 못하는 것일까. 그러나 대신으로서 유태와 논쟁을 벌일 수는 없었다.

장거정은 신종에게 자신의 뜻을 밝혔다. "법에 따르면 순안어사는 군공을 보고할 수 없사옵니다. 그런데 작년 요동대첩 때 유태가 법을 어기고 먼저 보고를 했으니 당연히 좌천감이었으나, 당시 경고로 그친 바 있사옵니다. 이에 유태가 많은 불만을 가지고 있었나 보옵니다. 나중에 어사 부응정傅應禎이 망언을 해 하옥되었을 때 혹 당파가 있는지 조사했으나, 당시에는 유태와 부응정이 동향으로 가까운 사이인 줄 몰랐사옵니다. 오늘 유태는 모든 화풀이를 소신에게 하고 있사옵니다. 개국 이래 이런 일은 없었으니, 신이 물러나는 것으로 일을 마무리하고 싶사옵니다."

신종은 자신 앞에서 무릎을 꿇고 눈물을 흘리는 장거정을 부축해 일으켜주었다. "일어나시지요. 제가 유태를 꾸짖어 선생께 사죄하도록 하겠습니다." 장거정은 사직서를 제출했지만 신종은 만류했다. "사직을 향한 경의 충직함은 짐뿐만 아니라 조정의 대신들도 모두 알고 있으니, 소인배들의 떠드는 말에 너무 개의치 마십시오."

황제의 의사는 분명했으나 실무인인 장거정으로서는 난감했다. 신종 역시 안심이 안 되었던지 다시 환관 손융孫隆을 보내 위로했다. 그제야 장거정도 마음을 가다듬었다. 이상과 포부가 있었고, 권력은 이를 관철시킬 수 있는 유일한 수단이었다. 그러니 쉽게 포기할 수 없었다. 자신에 대한 신종의 신임이 굳건하니 동요하지 말고 더욱 견고한 마음을 가져야 했다. '남들이 이해하든 못하든 나 스스로의 판단 기준을 믿고 행하자'고 생각했다.

신종은 성지聖旨를 내렸다 "유태는 중상모략으로 정국을 어지럽게 했으니, 정장 100대에 변방으로 쫓아내되 이는 내각에서 처리하라." 이로써 그 일은 당연히 내각에서 바로 처리해야 했으나 장거정이 선처를 부탁해 정장 없이 서민으로만 강등했다. 유태의 안위를 걱정했던 많은 사람들은 장거정의 관대함에 놀라움을 표했다.

정치라는 괴물에게 상처를 입히다

장거정은 유태의 탄핵을 거치며 만감이 교차했다. 1580년 장학안이 호부상서가 되어 유태가 요동에서 뇌물을 받은 일을 폭로하자, 요동순안 우응창于應昌, 강서순무 왕종재王宗載가 조사했다. 유태는 다시 심주潯州로 유배되었다. 그러자 사람들은 다시 장거정을 의심했다. 장거정은 '이미 지난 일을 내가 무엇 때문에 마음에 담고 있겠는가' 하고 탄식했다. 《예기·표기》禮記·表記에 이러한 공자의 말씀이 있다. "덕을 덕으로 갚으면 백성이 그 공을 기억하지만, 원망을 원망으로 갚으면 백성이 증오하게 된다." 장거정은 유태가 당연히 받아야 할 처벌을 받았다고 생각했으나 정치의 품격이라는 측면에서 보면 무척 아쉬움이 남는 일이다.

유태는 장거정의 부패를 지적하기도 했다. 그것에는 그럴 만한 근거가 있었다. 언론이 비교적 자유로울 때는 부패의 증거가 있으면 누구든지 고소할 수 있다. 그런데 그것은 영원히 지울 수 없는 치욕이 되고 권력은 흔들리게 된다. 이것은 정권을 잡고 있는 사람으로서는 가장 피하고 싶은 상황이다. 명대의 부패는 전사회적으로 만연되어 있어 거의 모든 사람이 자유롭지 못했다. 특히 권력을 가지고 있는 수보는 언제나 사람들의 표적이 되었다.

　장거정은 북경의 집 외에 고향인 형주부 강릉江陵에 집이 있었다. 장거정 자신은 청렴했을지 몰라도 부친, 종친, 아들, 동생, 노복들은 그렇지 못했다. 부패한 세력들은 북경에서 적당한 상대를 찾지 못하면 자연스럽게 강릉으로 옮겨갔다. 또 자제들은 어느 정도 단속이 가능했다 하더라도 늙은 아버지는 달랐다. 젊어서부터 자유분방했던 아버지는 이미 몇 십 년 동안 얼굴을 보지 못했던 아들에게 단속할 기회조차 주지 않았다.

　명대 정치에는 부패 요소가 많았다. 지금은 생각조차 할 수 없는 일들도 당시에는 그저 관례적인 것으로 여겼다. 따라서 말하지 않으면 관습으로 여기지만, 일단 지적을 받으면 부패가 되었다. 정치계에 있다 보면 수시로 어디서나 뇌물의 유혹을 받았고, 정적의 감시가 도처에서 번뜩이고 있었다. 정치는 상처를 남기곤 했다.

　1572년, 호광 순무·순안이 장거정의 공덕비를 세우겠다고 했다. 대학사의 비를 세우는 것은 당시로서는 흔한 일이었지만 공사에 들어가는 자재는 호광 백성들의 부담이었다. 장거정은 거절했다. "몇 년째 이어진 자연재해로 백성들이 고통 받고 있는데, 무슨 공덕비를 세운단 말인가. 입으로는 축하해도 마음속으로는 욕을 할 텐데, 그게 무슨 영광스러운 일이겠는가." 그러자 순안은 비를 세울 돈을 걷어 장거정의 집으로 보냈다. 참으로 기상천외한 발상이었지만 장거정은 거절하지 않았고 요왕부遼王府를 구입하는 데 썼다.[3]

　장거정을 '도둑'이라고 할 수는 없지만 그 역시 완강히 거절하지도 않았다. 게다가 그 돈을 어디에 썼든 받기는 받았으니 민폐이기는 마찬가지다. 그간 요왕 헌위가 폐위된 이래, 장씨들이 요왕부를 사용하다가 1568년에는 아예 이것을 구입하기에 이르렀다. 《명사기사본말》과 《명사》 원본에 기록된 "장거정이 자기 집으로 만들었다"는 것은 바로 이 일을 말한다. 장거정의 증손 장동규張同奎는 이를 부인했지만 근거가 없었다. 훗날 장동규의 말을 듣고 《명사》를 고쳐 썼으니, 속은 셈이다.

1573년, 고향 강릉에 새집을 짓기로 해 금의위에서 군사들이 동원되었다. 개인의 집을 짓는데 군대를 동원하는 것은 명대의 아주 나쁜 관습이지만 장거정은 그것을 문제라고 생각지 못했다.[4] 그가 '작은 집'이라고 묘사한 집의 규모는 상당했고, 새 건물도 여러 채 들어섰다. 신종은 순충당純忠堂, 봉일루捧日樓라고 쓴 액자와 대련, 그리고 은 1,000냥을 하사했다.[5] 호광 순무 왕도곤이 이 일을 맡아 계획을 세웠고,[6] 후임으로 온 조현趙賢이 완성했다. 개인 집을 지어주자 이제 뇌물의 문이 열렸다고 생각했는지 정원, 정자, 비를 건립하자는 제안이 봇물 터지듯 쏟아졌다. 장거정의 동의는 없었지만 모든 공사가 일사천리로 진행되었다. 장거정이 동의했든 하지 않았든 이러한 뇌물의 문은 그가 권좌에 있는 동안 한 번도 닫히지 않았다.

심지어 형주 강변에서 물이 빠져나가 새로운 평지가 형성되자, 형주지부가 이를 장거정에게 주려고 했다. 장거정은 일단 거절했다.

> 형주부에 있는 땅을 받으라고 하니 고맙게 생각하네. 그러나 이익이 있는 곳
> 은 반드시 다툼이 있기 마련이고 원한을 사게 되네. 우리 집에는 전답도 조
> 금 있어 그리 어려운 편은 아니네. 부친이 연로하고 아이들은 아직 어리니,
> 지나치게 재산을 모을 필요 없네.
>
> ─《서첩 6》〈답형남도부이공〉答荊南道府二公

말은 이러했으나 재산은 계속 쌓여갔다. 장거정이 죽은 뒤 복왕福王 상순常洵이 장거정의 재산을 몰수하라고 했던 것도[7] 장거정의 재산이 많았음

을 말해준다.

가장 노골적인 방법은 재물을 장거정에게 주는 것이 아니라 강릉 고향 집으로 보내는 것이었다. 장거정은 자신의 《문집》에서 여러 번 언급한 바 있지만,[8] 이 방면에서 가장 바빴던 사람은 지역의 책임자들이었다. 1579년 에 장거정은 "지역의 여러 사람에게서 받은 것이 적지 않다. 만약 그대로 다 받았다면 굉장한 부자가 되었을 것이다"[9]라고 말했다.

예로부터 양광兩廣(광동과 광서)의 부패 정도가 가장 심했다. 그래서 잠삼 岑參은 친구가 광동의 지방 관리로 내려가면 이렇게 당부했다 한다. "재물이 많은 지역이니 특별히 조심해야 하네."[10] 전국에서 부패가 가장 심했던 지 역이 바로 광동이었고,[11] 관리의 부패는 백성의 생활과 치안에 직접적인 위 협으로 작용했다. 양광에서 난이 가장 많이 발발했던 이유도 여기에 있다.

뇌물에 관한 우스운 일도 많았다. 한번은 지현知縣 한 사람이 뇌물을 가 져왔다가 장거정에게 거절당하자, 액수가 적어서 그랬다고 생각했는지 귀 한 옥으로 된 허리띠를 다시 가져왔다가 장거정에게 호되게 꾸지람을 당 하기도 했다.[12] 한 순무는 해임 당한 뒤 여기저기 불만을 떠들고 다니다가 장거정을 찾아왔다. 장거정은 이미 이부에 이야기했지만, 이부의 분위기가 좋지 못해 기용을 꺼린다며 역시 엄히 질책해 돌려보냈다.[13]

그런데 장거정의 부친 장문명은 호방한 성격이었다. 아들 장거정이 권 력을 잡자 그의 위세도 당당해졌다. 신종 초기 어사 이이李頤가 강릉을 지 나다가 장문명의 행동이 과한 것을 보고 제지하다가 장거정에게서 어사 직을 박탈당하기도 했다. 장거정 역시 부친의 방자함을 모르는 것은 아니 었다. "부친이 나이가 많고 개성이 강해 식구들이 그 세를 이용해 나쁜 짓 을 많이 하는데 제지할 방법이 없네."[14] 이 말에서 그의 고충을 읽을 수 있다. 그에게는 동생과 아들, 친척들이 있었는데, 노복들의 횡포도 그의

《문집》곳곳에 표출되어 있다.

여러 방면에서 보더라도 유태가 말한 "장거정의 부패는 문신보다는 무신들에게서, 그리고 내지보다는 변방에서 이뤄졌다"거나 "권력을 잡은 지 몇 년 되지도 않았는데, 부富는 이미 지역의 으뜸이다"는 지적은 틀린 말이 아니다. 그러나 이것은 명대 관리들의 일반적인 모습이었다. 사람은 환경의 지배를 받기 마련이다. 만약 장거정이 이렇듯 부패가 만연한 시대에 살지 않았다면, 그리고 그런 부친이 없었다면 그는 청렴한 재상으로 남았을지 모른다.

장거정이 권력을 잡은 후 재정 분야는 상당한 성과를 거두고 있었다. 이 기간 중 미납된 부세에 대한 추징액이 매년 30%씩 늘어 백성은 큰 부담을 느끼고 있었다. 1575년 장거정의 문하생인 어사 부응정이 상소를 올렸다. "백성의 1년 수입은 세금을 내고 나면 부채를 상환할 여유가 없다. 관리들이 정해진 액수를 걷지 못하면 좌천이나 전보 등을 시켜 여기저기를 떠돌게 하니, 원망만 쌓인다." 그러나 이 정책을 시행한 다음 해에는 재정이 안정되었다. 장거정은 이제 부세 개혁에 관심을 가지기 시작했다.[15]

천하에 이루지 못할 일은 없다

조량漕糧 문제도 해결했다. 당시에는 세금을 실물로 걷었는데, 이미 북경, 통주 일대에 7~8년은 견딜 수 있을 정도의 양을 비축했다. 부담이 지나치게 무겁거나 황량한 지역에서는 은으로 걷어 백성의 고통을 덜어주면서 한편으로는 국가의 은 비축량이 늘어났다. 이리하여 은의 비축액은 4백여 만 냥으로 늘어나 국가 재정에 큰 버팀목이 되었다.[16]

수리 방면에도 상당한 성과를 거뒀다. 당시 물길을 관리하는 대신으로

하방일람도河防一覽圖

1578년 반계순潘季馴이 편찬한 책으로, 당시 황하와 운하의 모습을 기록했다. 농업국가에서 물길의 관리는 매우 중요했다. 늘 범람하는 물길을 제대로 관리하는 것은 곧 안정된 국정으로 연결되었다.

는 하도총독河道總督과 조운총독漕運總督이 있었다. 조운총독은 본래 조량을 관리하지만, 물길에 문제가 생기면 배가 북상하지 못하니 황하와 운하의 물길에도 관여했다. 조운총독 오계방吳桂芳은 황하와 회수에서 동시에 바다로 물이 쏟아지므로 여러 곳에 출구를 만들면 훨씬 피해를 줄일 수 있다고 생각했다. 비록 근본적인 해결책은 아니더라도 수년간 고통을 당해온 회수와 양주 일대의 백성에게는 기쁜 소식이었다.

장거정은 물을 다스려본 경험은 없지만, 이를 해결해야 한다는 의지가 있어 오계방의 의견을 받아들였다. 오계방은 장거정의 지지를 바탕으로 공사에 착수했다. 이 공사는 조운에 영향을 주어 하류에 사는 백성이 피해를 볼 것이라는 의견이 대두되었지만, 오계방은 상류 지역의 백성을 구하기 위해 일시적인 피해는 감수해야 한다며 강행했다.[17]

장거정은 국가의 대사를 처리할 때 결코 우유부단하지 않았다. 과감하게 결단을 내리고 전력을 다해 밀어붙였다. 덕분에 오계방은 편안하게 일을 진행할 수 있었고, 성공적으로 공사를 마무리지었다. 공사가 완공되자 장거정은 오계방에게 "천하에 이루지 못할 일은 없다"고 치하하고 은을 하사했다. 오계방은 계속해서 고우호高郵湖 부근에 제방을 쌓는 공사를 진행했다. 그러나 공사 중에 회수의 물이 덮쳐 일대가 개펄로 변하고 말았다. 오계방은 회수 쪽에서 공사를 하자고 했지만, 이것은 하도총독의 직무에 저촉되었다. 장거정은 하도총독 부희지傅希摯와 오계방이 다투는 것을 보고, 의견이 다를 수는 있지만 국가 대사인 만큼 서로 협조하도록 당부했다.[18] 그러나 두 사람은 한 치도 물러서지 않았다.

1283년, 황하의 물길을 새로 낸 후 황하가 바다로 들어가는 회수의 물길을 뺏었다. 황하의 물이 적을 때는 황하와 회수의 물이 같이 흘러도 별 문제가 없지만 물이 많으면 회수는 길을 잃고 운하는 거꾸로 밀려들어가 고우, 보응 일대를 덮쳐 회수와 양주 일대에 커다란 재앙을 가져오곤 했다. 이 문제로 양측은 팽팽하게 대립했다. 오계방은 회수의 물을 황하로 끌어들이자고 했다. 1578년 반계순이 하조총리河漕總理로 있을 때 이 방안을 일관되게 주장했다. 반면 다른 한쪽인 급사중 탕빙윤湯聘尹 등은 회수의 물을 장강으로 흘려보내 황하와 회수를 분리해야 황하의 물길이 회수를 방해하지 않아 회수와 양주 지방이 안전해질 것이라고 했다. 후자의 의견이 비교적 힘을 얻었지만 황하와 회수에 운하는 반드시 필요했다. 만약 운하가 없다면 4백만 석에 달하는 조량을 북으로 실어 나를 수가 없었다. 운하를 보존하려면 제방을 쌓아야 했다. 그렇다면 홍수 때 황하의 물이 역류해 회수의 물길을 방해하지 않는 방법은 무엇인가가 문제였다.

장거정은 황하와 회수의 물을 분리하는 것이 보다 타당하지 않을까 생각했다. 하지만 오계방이 현 상황을 근거로 다시 설명하자 더 이상 자신의 의견을 주장하지 않았다. 본인이 전문가가 아닌 이상 전문가를 등용하고 정치적인 힘을 모아줘야 한다는 것이 그의 일관된 생각이었다. 장거정은 전문가가 아닌 자신의 의견이 틀릴 수 있으며, 잘못이 발견되면 바로 고치는 장점을 가졌다. 결국 장거정은 반계순潘季馴을 등용해 근본적으로 해결했다. 반계순은 수리전문가로 이론과 실제를 겸비한 당대 최고의 전문가였지만 그를 인정하고 등용한 것은 장거정이었다.

척계광을 총애하다

1576년 10월, 장거정은 9년 임기가 만료되자 좌주국左柱國 칭호가 더해졌고 태부太傅로 승진되어 백작의 봉록을 받았다. 모든 것이 관례에 따른 승진이었으나 장거정은 극력 사양해 태부와 백작 봉록은 면했다.

장거정의 이러한 거동은 제갈량諸葛亮의 〈이엄에게 주는 글〉與李儼書을 떠올리게 한다. 제갈량은 어린 군주를 보위해 조조를 토벌하자는 큰 뜻을 품었지만 끝내 이루지 못했다. 그때 이엄은 제갈량의 공적을 표창하고 왕으로 책봉하자는 건의를 했다. 제갈량은 자신의 능력이 부족한데 유비의 등용을 받아 큰 영광을 누리고 있음에도 해야 할 일을 이루지 못하고 있음을 반성해야 한다며, 이엄의 건의를 정중히 거절했다.[19]

장거정은 아마도 제갈량을 떠올렸는지 모른다. 자신들은 모두 어린 군주를 보좌하는 입장이며 나름 커다란 포부도 있지만, 뜻을 이루기 전에 얻는 과분한 대우는 큰 부담이었다. 장거정은 자신의 사양으로 다른 관리들도 자극을 받기를 바랐다.[20]

1576~1577년 사이 변방은 비교적 안정을 찾고 있었다. 비록 타타르가 작은 소란을 일으키긴 했지만, 알탄 칸을 왕으로 책봉해 회유를 함으로써 가장 큰 위협은 제거했다. 변방의 상황은 모두 제어할 수 있는 범위 내에서 움직였다. 장거정은 선대총독 방봉시方逢時에게 유리한 정황에서 평화를 유지하기 위해 수시로 타타르 수장인 알탄 칸을 성의 있게 대하라고 지

시했다.[21] 그리고 전체 타타르 부족에 대해서는 분리정책을 고수했다.[22] 타타르 부족들이 분화할수록 그들의 힘은 분산되고 결국 명 조정에 의지할 수밖에 없기 때문이었다. 심지어 변방 총독과 순무들에게 알탄 칸이 다른 부족과 충돌하면 은연중 편의를 제공하라고까지 분부했다.[23]

장거정은 요동의 형세에 관심을 쏟았다. 요동에서는 토만과의 대치상황이 이어지고 있어, 만일 토만이 알탄 칸의 부하들과 연합한다면 큰 위협이 될 수 있기 때문이었다. 특히 지형적으로 열세이기 때문에 항상 주의를 기울이며, 요동순무 장학안, 총병 이성량 등과 긴밀히 연락을 취했다.[24]

타타르에게는 회유와 위협을 적절히 사용했다. 조정이 막강한 화력과 물자를 보유하고 있음을 전시적으로 과시하거나 호시를 열어 그들에게 필요한 것을 교환할 수 있게 했다. 결국 타타르는 굴복할 수밖에 없었다.

그러나 요동의 토만은 달랐다. 그들도 호시를 요구했지만 굴복하기보다는 자신들이 가진 무력을 바탕으로 조정에 호시를 열도록 압박해왔다. 자원을 개발하고 국방력을 길러온 장거정으로서는 언제라도 병사를 동원할 수 있다는 자신감이 있었다.[25] 그가 이성량을 중용한 것도 바로 이런 이유에서였다. 그는 무장들을 중시하고 마치 친자식처럼 깊은 관심을 기울였다. 훗날 명나라의 마지막 황제인 어린 사종思宗(숭정제崇禎帝)이 무장들에게 연장자처럼 존경심을 보이던 것과는 차원이 달랐다. 연장자를 지휘한다는 것은 불가능한 일이다. 나라가 무장을 지휘하지 못한다면 이는 이미 망국의 길을 걷고 있는 것이다.

1575년, 인사이동이 있었다. 6월에 도찰원 좌도어사 갈수예가 사직하고 진찬陳瓚이 좌도어사가 되었다. 9월에는 예부상서 만사화가 사직하고 마자강이 뒤를 이었으며, 형부상서 왕지고가 사임하고 왕숭고가 후임이 되었다. 꾸준히 새로운 인물을 등용하는 신진대사를 통해 장거정은 더욱 안정되게

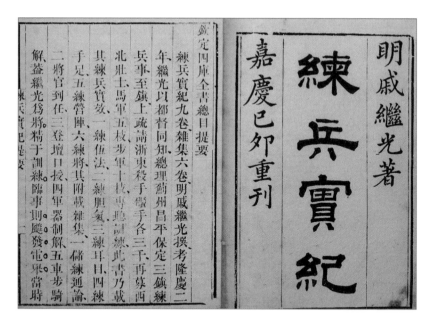

연병실기練兵實紀

북방 유목민족을 상대로 효과적으로 화기火器를 활용할 수 있는 병법을 논한 책이다. 척계광이 자신의 실전 경험을 토대로 집필했다.

정국을 운용할 수 있었다. 그러나 1577년에 병부상서 담윤이 사망하자 형부상서 왕숭고가 병부상서로 가고, 융정상서戎政尙書 유응절이 형부상서가 되었다. 담윤은 용감한 독무督撫였지만 병부상서로 옮긴 뒤 장거정의 영향력 아래에서는 별다른 공적을 남기지 못했다. 그런데 그의 죽음은 작은 파란을 일으켰다.

명대는 변방 사무를 중시했기에 계요와 선대 지역에서는 은연중 파벌이 형성되었다. 물론 근대의 군벌과 같이 심각하지는 않았지만 국가 전체적으로 볼 때 바람직한 일은 아니었다. 민감한 정치가라면 당연히 이러한 지방색을 희석시켜야 했다. 그리하여 계요 출신인 담윤이 사망하자 장거정은 선대 출신의 왕숭고를 병부로 불러들이고, 동시에 계요 순천순무順天巡撫

왕일악王一鶚을 선부순무로, 이 자리에 있던 진도기陳道基를 순천순무로 맞고 대해 지방색을 줄이려 했다.[26]

1568년, 장거정이 담윤과 척계광을 계요로 보낸 뒤 이들은 북방의 중요한 세력으로 성장했다. 장거정은 이들을 적극적으로 도왔다. 그러니 만약 계요가 하나의 계보를 이뤘다면 그 배경에는 장거정의 그림자가 있는 것이었다. 장거정은 척계광을 공격하는 모든 인사들을 엄중하게 질책하며 그를 보호했다. 장거정 사후에 어떤 인사들은 이 둘이 '모반을 꾀했던 것이 아닌가' 하고 의심하기도 했다.[27] 그러나 이것은 터무니없는 억측이다. 장거정의 마음속에는 오직 국가밖에 없었다. 그러나 척계광에 대한 애정은 사람들의 질투를 받기에 충분했다.

척계광은 남쪽 절강성 병사 3,000명을 거느리고 부임했다. 북방의 군사로도 충분히 방어할 수 있는데, 굳이 남쪽 병사를 북방까지 데려와 주둔시키는 척계광을 주변에서는 곱지 않은 시선으로 바라봤다. 특히 중앙에서 변방을 시찰하러 간 인사들이 종종 현지의 군 지휘관과 관품 등의 예우 문제를 트집 잡아 끊임없이 흔들어댔다. 장거정은 시찰을 가는 인사들과 척계광 양측에게 불필요한 마찰을 삼가고 정중하게 상대할 것을 당부했다. 그럼에도 의론이 분분하자 장거정은 척계광에게 이렇게 당부했다. "남쪽에서 데려간 사병들이 월급만 많이 받고 쓸모없다고 비웃으니, 한번 본때를 보여줘야 이런 소리가 없어질 것이오!"[28]

척계광이 계요에 부임했을 당시 북방의 군사에게 군기라고는 찾아볼 수가 없었다. 척계광은 비가 억수같이 쏟아지는 날, 열병과 훈시를 했다. 그의 훈시가 오후까지 계속되자 북방의 군사들은 동요했고 심지어 쓰러지는 이가 속출했다. 그러나 절강에서 데려온 병사들은 미동조차 하지 않았다. 그들은 힘 있고 절제된 군인의 모습을 보여주었다. 계요의 안정은 바로 이러한 엄격한 훈련에서 나왔다. 이 3,000명의 군사는 다른 군사들의 모범이 되었다.

척계광은 중앙에서 오는 인사들을 정성을 다해 접대했다. 때로는 시를 지어 바치면서까지 품위를 보이려 노력했다. 또한 그들이 돌아갈 때는 적지 않은 노자를 찔러주는 등 비위를 맞추기 위해 최선을 다했다. 장거정은 이러한 척계광을 보호해주며 마치 친자식처럼 세심한 배려를 잊지 않았다. 계요와 선대 두 파벌이 대립하면 장거정은 오히려 선대 쪽을 편들어 계요에 대한 사람들의 시기를 무마시키기도 했다. 그리고 인사이동으로 이러한 갈등을 해결하기도 했다. 1577년에는 진도기陳道起를 순천순무에 기용하고, 병부좌시랑 양몽룡을 계요총독에, 1581년에는 선대총독 오총을 계요총독에 임명했다. 이렇게 해야 불필요한 논쟁을 줄이고 척계광을 보호할 수 있다고 생각했다. 그는 최근 수년 동안 변방이 안정된 것은 척계광의 역할 덕분이라고 믿었다.

세법을 개혁하다

1576년, 장거정은 일조편법一條鞭法을 추진하기 시작했다. 일조편법은 일반적으로 부세 징수 방법을 개선한 것으로 알려져 있지만, 보다 중요한 것은 요역 방법을 바꾼 것이다. 명대에는 백성이 국가를 위해 일정 기간 요역을 의무적으로 제공해야 했다. 요역을 제공하는 방식은 크게 역차力差와 은차銀差 두 가지였다.

역차는 노동을 제공하는 것이고, 은차는 돈을 내는 것이다. 역차는 창고지기에서부터 강 관리, 죄수 감시, 치안 유지 등 종류가 다양했지만 모두 쉽지 않았다. 비교적 편한 부·주·현의 금고나 역참의 창고를 지키는 고정

庫丁이라는 일도 보기에는 편한 것 같지만 금고나 창고가 훼손되거나 도난당하면 본인이 책임을 져야 했다. 따라서 이것은 상당한 재력이 있는 사람이 아니면 맡기 힘들었다. 그러나 다른 일은 사회적 지위가 낮고 힘이 들기 때문에 역차가 돌아오면 다른 사람을 대신 고용하곤 했다. 주로 시골의 농부가 도시의 건달에게 역차를 대신 시켰는데, 건달이 불시에 시골로 쫓아가 농민에게 돈을 요구해 큰 고통을 주었다.

은차는 지방에서 필요한 경비를 백성이 돈으로 부담하는 것이다. 관리의 월급, 말을 기르는 경비, 학교의 교관·훈도·부학생 등에게 주는 경비가 모두 여기에 포함되었다. 관리는 국가를 위해 일을 하는 것이고, 교관은 성현의 말씀을 연구하는 사람으로, 이 일을 하는 데 필요한 경제적 기반을 은차라는 명목으로 백성에게 배정한 것이다. 은차를 편성할 때는 재력은 탄탄하지만 힘없는 부호들을 배정해 마음껏 착취했다. 관리들은 관복을 거친 합법적인 강도였고, 은차 편제는 자신의 물주를 찾는 작업이었다.[29]

이것은 백성에게 커다란 고통이었다. 그리하여 이를 대체할 균요법均徭法을 실시했다. 각 현에서 백성을 10갑甲으로 나눠, 매년 한 갑에서 요역을 담당한다. 10년에 한 번 돌아오니 이론적으로는 매우 공평했다. 그러나 편제상 매 갑마다 경제적 능력이 균등하게 배분되지 못했다. 또 한 갑 안에서도 매 호의 경제적, 사회적 능력이 달라 부담을 나눌 때 불평이 야기되었다. 물론 이 일을 맡지 않는 9년 동안은 별다른 압박을 받지 않아 저축까지는 못하더라도 생활에 약간의 여유를 가질 수 있었다. 하지만 요역이 돌아오는 해가 되면 관리, 부학생, 건달이 한꺼번에 들이닥쳐 착취가 시작되고, 백성은 처자를 전당 잡히거나 재산을 모조리 빼앗긴 채 고향을 떠나 떠돌 수밖에 없었다. 불량한 정치와 제도의 악습이 만들어낸 최대의 화근이었다.

개혁이 필요했다. 먼저 절강순안어사 방상붕龐尙鵬이 안을 냈다. 역으로 편제하는 대신 모든 호를 경제적 능력에 따라 상·중·하로 분류하고, 관리가 요역에 필요한 총액을 정한 다음 각 호의 능력에 맞게 배분하도록 하자는 것이었다. 이것이 일조편법이다. 1566년 방상붕이 절강에서 실시한 바 있고, 주여두周如斗가 강서순무 때 주장하다가, 목종 초기 강서순무에 부임한 유광제劉光濟가 강서성 전역에서 실시해 보았다.[30] 같은 해 10월에 방상붕이 복건순무가 되어 다시 상소를 올려 실시를 건의했다.[31] 그리하여 이법은 남쪽의 절강, 강서, 복건에서 먼저 시작되었다.

일조편법에도 단점은 있다. 1567년 호부상서 갈수예는 이렇게 지적했다. "간교한 관리들이 편제를 임의로 해 폐해가 많다." 그는 당시 힘 있는 대신이었던 만큼 그의 말은 상당한 영향력을 가지고 있었다. 그러나 전체적으로 발전한 것은 사실이었다. 관리들도 제창했고 백성도 반겼다. 백성에게 이득이 되었다는 것은 상대적으로 관리의 이익이 줄어들었다는 것을 의미한다.

장거정은 이 법을 전국적으로 확대 실시하고자 했다. 이는 송대 때 왕안석이 청묘법青苗法을 추진한 것과 유사하다. 그러나 서두르지 않고 천천히 여유 있게 실행하려 했다. 그는 왕안석보다 현실적인 대신이었다. 1576년에 먼저 호광에서 실시했다. 그는 호광순무에게 고향 강릉에서 일조편법을 실시하고 있는 관리를 칭찬하면서 격려를 당부했다. 그리고 모든 법은 불편이 따르며, 이는 사람의 문제임을 잊지 않고 당부했다.[32]

과연 불편을 지적하는 여론이 일었다. 그들은 이 법이 사대부를 위한 것이지 백성에게는 불편만을 초래한다고 공격했다. 1년간 시행한 뒤 장거정은 더욱 확신을 가졌다. "지금은 조금 불편하더라도 법이 유익하고 정령이 옳다면 백성이 반길 것이다."[33] 그리고 1581년 정월부터 전국적으로 확대했다.

나라의 대신이냐, 아들의 아버지냐

장거정은 경수敬修, 사수嗣修, 무수懋修, 간수簡修, 윤수允修, 정수靜修 여섯 아들을 두었다. 특히 경수, 사수, 무수 세 아들에게 기대를 많이 했다. 무수의 자질이 제일 뛰어나서 장거정은 무수를 '천리마'라 비유하며 총애했다.[34] 학문이 높은 사람들을 보면 아들들과 교분을 맺어주며 격려했다. 1577년 정축년丁丑年 과거시험에서 급제한 심무학沈懋學이 그중 하나다. 《모란정》牧丹亭의 저자인 탕현조湯顯祖도 제의를 받았으나 거절했다. 탕현조는 장거정이 죽은 뒤인 1583년(만력 11년)에 비로소 진사가 되었다.

장남 경수는 1573년 계유년癸酉年에 거인이 되었고, 다음 해인 갑술甲戌 회시에 응시했지만 떨어졌다.* 장거정은 크게 노해서 갑술과시 출신 중에서는 서길사를 뽑지 않았다고 한다. 무수는 1576년 병자년 향시에 응시했지만 실패했고, 정축 과거시험에는 경수와 사수만 응시했다. 경수는 낙방하고 사수가 2등에 오르자, 신종이 1등으로 고쳐주었다. 사수의 등과는 장거정에게 커다란 기쁨이었다.[35] 명대에 대신의 아들이 아버지가 현직에 있을 때 급제한 경우는 여러 번 있었으나, 양정화楊廷和가 정무를 담당하고 있을 때 아들 양신楊愼이 1등으로 급제하자 모두 인정했던 것을 제외하고는 매번 의론이 분분했다. 특히 장거정이 권력을 잡고 있던 10년 동안, 5년 회시에서 사수가 급제했고, 8년 회시에서는 무수가 장원급제, 경수가 급제하는 등 삼형제가 앞서거니 뒤서거니 급제하자 적지 않은 비난이 뒤따랐다.

1588년(만력 16년) 순천順天 향시에서 왕석작王錫爵의 아들 왕형王衡이 1등으로 거인이 되자 다시 풍파가 일었다. 모두 나서서 왕석작을 비난하자 왕

---

* 과거시험은 동시, 향시, 회시 3번의 시험으로 진행되었다. 동시에 붙으면 생원, 향시에 붙으면 거인, 회시에 붙으면 진사가 되었다.

석작은 화가 나서 다음 해 회시에 아들을 응시시키지 않았다. 이후 왕석작이 자리에서 물러난 한참 뒤인 1601년 왕형은 2등으로 급제해 자신의 학문은 물론 아버지의 결백까지 증명했다. 이러하니 아버지가 대신으로 정권을 잡고 있을 때는 아들이 회시에 응하지 않는 것이 관례였다.

명대 제도는 대신이 공을 세웠거나 임기가 만료되면 문음^{文蔭}과 무음^{武蔭}을 부여했다. 문음의 혜택을 받은 아들이 국자감에 입학해 공부를 마치면 상보사승^{尚寶司丞}, 상보사경^{尚寶司卿}을 제수 받았다. 무음은 금의위^{錦衣衛} 백호^{百戶}와 천호^{千戶}부터 시작해 지휘동지^{指揮同知}, 지휘첨사^{指揮僉事}가 되었다. 문음이나 무음 출신들은 대학사나 상서가 되지 못했다. 명대에 부자가 대학사가 된 것은 진이근^{陳以勤}과 아들 우폐^{于陛}가 유일했다. 그러나 진우폐는 스스로 향시와 회시를 거쳐 대학사가 된 것이지 아버지의 덕을 본 것이 아니다. 오직 과거만이 정도였기 때문에 문음은 과거를 오히려 장애물로 여기기도 했다. 따라서 장거정은 늘 아들들에게 과거를 통과하도록 격려했고,[36] 또 좋은 결과를 얻었다.

대신으로서는 국가를 위해 좋은 인재를 뽑아야 했고, 아버지로서는 아들을 위해 출로를 생각해야 했다. 그는 이 두 문제에 부딪쳐 망설였을 것이다. 이 기로에서 장거정은 아들을 지키려는 아버지로서의 기대가 너무 크게 작용했다. 그리하여 아들이 회시에서 급제하자 비난이 쏟아졌다. 권력을 잡은 인물들은 아들에게 지나치게 집착해 이 두 갈래 길에서 물의를 일으키곤 한다. 이는 고금을 막론하고 인류 사회가 가진 공통된 약점이다.

1577년 5월, 양광총독 능운익이 소수민족인 요족^{瑤族} 토벌에 나섰다. 은정무의 후임으로 부임한 능운익은 광서총독 이석^{李錫}, 광동총병 장원훈^{張元勳}의 부대를 동원해 요족 4만여 명을 토벌하는 큰 성과를 거뒀다. 능운익은 요족의 활동지를 개간해 주·현을 설치할 것을 건의했고, 장거정은 이를 받아들였다.[37] 이렇게 해서 광동 나정주羅定州가 생겼다.[38] 나정주에는 새로 2개의 현을 설치했는데, 동쪽이 동안현東安縣,[39] 서쪽이 서영현西寧縣[40]이다.

1577년 5월, 인성황태후와 자성황태후가 머물고 있는 자경궁과 자녕궁을 수리하라는 성지가 내려졌다. 그러나 장거정은 시급을 다투는 일이 아니라고 여겨 반대의견을 밝혔다.[41] 황제가 아직 어려 실질적인 권력은 황태후에게 있었으나 장거정은 개의치 않았다. 대신에게는 대신의 입장이 있기 때문이다. 신종 역시 순순히 명을 거둬들였다. "선생의 충언을 황태후도 받아들이셨소." 황태후나 신종 모두 장거정의 뜻을 거스르지 못했다.

국가의 재정은 이미 탄탄한 기반을 갖추어 가고 있었다. 하지만 장거정은 여전히 국방과 민생에 많은 경비가 필요하니, 여유가 있으면 우선 백성을 생각해야 한다고 생각했다. 조세 부담을 줄여 그들에게 실질적인 이익을 주는 것이 급선무였다. 화려한 궁궐의 수리에는 혈세를 조금도 낭비하고 싶지 않았다. 나라를 위해서라면 황태후에게도 굽히지 않았다.

1574년 《목종실록》이 완성되자 신종은 장거정에게 문음을 하사했으나 장거정은 사양했다. 1577년 장거정의 책임 하에 《세종실록》世宗實錄이 완성되자, 신종은 내각에 공이 있는 사람의 명단을 작성하도록 했다. 장거정은 이번에도 자신을 제외했다. 신종은 다시 작성할 것을 명했지만 장거정은 극력 사양했다.

신종이 열다섯 살이 되자 황태후는 황후감을 물색해 혼례를 서둘렀다. 천문을 보는 흠천감欽天監에서 12월을 택하자, 책임은 역시 장거정에게 맡겨졌다.* 그러나 장거정은 12월이면 신랑이 열다섯, 신부는 열넷이라 너무 이르다고 생각했다. 그렇다고 내년 12월은 늦으니 중간에 혼례를 올리기를

---

* 고대의 국가 천문대로 천문을 관찰해서 역법을 정하는 기관.

원했지만, 흠천감에서는 좋은 날을 잡지 못했다. 모두 망설이는 사이 장거정이 아주 쉽게 해결책을 제시했다.

> 영종, 무종, 세종 황제 모두 열여섯에 혼례를 올렸으니, 황상 역시 열다섯 살이 되는 내년 3, 4월이 가장 좋은 시기라 사료됩니다. 흠천감에서는 길일이 아니라 하지만, 이것은 민간의 습관으로 크게 신경 쓸 일이 아닙니다. 모든일은 사리에 맞고 시세에 부합하면 할 수 있는 것이지, 굳이 관습에 얽매일필요는 없습니다. 황상은 천하의 주인으로서 그의 일거일동이 모두 하늘의뜻인데, 어찌 사소한 관습에 구애받을 필요가 있겠습니까.
>
> —《주소 5》〈주청성모재정대혼일기소〉奏請聖母裁定大婚日期疏

이 말을 들은 황태후는 모든 것은 태후가 책임지겠으니, 다음 해 3월에 혼례를 거행하도록 명했다.

9월이 되자 형부에서 다시 사형 집행 문제를 제기했다. 가을은 형을 집행하는 계절이지만 자성황태후는 수차례 내각에 명해 사형 집행을 미뤘다. 장거정은 난이 일어나는 것은 법의 집행이 느슨하기 때문이라며 엄격히 법을 집행해야만 민생이 안정되고 비로소 사회가 안정된다며 사형 집행을 강행하기를 주장했다. "천하에 근심이 없다고 여길 때 꼭 큰일이 일어난다."[42] 장거정의 완강한 주장에 신종은 형을 예정대로 집행하도록 했다. "선생 말대로 올해에는 예정대로 집행하십시오."

제11장

명예와 야망의 기로에 서다

나라를 위해 사사로운 정을 버리다

1558년 이후 19년 동안 장거정은 아버지 장문명을 만나지 못했다. 이 사이 장거정은 평범한 한림원 편수에서 국가의 수보가 되었고, 장문명 역시 평범한 부학생府學生에서 수보의 아버지가 되었다. 한 사람은 북경에서 정권을 잡고, 또 한 사람은 강릉에서 이권을 잡고 있었다.

누가 아버지의 잘못이라고 말하겠는가? 요왕부를 손에 넣고 순충당, 봉일루를 새로 짓고, 땅도 생기고 변방의 장군들이 뇌물도 보내주니, 일흔이 된 부학생은 너무 행복했다. 하지만 이제 쉬고 싶었다. 그는 집안일을 거이居易와 거겸居謙 두 아들에게 맡기려 했다. 그러나 안심이 되지 않았다. 북경으로 오라는 장남의 말은, 훌륭한 고향집과 자신의 아름다운 여자들, 그리고 집안일이 눈에 밟혀 흘려들었다.

1575년 어느 날 신종은 주위에 장거정 부모의 안부를 물었다. 부모가 일흔이 넘었지만 아직 건강하다는 답을 듣자, 신종은 기쁜 마음으로 상을 내리고 장거정에게 친필로 글을 썼다. "선생의 부모가 칠십여 세가 넘었어도 아직 건강하다 하니 매우 기쁘오. 특별히 붉은 옷 한 벌과 은전 20냥, 보석과 비단 등을 하사하겠소." 1575년 여름, 장문명은 몸이 불편해 걸음을 잘 걷지 못했다. 장거정은 휴가를 내 가보려 했으나 신종의 결혼이 다음 해 3월로 결정되어 식이 끝나면 다녀오기로 했다.[1]

그러나 9월 25일, 갑자기 부친 장문명이 이미 13일에 세상을 떠났다는 소식이 전해졌다. 일흔 넷이었다. 당시에는 교통이 불편해 북경에 늦게 전해진 것이다. 소식을 전해들은 신종은 은 500냥, 비단 10필, 새 돈 만 관, 백미 20석, 기름 200근, 향 20근, 초 100개, 마포 50필을 내리고 조의를 표했고, 두 궁의 황태후도 마찬가지였다.[2]

명대는 정우제도丁憂制度가 있어 관리들이 조부모나 친부모의 상을 당하면 문상일로부터 27개월간 수제守制(초상)를 지내고 그것이 끝나야 복직했다. 이렇게 초상을 마치고 복직하는 것을 기복起復이라 했다. 종법宗法이 엄격한 사회에서 정치는 바로 교육이었고, 관리들은 교육자로서 충과 효를 몸소 실천해야 했다. 그러므로 망부와 망모에 대한 초상은 특히 강조되었다. 특별한 경우에는 직접 초상을 지내지 않을 수도 있다. 하지만 이는 아주 드문 일로, 주로 군대에서 중요한 작전을 수행하는 경우에 황제가 초상을 허락하지 않을 수 있다. 이에 대해 사직을 위해 개인의 사사로운 정을 뺏는다 해서 탈정奪情이라 한다. 장거정은 관례대로 고향으로 돌아가 수제를 준비했다. 그때 이부에서 황제의 성지가 도착했다.

수보는 선황의 부탁으로 어린 짐을 도와 사직을 안정시켜 짐이 크게 의존하고 있소. 만약 조정에 수보가 하루라도 없으면 어떻게 할 것인가. 초상을 치르는 것은 당연하니 조정에 나오지 말되 수제는 잠시 미루도록 하시오.

－《주소 6》〈걸은수제소〉乞恩守制疏

이렇게 탈정 사건이 시작되었다. 이 사건은 대단히 중요한 일이었다. 하지만 장거정이 죽은 뒤, 즉 1582년부터 1620년까지라는 긴 세월 동안 전모가 밝혀지지 않았다. 장거정에 대한 신종의 반감이 너무 컸기 때문이다. 신종이 죽고 난 뒤, 누군가 이 문제를 끄집어냈지만 이미 시간이 많이 흘러 정확한 내막은 아무도 알지 못한 채 온갖 정치적 추측만 난무했다. 결국 탈정에 관한 시비는 영원한 수수께끼로 남았다. 가장 먼저 탈정을 주장한 것은 호부시랑 이유자李幼孜다. 풍보와 장거정도 동의했다고 전해진다. 그러나 이유자가 이것을 제기한 것은 본인의 뜻이라기보다는 장거정의 의중을 읽었다는 것이 더 정확한 표현일 것이다.

1572년 6월 장거정이 정권을 잡은 이래 5년 3개월 동안 국가는 안정을 누렸다. 정치는 궤도에 올랐으며 경제도 자리를 잡아, 창고에는 10여 년을 쓸 수 있는 곡식과 은 400여 만 냥이 비축되었다. 북변의 알탄 칸은 조용했고, 토만이 여전히 버티고 있긴 했지만 위협은 현저하게 감소했다. 세종·목종 이래 내각이 이렇게 조용했던 적은 없었다. 이 모든 것이 장거정이 노력한 결과였다.

그러니 만일 장거정이 자리를 비우면 누가 이 자리를 메울 것인가. 서계는 이미 일흔다섯으로 연로했고, 고공은 풍보와 원한이 깊어 그가 다시 돌아온다는 것은 불가능했다. 여조양은 그저 충직하고 성실한 사람이고, 장사유는 재주는 있으되 경험이 부족했다. 자성황태후와 풍보는 명대에 태후의 섭정이나 환관 집정의 전례가 없어 한계가 있었다.[3] 신종은 겨우 열다섯 살로, 자성황태후의 눈에는 아직도 어린아이였다. 그러니 모든 상황이 장거정을 떠날 수 없게 했다. 이는 장거정 스스로 만든 것이며, 누구보다 자신이 잘 알았다.

대학사들이 초상을 마치고 복직하는 정우기복丁憂起復에는 선례가 여럿 있었다. 1408년 6월 양영楊榮이 정우를 맞았으나 10월에 기복되었고, 1426년 정월 김유자金幼孜와 1429년 8월 양박도 기복되었다. 1453년 5월에 정우한 왕문王文도 9월에 기복되었다. 1466년 3월에 정우한 이현도 5월에 기복되었다. 이 다섯 명 중 오직 이현李賢만 수보로 재직하던 중에 기복을 맞았다. 당시 헌종은 스물한 살이었고 시대는 태평했다.

그러나 지금은 상황이 다르다. 장거정은 떠날 수 없었다. 자성황태후, 신종, 풍보 중 누구도 이를 허락하지 않았다. 수제를 허락하지 않는다는 황제의 유지가 내려오자, 장거정은 다시 상소를 올려 뜻을 표했다. "자식으로서 마지막 27개월은 부친에게 보답하고, 이후에는 황상께 영원히 보답하겠사옵니다." 그러나 그다지 강경한 어조는 아니었다. 신종은 여조양과 장사유는 물론 장거정이 상소를 백 번 더 올린다 해도 허가하지 않겠노라고 단언했다. 그리하여 수제 문제는 대치 국면으로 접어들었다.

어사 증사초曾士楚, 급사중 진삼모陳三謨 등이 다시 상소를 올려 장거정을 만류하도록 청했다. 그러나 이부상서 장한은 생각이 달랐다. 그는 문상을 마치고 돌아와 좌시랑 하유백何維栢과 상의했다. 하유백이 '정우 수제는 변할 수 없는 천지의 대의'라는 의견을 표하자 장한 역시 동의했다. 이부의 관리들이 장한에게 장거정을 만류하자는 상소를 올릴 것을 건의했지만, 장한은 대학사의 초상은 예부 소관이지 이부와는 상관이 없다며 외면했다.

황제의 탈정에 관한 조서가 여러 차례 내려오고 관리들이 모두 장거정을 만류할 때도 장한은 등을 돌린 채 삼강오륜이 땅에 떨어졌다고 혀를 차며 장거정을 만류하자는 상소에 동의하지 않았다. 급사중 왕도성王道成, 어사 사사계謝思啓가 이런 장한과 하유백何維栢을 탄핵했다. 장한은 강제 사직 당하고 하유백은 감봉 3개월에 처해졌다. 이 모두가 10월 초에 일어난 일이다.

탈정은 이미 정해진 사실이 되었다. 장거정 역시 돌아설 여지가 없어 결국 그렇게 결정되었다. 그러자 장거정은 탈정 기간 동안 지키고자 하는 다섯 가지 조건을 제시해 황제의 허락을 받아냈다.

첫째, 봉록은 받지 않는다. 둘째, 제사나 길례에 참여하지 않는다. 셋째, 붉은 옷은 길상을 뜻하므로 강독이나 내각의 일을 볼 때는 초상임을 표시하는 청의각대青衣角帶를 착용한다. 넷째, 장주에 '수제중'이라고 표시한다. 다섯째, 내년 장례를 마치면 어머니를 북경에 모셔오겠다.[4]

탈정을 할 수밖에 없는 상황이라고는 하지만, 이는 장거정이 만들어낸 것이다. 장한의 사직 문제도 당시 장거정은 내각에 없었지만, 이미 후임 이부상서로 왕국광이 추천되었다.[5]

권력에 대한 미련을 버리지 못하다

경황이 없는 중에도 권력에 대한 장거정의 노력은 눈물겨웠다. 그는 평소 상商나라 때 재상 이윤伊尹을 칭찬했다.[6] 아마도 이윤이 천하의 일을 자신의 사명처럼 여겼던 점을 높이 샀을 것이다. 이것은 그만큼 권력에 집착했다고도 해석할 수 있다.

장거정과 부친은 19년 동안 서로 만나지 못했고, 그만큼 부자 사이의 정은 소원했다. 19년이라는 세월과 북경과 강릉 사이 3,000리의 거리가 두 사람을 저절로 소원하게 만들었다. 두 사람 사이에는 어떠한 공통점도 없다. 장거정에게 정우는 단지 27개월 동안의 휴가일 뿐이었다. 그리고 언제라도 기복이 가능하였다. 그러나 이는 단지 이론상으로 가능할 뿐이었다. 현실적으로 서계, 진이근, 이춘방, 고공, 은사담이 사직한 뒤 오직 고공만이 다시 북경 땅을 밟았을 뿐 누구도 다시 북경으로 돌아오지 못했다. 권력은 한번 놓으면 흘러간 세월처럼 다시는 돌아오지 않는다. 장거정은 스물셋에 진사가 된 뒤 31년 간의 기나긴 싸움을 거쳐 오늘 이 자리에 올랐다. 그러니 어찌 미련을 갖지 않을 수 있겠는가.

명대 내각에서는 수보가 자리를 비운 지 사흘이 지나면 차기 수보가 내각의 오른쪽에서 왼쪽, 곧 수보의 자리로 옮기고, 한림원 후진들과 내각 동료들은 새로운 수보의 취임을 축하하는 관습이 있었다. 이번에도 그들은 붉은색 도포를 입고 내각에 와서 차보인 여조양에게 축하를 표했다. 여조양은 충직한 사람이라 비록 자리를 옮기지는 않았지만 축하는 거절하지 않았다.

장거정은 걱정스러웠다. 자신이 아직 발을 떼지도 않았는데, 인심은 이미 변하고 있었다. 장차 정말 떠나게 된다면 어떻게 될지 모른다. 하언, 엄숭은 권력의 대가를 피로 치렀고, 서계와 고공도 위험한 상황을 거쳤다. 그러니 자신만은 그러지 않으리라고 보장할 수 없었다.

미련과 불안이 강렬하게 엄습해왔다. 그러나 무엇보다도 그의 발목을 잡는 것은 당면한 사직의 문제였다. 자신이 권력을 잡은 5년 3개월 동안 왕조는 겨우 오랜 피곤에서 깨어나 점차 부강한 국면으로 변모하고 있었다. 그런데 자신의 거취로 인해 다시 예전으로 돌아가지 않을까 두려웠다. 이 모든 것이 19년 동안 얼굴 한 번 보지 못했던 아버지를 위한 대가라고 하기에는 위험요소가 너무 컸다. 장거정의 귓가에는 이유자의 말이 맴돌았다. "황제가 아직 어리시어 상공 없이는 하루도 버틸 수 없는데, 어찌 돌아가려 하십니까." 결국 그는 수제를 포기하기로 마음먹었다. 장거정은

신종과 대신들

어린 황제 신종 앞에서 내각 수보 장거정이 여러 대신들과 함께 정사를 논의하는 모습이다. 서현경(徐顯卿)의
〈환적도〉宦迹圖의 일부. 북경고궁박물관 소장.

봉록을 받지 않고 수제를 하겠다고 했지만 신종은 세심한 배려를 잊지 않았다.

> 선생은 봉록을 사양했지만 평소 생활이 청렴해 어려움이 있을 것이니, 광록시光祿寺에서 매일 식사를 제공하고 각 아문에서는 매달 쌀 10석, 기름 300근, 차 30근, 소금 100근, 초 100개, 나무 20단, 탄 10포를 보내 생활에 불편이 없도록 하라.
> —《주소 6》〈사내부공급소〉謝內府供給疏

그러나 여론은 단순하지 않았다. 장거정이 고심한 끝에 생각해낸 '봉록을 받지 않고 수제하겠다'는 발상은 다른 사람들이 보기에는 그저 자리에 연연해 부모 초상도 치르지 않는 탐욕 외에 아무것도 아니었다. 더구나 평소 장거정이 '성현의 도리와 조종의 법도'를 강조했던 것을 생각하면 여론의 불만은 쉽게 가라앉지 않았다.

공자는 《논어》에서 어린아이가 태어나면 3년 동안은 온전히 부모의 사랑과 보호 속에서 살아야 하니, 부모가 죽은 뒤에는 당연히 3년의 초상을 치러 부모의 사랑에 보답해야 한다고 했다. 그러니 지금 장거정이 예전처럼 내각에 나와 일하면서 어떻게 초상을 치른다고 할 수 있으며, 매일 황제가 하사한 음식을 먹으면서 어떻게 봉록을 사양했다고 말할 수 있는가. 이는 그저 말장난일 뿐 성현의 도리와는 거리가 멀었다. 더 가증스러운 것은 언론을 책임져야 할 어사와 급사중이 탄핵은 고사하고, 오히려 갖은 미사여구로 장거정의 비위를 맞췄다는 점이다. 주변의 눈길은 대단히 못마땅했다.

다시 피바람이 일다

1577년 10월 초닷새, 서남쪽 하늘에서 마치 흰 뱀이 떨어지듯 창백한 빛을 띤 혜성彗星이 동북쪽으로 떨어졌다. 대단히 기이한 현상이었다. 순자 荀子가 말하지 않았던가. "일식이나 폭풍우, 이상한 별들의 출현은 특이한 일이다. 지도자가 영특하고 정치가 맑을 때는 별다른 일이 아니지만, 그렇지 못한 때는 심히 걱정스러운 일이다."[7] 일반 백성들은 순자의 글까지는 알지 못했지만 지금 어떤 커다란 변고가 다가오고 있다는 것은 감지할 수 있었다. 혜성이 출현했다는 보고를 들은 신종은 서둘러 수성修省을 명했다. 수성이란 현재 상황에 대한 일종의 반성으로, 황제는 백관에게 반성을 명하고, 백관 역시 황상에게 반성을 청해 다가올 미래에 대한 심리적 준비를 하는 것이다.

이 현상과 맞물려 제일 먼저 상소를 올린 것은 장거정의 문하생인 한림원 편수編修 오중행吳中行이었다. 다음 날 또 다른 문하생인 한림원 검토檢討 조용현趙用賢이 상소를 올렸고, 그 다음 날 형부원외랑 애목艾穆, 주사主事 심사효沈思孝가 연명連名으로 상소를 올렸다. 오중행과 조용현의 상소는 장거정에게 장례를 치른 뒤 돌아오도록 해야 한다는 것이고, 애목과 심사효는 고향으로 돌아가서 초상을 치러야 한다는 것이었다. 모두 장거정에게는 불리한 여론이었다. 겨우 장거정을 만류시킨 신종은 진노했다.

이에 놀란 북경과 남경의 어사, 급사중이 급히 장거정을 만류하라는 상소를 올렸다. 그런데 무엇 때문에 장거정의 문하생과 형부의 두 관리는 이 민감하고 중요한 시기에 장거정에게 귀향해서 장례를 치르고 심지어 초상까지 지내라 하는 것인가. 벌써 반대세력이 일어서고 있는 것인가. 아니면 또 다른 음모가 진행되고 있는 것인가. 장거정은 분노했고 조정에는 긴장이 감돌았다. 엄숭 때부터 내각을 공격한 사람에게는 정장의 처분을 내렸다. 장거정은 49일 동안 내각에 나오지 않고 밖에서 분위기를 살피며 신종의 결정을 기다렸다. 정장은 사람을 죽일 수도 있었다. 이로 인해 또 피바람이 일 것인가.

예부상서 마자강이 문상 중에 있는 장거정을 찾아가 극구 변호했다. 젊은 사람들이 특별한 원한이 있어서가 아니라 단지 사직을 위해 의견을 개진한다는 것이 미숙해 황제가 진노하셨으니, 상공이 이해해서 화를 피하자고 중재를 요청했다. 그러나 장거정은 차갑게 대꾸했다. "상중이라 바깥의 일은 관여할 수 없소이다. 마 상서는 돌아가시게." 한림원 관리들도 모두 선처를 호소하는 상소를 올렸다. 하지만 오중행 등 4명은 처벌을 피할 수 없었다. 한림원에서는 심무학이 장거정의 둘째아들 사수에게 세 편의 글을 보내 다급함을 호소했지만, 사수는 감히 말을 꺼내지 못했다. 심무학은 다시 장거정과 가까운 이유자에게 부탁했다. 그러나 일언지하에 거절당하고 말았다.

정장은 피할 수 없었다. 한림원 학사 왕석작이 10여 명의 동료들과 함께 장거정을 방문했다. 장거정이 만나주지 않자, 왕석작은 문상 장막을 젖히고 들어가 오중행 등을 대신해 변호했다. 이에 장거정이 말했다.

"황제의 진노가 심해 나도 말을 못 꺼내겠소."

"아무리 진노가 심해도 결국 상공을 위한 것 아니겠습니까?"

장거정은 엎드려 머리를 바닥에 부딪치며 대답했다.

"사람들은 가라고 하지만 황상이 허락해주지 않는데, 나더러 어떻게 하라는 것이오. 나도 죽고 싶은 심정이오."[8]

결국 왕석작은 물러나왔고 정장은 집행되었다. 12월 22일, 오중행과 조용현은 각각 정장 60대를 맞았다. 그리고 장안 밖으로 끌려 나가 지게에 실려 북경을 떠나야 했다. 오중행의 숨은 끊어질 뻔했지만 다행히 의원이 달려와 살려냈다. 그러나 곤장에 상한 대퇴부의 살은 도려내야 했다. 조용현은 뚱뚱해서 곤장의 충격은 덜했지만 역시 대퇴부에서 손바닥만 한 살점이 떨어졌다. 독심을 품은 그의 처는 이 살점을 말려 자손들에게 물려주어 집안의 교훈으로 삼았다고 한다. 이들이 북경에서 쫓겨날 때 일강관日講官 허문목許文穆이 오중행에게는 옥玉으로 만든 잔을, 조용현에게는 소뿔로 만든 잔을 건네며 이들의 용기를 칭찬했다.

애목과 심사효는 더욱 심한 대가를 치렀다. 정장 80대를 맞고 손발에 수갑을 찬 채 사흘 동안 수감되었다. 이후 애목은 양주涼州, 심사효는 신전위神電衛 등 변방으로 유배되었다. 애목은 평강平江 출신이어서 호남과 호북이 두 성으로 나뉘기 전에는 한 성이어서 장거정과 동향이라고 할 수 있었다. 장거정은 동향이자 문하생인 애목의 공격에 더욱 분개했다. "예전에 엄숭이 정권을 잡고 있을 때도 동향 사람들끼리는 서로 공격하지 않았는데, 내가 엄숭보다 못하단 말인가!"

도량이 크고 관대한 대신이라면 이러한 상황에서 화를 내지도, 정장을 이용할 필요도 없다. 싸움은 원래 이상적인 것인데 왜 피를 흘려야만 하는가. 그러나 정국은 비상시국이었고 장거정 또한 그리 도량이 넓은 대신은 아니었다. 그가 강압적인 수단으로 여론을 누르고 피를 부르자, 숨을 죽이고 있던 지사들이 나서기 시작했다. 1577년에 진사로 형부에 있던 추원표鄒元標는 훗날 희종熹宗 천계天啓 연간 때 대신이 되었는데, 이번 정장을 보고 난 후 바로 상소를 올렸다.

폐하께서는 장거정이 사직에 필요한 인물이라고 생각하시옵니까? 장거정은 재주는 있으나 학문이 편협하고, 뜻은 있으되 자만이 심한 자이옵니다. ……
폐하께서는 아직 학문이 완성되지 않았고 뜻 또한 세우지 못했으니 장거정을 보낼 수 없다 하셨사옵니다. 폐하의 이런 말씀은 종사로서는 무한한 복이옵니다. 그러나 폐하의 학업과 뜻을 세우는데 조정에 도와줄 사람이 없는 것이 아니옵니다. 신이 장거정의 소를 보니 "세상에는 대단한 인물이 있고, 그런 후에야 큰일이 있다"고 했사옵니다. 만약 초상을 지내는 것이 일상적인 일이라면 모두가 불초자일 것이옵니다. 이러한 일도 못하고 어찌 사람의 도리를 지킨다 할 수 있사옵니까. 초상도 치르지 않으면서 세상에 대고 '내가 대단한 사람이다'라고 말할 수 있사옵니까? 세상은 짐승이라 여길 것인데, 어찌 '대단한 사람'이옵니까!

상소가 올라간 지 이틀 만에 추원표 역시 정장 80대를 맞고 변방인 귀주 도균위都勻衛로 유배되었다. 훗날 천계 연간 때 좌도어사가 된 추원표가 하루는 강연을 하다가 넘어졌다. 희종이 놀라 내관을 보내 위로하려 하자 대학사 주국조朱國祚가 말했다. "그가 선대 때 정장을 당해 걸음을 잘 걷지 못하옵니다." 40여 년이 지났지만 단 한 번의 정장은 깊은 상처를 남겼다. 훗날 추원표는 이렇게 말했다. "대신은 언관과 다르다. 언관은 기개가 탁월해야 하고 대신은 이해에 얽매여서는 안 된다. 국체國體를 세워야 할 때 젊은이처럼 경거망동해서는 안 된다." 아마도 자신이 이전에 했던 행동에 대한 평가였는지도 모른다. 1582년 장거정이 죽자, 장거정은 모든 명예를 박탈당했지만 천계 연간에 복직되었던 것이 오로지 추원표의 공인 것을 보면 역사는 아이러니하다.

두 차례의 정장에도 불구하고 복건순무 방상붕이 장거정에게 서신을 보내 다시 이들의 용서를 구했다. 그리고 남경어사 장악張岳도 장거정이 초상을 치러야 한다는 주장을 굽히지 않았다. 1577년 10월 창백한 빛을 발하며 동북으로 떨어진 혜성은 결국 피의 공포를 불러왔다. 신하들은 불안해했고 온갖 소문이 횡행했다. 심지어 장거정이 반란을 꾀한다는 말이 나돌 만큼 상황은 심각했다. 신종이 서둘러 사태를 진압해[9] 평정을 되찾아 더 이상 상소는 올라오지 않았다.

장거정은 황제에게 관용을 베풀라고 청했지만, 사실 관용은 장거정이 베풀어야 했다. 오중행 등에게 보인 장거정의 반응에서 포용이나 관용은 찾아볼 수 없다. 장거정은 49제 동안 내각에 들어가지 않았지만 국사에 대해 조금도 방심하지 않았다. 비록 문상 중이더라도 내각의 공문은 모두 장거정에게 전해졌고, 그의 지시를 받아 실행되었다. 10월이 지나고 11월 초 49제가 지나자 입각하라는 성지가 내려졌다. 장거정은 비로소 황상을 알현했다.

"신의 아비 문제로 성은을 받고 황상의 심기를 어지럽게 했사옵니다. 신이 사직에 대해 한 일이 없으나 너무나 많은 것을 내려주시어 몸 둘 바를 모르겠사옵니다."
"선생은 효를 다했소. 짐은 사직을 위해 선생을 만류한 것이니 선생은 부황이 부탁한 뜻을 헤아려 마무리를 다해주시오. 그것이 사직에 대한 충성이고 부모에 대한 효일 것이오."
장거정은 눈물을 흘리며 경청했다.
"조상들이 모두 알 것이고 태후와 짐도 알고 있소. 소인배들은 법에 의해 처리할 터이니 개의치 마시오."
잠시 침묵이 흐른 뒤 신종이 덧붙였다. "오늘은 좋은 날이니 이제 선생은 일을 시작하시오.
―《주소 6》〈사소견내소〉謝召見內疏

장거정은 성은에 감사했다. 신종은 은 50냥, 비단 4필, 주안상 등을 내렸고 내관을 시켜 장거정을 내각까지 배웅했다. 장문명의 죽음이 부른 일련의 사건은 결국 11월 6일 장거정이 청의각대를 하고 내각으로 돌아오고 나서야 일단락되었다.

반대세력을 제거하다

탈정기복 와중에 의외의 사건이 발생했다. 영국부寧國府 생원 오사기吳仕期가 수보가 초상을 치르지 않는다는 소리를 듣고 상소를 올려 간언하기로 했다는 말이 돌았다. 공명심이었을 수도 있고 충심이었을 수도 있지만, 상소를 올리기도 전에 태평부太平府 동지同知 용종무龍宗武가 먼저 알고 조강어사操江御史 호가胡檟에게 고했다. 호가는 다시 장거정에게 알렸다. 공교롭게도 이때 남방에서는 해서가 썼다는 '장거정을 탄핵함'(《핵장거정소》劾張居正疏)이라는 문장이 떠돌았다. 해서는 1570년에 파면된 후 이미 오래전에 고향으로 돌아갔다. 그러나 응천부 순무로 재직할 때 명성이 자자해 그가 썼다는 문장이 시중에 떠돌고 있었다. 장거정과 호가는 해서의 문장이 없다는 것을 알고 있었다. 그랬기 때문에 오사기가 이 문장의 위작자가 아닌지 의심했다.[10]

오사기는 태평부 옥에 갇혔다. 호가는 장거정이 다시 이 문제로 복잡해지기를 원하지 않는다는 뜻을 용종무에게 전했다. 일주일 후 오사기는 태평부 옥에서 맞아 죽은 채로 발견되었다. 중대한 형사사건이 정치적 사안으로 종결된 것이다. 이 사건에 대해 호가와 용종무는 물론 장거정 역시 도의적 책임을 면할 수 없었다.

1577년 11월 혜성이 떨어지고 난 뒤 신종은 경찰을 명했다. 경찰은 본래 6년 만에 실시하지만 '국찰'國察이라는 부정기적인 경찰이 있었다. 이는 무종 때 환관 유근劉瑾이 정권을 잡자 수하인 이부상서 장채張彩가 불시에 경찰을 실시한 나쁜 선례가 있었다. 그런데 지금 장거정이 이를 이용하는 것이다. 장거정은 본래 자연계의 현상이 인간사에 영향을 미친다는 것을 믿지 않았다. 그는 이렇게 말하기도 했다. "'천도'天道라는 것은 워낙 오묘해서 좋고 나쁨은 아무도 알 수 없다. 그것을 따지는 것은 무지한 일이다."[11] 그러나 지금 혜성의 출현으로 조정의 인심이 흉흉하다고 해서 국찰을 실시해 자신과 의견이 다른 사람들을 제거하는 것은 편협하고 모순된 일이 아닐 수 없다.

이 경찰에서 삼강오륜의 중요성을 강조한 남경 예부상서 하유백과 초상을 치러야 한다고 주장하던 남경 조강어사 장악, 오중행 등을 구하려 상소를 올린 시독 조지고趙志皐, 남경 국자사업南京國子司業 장위張位 등이 모두 파직되었다. 장거정이 죽은 후 이부상서 양외楊巍는 "6년마다 거행하는 경찰은 조상이 만든 제도이지만, 정적을 제거하기 위한 수단으로 국찰을 실시한다면 누구도 승복할 수 없으니 실시해서는 안 될 것"이라고 했다. 그래서 1585년 이후 다시는 경찰이 실시되지 않았다.

장거정은 다시 두 가지 중요한 일에 착수했다. 하나는 하조河漕의 정비이고, 또 다른 하나는 전국에 있는 전답의 측량이었다. 명대 하조 문제는 처음에 하도총독이 황하를, 조운총독은 조운을 전담해서 관리했다. 그러다가 회안을 경계로 회안 아래에서 바다로 들어가는 물길의 관리는 조운총독이, 회안 위쪽은 하도총독이 관리했다. 그러나 회안에서 다성까지는 조운인데 하도총독은 황하까지만 관리하니, 하남 위쪽 황하를 관리하는 사람이 없었다. 그러자 이를 두고 두 조직 사이에 마찰이 끊이지 않았다. 1576~1577년 사이 하도총독 부희지와 조운총독 오계방이 계속 다투자,

1577년 9월 산동순무 이세달李世達이 하도총독으로, 부희지는 섬서순무로 전보되었다. 이 과정에서 장거정은 이것이 사람의 문제가 아닌 제도의 문제라는 것을 알았다. 그리하여 10월에 다시 이세달을 전보시키고 오계방에게 하조를 같이 관리하도록 했다.

1578년 정월, 오계방은 공부상서 겸 도찰원 우부도어사로 승진해 하조를 총괄하는 제독군무를 겸하게 되었다.[12] 이로써 하조를 담당하는 두 조직이 정식으로 합병되었다. 그러나 불행히도 다음 해 정월, 오계방이 병으로 죽자 반계순이 우도어사 겸 공부좌시랑이 되어 하조를 총괄하게 되었다. 이후 이 문제는 비로소 근본적인 해결을 볼 수 있었다.

명대 이전에 국가 세수입은 주로 부역賦役이었다. 부는 곡식이고, 역은 요역을 지칭한다. 이 두 가지 세수입을 정리하기 위해서는 먼저 호구와 토지를 정확히 조사해야 한다. 등문공滕文公이 어진 정치를 펼치기 위해 맹자에게 그 방법을 물었다. 맹자가 답했다.

어진 정치를 펼치려면 먼저 경계境界를 바로 잡는 것이 그 시작입니다. 경계가 바르지 않으면 토지가 반듯하지 못해 이웃 간에 불만이 쌓입니다. 폭군과 탐관오리들이 게으른 탓이지요. 경계가 바르면 토지가 반듯해 가만히 있어도 안정을 얻을 수 있습니다.

이것은 맹자의 정전井田에 대한 생각이지만 경계의 중요성을 정확하게 진단한 것이다. 전답과 인구 조사가 바르게 이뤄져야만 백성의 부담이 공평해져, 누구도 책임을 회피하거나 일부분에게 부담이 가중되는 폐단을 고칠 수 있다.

1393년 조사에 따르면, 호구 수는 1,605만 2,860호에 인구는 6,054

만 5,812명, 전답은 850만 7,623경頃(1경은 1만 제곱미터)이었다. 98년의 휴식을 거친 뒤인 1491년 이미 귀주가 개간되어 인구와 전답이 증가했다. 하지만 실제 호구 수는 911만 3,446호, 인구는 5,328만 1,158명, 전답은 622만 8,058경이었다.[13] 이것은 전체 인구와 전답이 감소한 것이 아니라 부세를 내는 인구와 전답이 감소했다는 것을 말한다. 대지주들의 노복이나 북경과 남경에서 장역匠役에 종사하는 자 모두 부역이 면제되자, 스스로 노복이 되거나 장역에 종사한다고 신분을 속이는 자가 속출했다. 이외에 멀리 장사를 떠나 조사가 불가능한 경우도 있었다. 전답은 세금을 내지 않는 왕부王府에 끼워 넣거나 지주들이 거짓으로 보고했고, 치안이 어려운 지역에서는 징수가 어려웠다. 부세를 부담하는 인구와 전답의 감소로 발생한 부족분은 당연히 다른 백성에게 전가되어 정치적 불평등으로 이어졌다.

1577년 11월, 장거정은 호구와 장전, 민전, 직전, 탕지, 목지 등을 포함한 모든 전답을 3년 이내에 측량 조사하라고 명했다.[14] 전국에 숨어 있는 전답을 찾아내는 작업이 시작된 것이다. 1581년 소름蕭廩은 섬서순무로 재직하면서 상부의 명령에도 불구하고 전답을 찾아내는 작업에 적극적이지 않았다.[15] 당시 여러 문헌에서는 이를 소수에 대한 배려라 여겨 미담으로 기록했다. 소수에 대한 관용은 명백히 다수의 부담을 증가시킨다. 그러나 당시 사람들은 이를 이해하지 못하고 오히려 장거정의 정책이 지나치게 각박하다고만 비판했다. 안타까운 일이 아닐 수 없다.

국사이자 신종의 보호자가 되다

1578년, 황제의 혼인이 다가오고 모든 준비가 예정대로 진행되었다. 자성황태후는 장거정에게 새 옷을 하사했다. "충과 효를 모두 다하기 쉽지 않으나 선생은 청의각대를 입고 일을 했으니 효는 다했다고 생각하오. 이제 좋은 날이 다가오니 선생은 잠시 옷을 바꿔 입고 행사를 준비하되, 집으로 돌아가서는 편한 대로 하시오."

혼례를 준비할 두 사람의 납채사納采使로는 신망이 높았던 영국공英國公 장용張溶과 장거정이 각각 정사正使와 부사副使로 선임되었다. 이에 호과급사 중 이래李淶가 장거정은 상중이니 길례吉禮에 참석하는 것은 옳지 못하다는 상소를 올렸지만 신종은 이를 묵살하고 장거정에게 계속 일을 추진하도록 했다.[16]

목종이 서거한 후, 자성황태후는 건청궁에 머물면서 신종에 대한 자신의 책임을 다하고 있었다. 결혼이 다가오자 황태후는 자녕궁으로 물러나면서 신종에게 당부했다.

황제의 혼례가 다가오니 건청궁을 물려주오. 이후 황제의 동정에 대해서 이제까지처럼 돌볼 수 없으니 스스로 유념하시오. 황제는 천하의 주인이니 가볍게 행동하지 말고 수양을 꾸준히 하고 음식을 절제하며 성인이 되도록 노력하시오. 특히 아무 사람이나 써서는 안 되오. 오랫동안 건강을 유지해 요순의 효도를 본받도록 하시오. 부디 잊지 마시오.
　－《주소 6》〈걸준수자유소〉乞遵守慈諭疏

또 장거정에게는 이렇게 당부했다.

황제가 결혼 후 예전처럼 학문과 정치에 매진할 수 있을지 걱정입니다. 선생이 선제에게서 부탁받은 스승의 책임은 다른 이들과는 다른 것입니다. 다시 한 번 부탁하건대 조석으로 보살펴 선제의 부탁과 사직 창생을 위해 노력해

효단황후孝端皇后

신종의 황후로, 성은 왕씨王氏이다.
1588년(만력 16년)에 황후로 책봉되었
으나, 정귀비에게 총애를 빼앗기고 오
랫동안 병석에 있다가 1617년에 죽었
다.

주십시오.

　－《주소 6》〈사황태후자유소〉謝皇太后慈諭疏

　자성황태후는 신종의 결혼을 계기로 황제에 대한 감호의 책임을 장거
정에게 완전히 넘겼다. 장거정은 이제 국사를 담당하는 대신임과 동시에
조석으로 생활을 보살펴주는 신종의 보호자가 되었다.

　결혼식이 진행되고 있을 때 요동순무 장학안의 첩보가 도착했다. 토만
이 요동 개원을 침범하자 총병관 이성량이 200여 리를 나가 싸워 적 430
여 명을 참수했다는 소식이었다. 자성황태후는 크게 기뻐했다. "조종祖宗이
보살피시어 이 좋은 날에 좋은 소식을 들었구나. 이는 수보의 공이 크니
선생을 만류한 것은 정말 잘한 것이다."[17] 신종이 왕씨王氏를 황후로 맞아
들이니 훗날의 효단황후孝端皇后였다. 대혼과 대첩으로 신하들에게 상이 내
려지고, 장거정에게는 은 200냥과 비단 6필이 하사되었다. 다만 장거정은

승진과 음서만은 극구 사양했다.

이제 대혼까지 마무리되었으니, 장거정은 고향으로 돌아가 부친의 장례를 마치려 했다. 그러나 황제가 여전히 허락하지 않자 장거정은 다시 간곡하게 사정했다. 황제는 정해진 시간 안에 돌아온다는 조건을 제시했다.

> 짐이 경을 만류하는 것은 오직 사직을 위함인데, 경이 이렇게 간절하게 원하니 짐도 더 이상 잡을 수가 없어 잠시 돌아가서 상례를 치를 것을 허락하오. 문·무관 한 사람씩을 호송관으로 파견하니 장례가 끝나면 5월 중순까지는 돌아오도록 하시오.
>
> ─《주소 7》〈재걸귀장소〉再乞歸葬疏

3월 초, 두 황태후에게는 존호가 더해져 자의황태후는 인성정의황태후仁聖貞懿皇太后, 자성황태후는 자성선문황태후慈聖宣文皇太后가 되었다. 장거정은 자신이 고향에 있는 동안 여조양과 장사유만 내각에 남아서는 일이 순조롭지 않을 것으로 생각하고 사람을 충원하기로 했다. 마자강과 신시행이 추천되어 마자강은 예부상서 겸 문연각대학사로, 신시행은 이부좌시랑 겸 동각대학사로 임명되어 내각이 충실해졌다. 이처럼 비록 사람은 늘었으나 내각은 여전히 장거정 한 사람이 움직였다.

마자강은 동주同州 출신으로 1553년에 진사가 되었고, 1575년 이부좌시랑을 거쳐 9월에 예부상서로 승진한 유능하고 노련한 사람이었다. 평소에 장거정과 뜻이 달랐지만 장거정의 추천으로 내각에 들어오게 되자 그는 진심으로 감격했다. 신시행은 장주長洲 출신으로 1562년 장원급제해 역시 1575년 한림원 시독학사가 되었다가 이부우시랑으로 승진했다. 장거정의 추천으로 입각해 훗날 1583년부터 1591년까지 수보를 역임한다. 당연히 장거정과는 친밀한 관계를 유지했다. 1578년 7월 여조양이 병으로 낙향하고 10월 마자강 역시 병으로 세상을 등지자, 1582년까지 내각에는 장거정, 장사유, 신시행 세 명만 남게 된다.

드디어 아버지의 초상을 치르다

1578년 3월 13일은 장거정이 고향으로 돌아가는 날이었다. 신종은 여행 경비로 은 500냥, 비단 6필과 '황제가 충신에게 하사함'이라는 뜻인 '제뢰충량'帝賚忠良이라고 새겨진 은 도장을 하사하고, 인성태후는 은 300냥, 비단 6필, 자성태후는 은 500냥, 비단 6필을 하사했다.[18] 11일 장거정은 문화전에 나와 인사를 고했다.

"신은 하늘같은 은혜를 입어 고향에 돌아가 장례를 치르도록 허가받았고 경비까지 받았사옵니다. 온몸을 바쳐도 다 보은하지 못할 것이옵니다."

"선생은 가까이 오시오."

장거정이 다가갔다.

"태후와 짐은 원래 선생을 돌아가지 못하게 할 생각이었소. 그러나 선생의 뜻이 워낙 간절해 혹 마음이라도 상할까 특별히 이번 여행을 허가하니, 일을 마치면 빨리 돌아오도록 하시오. 국가의 일이 중요한데, 선생이 없으면 짐은 누구에게 의지하겠소."

"소신의 이번 여행은 실로 부득이한 것이니, 비록 몸은 잠시 떠나 있더라도 마음만은 언제나 황상 곁에 있사옵니다. 바라옵건대 황상께서는 옥체를 보전하시고 대혼 이후 생활에 특히 조심하시기를 바라옵니다. 각 부서에서 올라오는 장주는 일일이 확인하시고 친히 결재하실 것이며, 혹 의문이 있으시면 내각 대신들을 불러 상의하신 뒤 결정하시면 될 것이옵니

제뢰충량帝賚忠良

부친상을 당한 장거정이 1578년 3월 고향인 강릉으로 돌아가는 날, 신종은 여행 경비로 은 500냥, 비단 6 필과 함께 '황제가 충신에게 하사하다'라는 뜻인 '제뢰충량'이라는 글이 새겨진 은 도장을 선물했다. 장거정 의 고택에는 이를 새겨 놓은 벽이 지금도 남아 있다.

다."

"선생의 충고 잘 새기겠소."

"신이 태후마마의 깊은 은혜를 입었으나 옷 색이 불편해 감히 궁에 나 가 인사를 못 드리겠사옵니다. 바라옵건대 황상께서 말씀을 전해주시옵소 서."

"잘 알겠소. 먼 길에 조심하고 너무 슬퍼하지 마시오."

장거정은 감정에 북받쳐 엎드려 울음을 참느라 말이 나오지 않았다.

"선생은 비통을 삼가시오."

위로를 하던 황제도 목이 메었다. 열여섯 살이 되었지만 신종은 아직 천진한 어린아이였다. 사직을 위해 애쓰는 늙은 신하의 길게 자란 수염과 피곤이 역력한 얼굴을 보니, 곧 돌아온다고는 했지만 연민의 정을 숨기지 못했다. 장거정이 절을 하고 물러나오려 할 때, 황제가 좌우에 하는 소리가 들렸다.

"선생에게 위로를 전하려 했는데, 상심하는 모습을 보니 목이 메어 말이 나오지 않는구나."[19]

장거정이 돌아가자 신종은 다시 음식을, 태후는 은으로 만든 장식품 60냥을 선물로 쓰라고 보내왔다. 태후는 당부를 잊지 않았다. "선생이 가고 나면 황상은 의지할 데가 없으니, 만약 황상을 버릴 것이 아니라면 일을 마친 뒤 재촉하기 전에 빨리 돌아오시오."[20] 3월 13일 장거정이 북경을 떠나는 날, 황제는 환관 장경張鯨에게 간식을 준비해 교외까지 환송하도록 하고 문무백관들도 뒤를 따랐다.

왕세정의 기록에 따르면, 장거정의 행렬은 대단히 위풍당당했다고 한다. 가마는 특별히 설계된 것으로, 앞에는 응접실, 뒤에는 침실이 있었으며, 좌우에서 어린아이가 향을 피우며 부채질을 했다. 32명의 가마꾼이 멘 큰 가마는 계관총병 척계광이 보낸 무장군인들의 호위를 받으며 남쪽으로 향했다. 연도의 순무와 순안어사들이 앞을 다투어 영접을 나왔고, 부·주·현의 관리들이 길을 열어주어 순조롭게 지나갔다. 19일 한단邯鄲을 지나 하남 경계에 이르자 개봉開封의 주왕周王이 사람을 보내 영접하고 제사 물품을 보내왔다. 장거정은 제사 물품은 받았으나 다른 것은 사양했다.

황하를 건너자 고공이 살고 있는 신정新鄭을 지나게 되었다. 두 사람은 20년 지기로, 그중 6년간은 정적이기도 했다. 고공은 몸이 불편했지만 나와서 영접했다. 병이 위중해서 말도 분명치 않았지만 한때 적대적이었던 두 정치가는 서로 마주 보고 통곡했다. 장거정은 지난해 둘째아들 사수가 귀향할 때 고공에게 안부를 물어 아프다는 말은 들었지만 이렇게 위중한지는 상상도 못했던 것이다. 32명의 가마꾼들이 멘 가마는 4월 4일 강릉

장거정의 고택

현재 호북성 형주시에 있는 장거정 고택. 촉한蜀漢 유비의 근거지였던 형주고성荊州古城과 함께 지역을 대표하
는 역사 유적지이다.

에 도착했다. 집에 도착한 이후 장거정은 고공에게 편지를 보냈다.

> 6년을 오직 꿈에서만 보다가 잠시 얼굴을 마주하고 다시 꿈속으로 돌아간
> 듯합니다. 무사히 도착했습니다. 부친에 대한 사무치는 정은 말로 표현할 수
> 없습니다. 돌아가는 길에 다시 뵙기를 바랍니다.
> ─《서첩 14》〈답중현고상공삼〉答中玄高相公三

4월 16일, 장문명은 태휘산太輝山에 묻혔다. 장례식에는 장례를 주재한

태감 위조^{魏朝}, 공부주사 서응빙^{徐應聘}, 제를 읽을 예부주사 조고^{曹詁}, 호송을 책임지고 있는 상보사 소경^{尚寶司少卿} 정흠^{鄭欽}, 금의위 지휘검사 사계서^{史繼書}가 참석했다. 지방관으로는 형부우시랑 진서^{陳瑞}, 도어사 서학모 등이 참석했다. 모두 하나같이 당대 최고의 인물이었다. 수재도 못 되었던 평범한 형주의 부학생은 이러한 인사들의 애도 속에 편히 눈을 감았다.

조정의 기강을 바로 세우는 데 힘쓰다

눈 깜짝할 사이에 4월이 지나고 신종과 약속한 5월이 되었다. 그러나 장거정은 움직이지 못했다. 장거정은 일흔셋의 노모가 여름 여행을 견디지 못할 것 같으니, 날씨가 서늘해지는 8, 9월에 노모와 함께 북경으로 돌아갈 수 있도록 허락해줄 것을 간청했다. 그러자 신종은 태감 위조에게 명하여 이을까지 머물다가 장거정의 노모와 같이 북경으로 돌아오도록 하고, 장거정에게는 속히 내각으로 돌아와 업무를 보라는 분부를 내렸다.[21]

장거정이 낙향하자 조정은 거의 업무정지 상태가 되었다. 신종은 중요 사항은 강릉으로 보내 장거정의 결정을 듣도록 했고, 나머지는 장거정이 돌아올 때까지 기다리게 했다. 차보 여조양은 이러한 상황이 불만스러워 병가를 내고 내각에 나가지 않았다. 일상적인 일은 장사유가 처리했으나, 조금이라도 중요한 사항은 반드시 강릉으로 보내 장거정의 지시를 받았다. 북경과 강릉 사이에는 헤아릴 수 없이 많은 말들이 공문을 싣고 내달렸다.

3월에 요동에서 또 다른 첩보가 도착했다. 이른바 '장정보의 승리'[^{長定堡捷}]로 신종은 대단히 기뻐했다. 바로 태묘^{太廟}에 들러 감사의 뜻을 고한 뒤 큰 상을 내리도록 했다. 4월 11일, 신종은 병부 관리를 강릉에 보내 이 소식을 전하고 녹봉을 올려주도록 했다. 첩보는 이러했다.

타타르의 군사 700~800여 명이 소와 양을 끌고 엄청난 바람먼지를 일으키며 요동 변방을 밀고 내려왔다. 이들은 투항한다고 했지만 요동부총병은 속임수라 여겨 군사를 이끌고 나가 모조리 죽였다. 어찌된 일인지 타타르 군사들은 별다른 저항을 하지 않았고 명 군사들도 어려움 없이 무려 470여 명을 죽였다.

-《서첩 10》〈답본병방금호언변공의상핵〉答本兵方金湖言邊功宜詳核

신종은 관련된 모든 신하들에게 승진과 음서의 상을 내렸다. 그러나 이번 승리는 너무나 쉬웠고 미심쩍은 점이 많았다. 장거정은 이상한 생각이 들어 계요총독에게 조사를 명하고, 병부상서 방봉시에게도 진상을 보고하도록 했다.

명대는 감찰권이 우선하던 시대였다. 모든 것은 요동순안어사가 조사를 확정짓기 전에는 끝난 것이 아니었다. 순안어사가 조사에 착수해 결과를 장거정에게 보고하고서야 진상이 밝혀졌다. 타타르 군사 700~800명은 토만과 화합하지 못하자 소, 양을 끌고 동쪽으로 투항을 시도했던 것인데, 의심이 많은 부총병을 만나 억울한 죽임을 당한 것이었다. 그러나 어찌할까. 이미 제까지 지냈고 대학사의 자손들에게는 음서까지 내렸으니 이를 뒤집을 것인가. 장거정은 여조양의 어리석음을 탓할 수밖에 없었다.[23]

그러던 중 급사중 광무光懋가 투항하는 군사들을 죽인 부총병을 벌하고, 대학사, 병부상서, 시랑, 계요총독, 요동순무, 총병에게 내려진 은상을 모두 박탈해야 한다는 상주를 올렸다. 이 주장이 받아들여져 진상을 철저히 조사하게 되었다.

장거정은 바로 순안어사에게 서신을 보내 신중한 조사를 당부했고,[23] 어사는 장거정의 지시대로 조사를 실시한 결과 광무의 주장에 힘이 실렸다. 결국 내각과 병부, 총독, 순무, 총병에게 내려졌던 은상은 모두 취소되어[24] 무고하게 죽은 타타르 군사들은 그나마 위안이 되었다.

이 과정에서 장거정은 이미 내린 은공까지 모두 철회하게 했다. 이는 어찌 보면 지나친 감이 없지 않았다. 최초로 첩보를 올린 양몽룡이나 이를 보고한 방봉시와 여조양 모두 난처해졌기 때문이다. 한 사람은 내각의 오래된 동료였고, 또 한 사람은 자신이 등용한 문하생임에도 전혀 개의치 않고 오직 조정의 기강을 바로 세워야 한다는 신조로 신속하고 공정하게 처리했다. 국가의 상벌이 문란하면 국가를 잘 다스릴 수 없다는 것이 그의 생각이었다.

장거정은 장례를 마친 후 서둘러 귀경을 준비했다. '몸은 재야에 있으나 마음은 조정에 있다'는 옛말이 바로 지금 장거정의 처지였다. 어사 주우산周友山은 그에게 보낸 서신에서 그가 '연연해하고 있다'[戀]고 에둘러 표현했다. 장거정도 솔직히 인정했다.[25] 연연이란 포기할 수 없음을 말한다. 고대 정치에서 포기할 수 없다는 것은 일종의 죄악으로, 자리를 탐낸다는 질타를 받았다. 그러나 이후 이 글자는 여러 상황에 걸쳐 변화했다. 그리하여 정치의 가장 높은 자리에 있는 사람에게는 유유자적하고 마치 달관한 듯 소소한 일에는 관심을 두지 않는다는 뜻의 인생관으로 비유되었다.

미관말직은 '그저 자리에 몸을 싣고', 고관대작은 '명철보신'明哲保身하는 태도를 보이기 마련이다. 국가의 일에 실제로 책임을 지려는 사람들은 '자리에 연연한다'고 욕을 먹거나 '세속에 물든 관리'[俗吏]라고 손가락질을 받지만, 책임을 지지 않으려는 사람들은 내가 아니라도 누군가 하겠지 하고 시나 지으며 세속적인 일에 관심을 갖지 않는다. 장거정은 이 '연'戀자를 조금의 거리낌도 없이 솔직하게 받아들이며, 당시의 정치계에서 자신의 새로운 인생관을 펼쳐가고 있었다.

장거정은 노모의 일을 환관 위조에게 부탁하고 고향 강릉을 떠났다. 이후 그는 다시는 강릉에 돌아오지 못했다. 32명의 가마꾼이 멘 가마는 5월 21일 북경으로 길을 재촉했다. 여름이라 비가 많이 와서 땅이 질어 빨리 걷기가 쉽지 않아서 월말까지 도착하기 힘들게 되었다. 그러자 장거정은 다시 날짜를 늦춰줄 것을 간청하고, 신종 역시 장거정이 이미 돌아오는 중이었으니 기꺼이 허락했다.

장거정이 돌아오는 길에 양양襄陽을 지나자 양왕襄王이 성을 나와 영접했고, 남양南陽을 지날 때도 당왕唐王이 나와 영접했다. 관례대로라면 신하가 번왕藩王을 만나면 당연히 군신의 예를 갖춰야 했으나, 지금은 그저 주인과 손님의 예만 갖추니 당시 장거정의 위상을 실감할 수 있다. 다시 신정을 지나면서 장거정은 고공을 방문했으나, 고공의 병은 더욱 깊어져 있었다. 북경에 돌아와 장거정은 편지 한 통을 보냈다.

신정을 지나면서 다시 한 번 얼굴을 뵈었으나 속말을 다하진 못했습니다. 부탁하신 두 가지 일은 최선을 다하겠습니다. 부디 정신을 가다듬고 건강에 주의하십시오. 다른 일들은 담아두지 마십시오.
　　－《서첩 14》〈답중현고상공사〉答中玄高相公四

이것이 그들의 마지막 대면이었다. 이 만남에서 고공은 장거정에게 후사에 관한 일과 죽은 뒤 지급되는 생활보조금에 관한 사항을 부탁했다. 고공의 말년은 대단히 처량해 칠십이 다 되었는데도 후사가 없었고, 생활보조금 지급은 정적이었던 장거정의 처분만을 바라고 있었다. 후사를 세우는 일은 집안 문제였지만 보조금 문제는 장거정이 처리해줘야 하는 문제로 결코 쉽지 않았다.

다시 북경으로 돌아오다

6월 15일, 황하를 건너 북경 외곽에 있는 진공사眞空寺에 도착했다. 처음에 장거정이 기한을 연장해 달라는 상소를 올리자, 신종은 내각, 육부, 도찰원, 각 사司, 육과 심지어 남경의 부, 원, 사, 과까지 연명으로 장거정에게 빨리 돌아오라는 재촉을 하라고 분부했다. 그가 돌아오자 황제는 환관 하진何進을 보내 연회를 베풀고 두 황태후는 보석과 음식, 술까지 보내주었다. 신종은 여독을 풀고 들어오라는 배려를 잊지 않았고, 다음 날 문화전에서 장거정을 만났다.

"신, 성은을 입어 장례를 마쳤으나 노모가 같이 오기 어려워 또 한 번의 성은으로 태감을 남기고 돌아왔으니, 그 은혜를 감당하기 어렵사옵니다."

"선생은 이제 충과 효를 다했소."

"신의 개인적인 일에 만약 태후와 황상의 보살핌이 아니었으면 어찌 다할 수 있었겠사옵니까. 성은을 다 갚을 수 있을지 걱정이 되고 오직 가슴 속 깊이 새겨둘 따름이옵니다."

"짐이 선생을 보니 얼마나 기쁜지 모르겠소. 양 궁의 태후들께서도 기뻐하실 것이오."

"신이 조정을 떠난 지 석 달이지만 마음은 하루도 황상의 곁을 떠난 적이 없사옵니다. 오늘 다시 황상을 뵙고 태후의 무사하심을 들으니 기쁘기 그지없사옵니다."

"선생의 충성은 짐이 알고 있소. 여행 중 연도의 사정은 어떻던가요?"

장거정은 경유했던 지방의 보리가 이미 수확을 마쳤고, 추곡도 무성해 풍년이 들 것이라고 답했다.

"백성들은 편안하던가요?"

자금성紫禁城

자금성은 성조가 몽골과 같은 대제국을 부활시킬 꿈을 꾸며 북경에 건설한 황궁이다. 현존하는 세계 최대 규모의 궁전으로, 청나라 때까지 자금성에 살았던 황제는 모두 24명이다. 500년 넘게 일반 백성들은 들어갈 수 없는, 중국 최고 권력의 중심지였다.

"신은 각지의 순무, 순안, 관리들에게 황상께서 백성을 생각하시는 마음을 전하면서 경계를 늦추지 말고 백성을 사랑하도록 일렀사옵니다. 모든 일에 결코 거짓이 있어서는 안 되며, 신이 보기에 관리들이 예전과는 달리 노력하고 있음을 알 수 있었사옵니다. 백성이 황상의 덕을 칭송하고 각자의 생업에 종사하며 즐겁게 살고 있는 것이 태평의 모습이었사옵니다."

"변방은 어떤가요?"

"어제 산서와 섬서 삼변총독, 순무, 총병관의 밀보가 있었사온데, 타타르 내부에 싸움이 있어 알탄 칸은 겨우 목숨을 건졌다 하옵니다. 아직 사실인지 확인은 되지 않았사오나, 신이 보기에 이들이 서로 싸우는 것은 우리에게는 이득이 될 것이옵니다. 이것은 모두 황상의 덕이 널리 퍼진 덕분으로, 변경은 안정되고 사방의 오랑캐는 복속해오고 있사옵니다."

"이 모든 것이 선생이 잘 보좌해준 덕분이오."

장거정은 오랜만에 황상을 알현한지라 말을 할수록 신이 났다. 그래서 고대의 성왕들이 어떻게 나라를 다스렸는지까지 한달음에 말을 마쳤다. 신종은 말을 듣고 매우 기뻐했다.

"선생의 말이 맞습니다. 여행으로 피곤할 테니 돌아가서 쉬도록 하세요."

장거정이 고개 숙여 감사를 표하자, 신종은 은 100냥, 비단 6필, 새 돈 3,000관, 양 두 마리, 술 두 병, 음식 한 상을 하사하고, 환관에게 장거정을 두 태후에게 인사를 시키도록 했다.

장례식 때 호광의 고위 관리들은 모두 참석했지만 호광순안어사 조응원趙應元은 오지 않았다. 조응원은 임기가 끝나서 신임 순안 곽사극郭思極에게 업무를 인수인계해야 해서 올 수 없었다고 변명했다. 그러나 장거정은 심기가 편치 않았다. 감찰권이 중시되던 시대에 순안어사는 임무를 마치면 자신의 업무에 대한 평가를 받기 위해 도찰원에 돌아와 고찰을 기다려야 했다. 그러나 중엽 이래 이 조항은 유명무실해져 더 이상 의미가 없었다. 조응원은 병가를 내고 고향에 돌아가 치료한다며 도찰원에 돌아오지 않았다.

감독관인 도찰원 좌어사 진개陳炌는 조응원의 이 행동이 조직의 기강을 해쳤다며 즉시 탄핵했고, 조응원은 제명될 위기에 처했다. 이 탄핵은 검도어사 왕전王篆의 지시에 따른 것이었다. 왕전은 장거정의 문객門客으로 평소 조응원과 사이가 좋지 않았는데, 이번 기회에 장거정에게 잘 보이기 위해 일을 꾸몄다는 소문이 돌았다.

호부원외랑 왕용급王用汲이 진개를 탄핵했다. 하지만 실제로는 바로 장거정을 겨냥한 것이다. 이때 장거정은 아직 돌아오지 않았고 여조양은 병가 중이어서 장사유는 왕용급을 파직하고 서민으로 강등시켰다.

6월 16일, 장거정이 돌아와 왕용급의 상소를 보고는 그가 군신 사이를 이간시키려 한다며 불같이 화를 냈다. 또 황제에게 진시황이나 수문제隋文帝처럼 독재자가 되라 한다고 공격했다. 그러나 장거정의 이런 반응은 자신이 점차 독재자가 되어가고 있다는 것을 스스로 인정한 것이나 다름없었다.

권력의 힘에 도취되다

장거정은 이번 일을 기회로 내외의 기강을 세우리라 마음먹었다. 그는 예전에 목종이 독재정치를 실시해 정국의 안정을 꾀하기를 바랐던 적이 있었으나, 지금의 독재자는 바로 자신이었다. 게다가 자신의 이러한 독재가 '선제에 보답하고 황제께 충성해야 하는 자신의 본분'이라고 생각했다.

그러나 열여섯 살의 황제는 자신과 권력을 다투지는 않더라도 나날이 성장하고 있었고, 상황도 변해서 독재를 하는 신하와 군주의 대립은 피할 수 없었다. 하지만 자신만 이를 느끼지 못하고 있었다. 만약 1582년에 장거정이 죽지 않았다면 그의 앞날이 어떻게 되었을지 예측하기 쉽지 않다. 그러나 장거정이 죽자마자 신종이 가장 큰 적으로 돌아선 것은 정치역학적인 면에서 보자면 당연한 일이다. 다만 신종 초에는 신종과 장거정 모두 이러한 경각심이 없었다. 그리고 유태, 왕용급 등은 그저 장거정이 지나치게 독선적으로 행동하니, 황제가 그를 제재해야 한다고 생각했을 뿐이다.

9월, 장거정의 모친 조부인이 북경에 도착했다. 신종은 환관을 보내 위로하고 두 궁의 태후도 선물을 하사했다. 조부인은 연로했고 몸이 불편해 입궁해서 인사를 할 수 없어 장거정이 대신 감사를 표했다. 왕세정은 신종과 황태후의 장거정 모자에 대한 예우가 거의 집안사람 대하듯 친절했다고 했다.

이번 귀향에서 오가며 두 번 만났던 고공이 결국 10월 세상을 떠났다. 1572년부터 신종 초까지 정치계를 장악했던 서계, 고공, 장거정 세 사람 중에서 서계는 1567년 예순넷의 나이로 이미 정치에 염증을 느끼고 은퇴했으니, 고공과 장거정만 남아 있었다. 능력으로 본다면 두 사람은 적수였고, 성격에서 작은 차이는 있었지만 비슷한 유형이었다. 이런 두 사람은 같은 자리에 있으면 당연히 마찰을 일으키고 충돌하지만, 떨어져 있으면 서로를 생각하고 상대방의 고충을 누구보다도 잘 이해해주었다. 1572년 6월 이후 고공은 실각하고 낙향해 마치 상처 입은 맹수처럼 신음했다. 그에 대한 장거정의 감정은 1572년부터 1578년까지 여러 번 변화를 거듭했다. 그러다가 이번에 비로소 얼굴을 맞댄 것이었다. 그렇게 20여 년의 친교를 나누던 상대가 이제 죽었다. 보조금을 해결해주기 위해 그는 풍보를 설득하고, 고공의 부인에게 상소를 올려 선처를 호소토록 했으나 황제의 반응은 싸늘했다.

고공은 선제의 부탁을 받고도 짐이 어리다고 멸시했으니, 그 죄가 작지 않소. 그러나 경이 선제 때의 옛정을 생각하라고 간청하니, 복직을 허락하고 장례비를 지급하도록 하시오.

－《주소 8》〈위고대학사고공걸은소〉爲故大學士高拱乞恩疏

이번에 얻어낸 허가는 국가가 장례비의 절반을 부담하는 것에 지나지 않았지만 장거정은 바로 지급하도록 배려했다.[26] 고공의 유가족이 장거정에게 전기와 묘비명을 부탁하자, 장거정은 고공에 대한 애증을 이렇게 나타냈다. "그와 오랜 교분을 나누었고 평생 행적에 대해서도 잘 알고 있으니 쓰도록 하겠네. 묘비명도 사양하지 않겠네."

제12장

마침내 개혁을 완성하다

실패와 비난의 문턱을 넘어서야 한다

1578년 6월, 장거정은 북경에 돌아온 후 중요한 일을 매듭지었다. 그해 7월에 여조양이 사임하고, 10월에는 마자강이 병으로 세상을 떠났다. 이제 내각에는 장거정과 장사유, 신시행 세 사람만 남았다. 권력은 장거정이 장악하고 있었고, 장사유와 신시행은 충실하게 임무를 수행했다.

육부에서는 1577년 10월 이부상서 장한이 면직되어 왕국광이 새로 임명되고, 1578년 6월 호부상서 은정무가 사임하고 장학안이 새로 임명되었다. 예부상서는 마자강이 입각한 뒤 반성이 뒤를 이었다. 1577년 8월에는 형부상서 유응절이 사임하고 오백붕이 임명되었으며, 1578년 5월 오백붕이 병으로 사망하자 엄청嚴淸이 자리를 이어받았다. 1577년 11월 공부상서 곽조헌이 사임하고 이자유가 후임이 되었다. 도찰원은 역시 11월 도어사 진찬이 병으로 사임하고 진개가 임명되었다. 육부와 도찰원의 우두머리는 엄청을 제외하고는 모두 장거정과 개인적으로 가까워 개혁을 추진하는데 어려움은 없었다. 무엇보다 먼저 해야 할 일은 토지의 면적을 정확하게 측정하는 일, 즉 '청장'淸丈이었다. 이는 민생에 관련된 중대한 사안으로, 경정향이 복건순무 시절 실행한 후 꾸준히 추진되고 있었다.

1581년 9월, 왕종재는 이미 강서에서 청장을 실시했으니 다음 해 초에는 완성될 수 있다고 했다. 그러나 불과 반 년도 안 되어 장거정이 세상을 떠나고 말았다. 장거정은 수차례에 걸쳐 이 일의 중요성을 강조하고 내각의 다른 동료들이 이 문제에 대한 인식이 부족한 것을 안타까워했다. 그는 고성법보다 토지의 청장이 더 중요하다 생각하여 여기에 재정 안정이라는 큰 희망을 걸었다. "어진 정치를 펼치려면 먼저 경계를 바로잡는 것이 그 시작"이라는 맹자의 말처럼, 토지의 청장이 이뤄지지 않는다면 백성의 부담은 공평해질 수 없었다. 장거정은 '소농들에게 혜택이 돌아가리라'고 믿었지만 이번 청장 역시 1502년처럼 큰 성과를 거두지 못했다.

가장 큰 실패 요인은 무엇보다 관리들의 인식 부족 때문이었다. 어떤 관리들은 그저 구태의연하게 예전처럼 징수할 뿐 조사를 통해 새로운 세원을 발굴하려 하지 않았다. 또 다른 관리들은 규정에 따라 토지를 상·중·하로 구분해 징수해야 함에도 모두 하로 보고해 다른 백성의 부담을 증가시켰다.[1] 이러한 관리들이 당시에는 모두 백성을 생각하는 좋은 관리들로 칭송받았고, 장거정은 오히려 공에 눈이 먼 가혹한 사람으로 매도되었다.

세종 때 산출한 1502년의 청장 결과는 400여 만 경이었는데, 이는 잘못 계산된 것이었다. 따라서 1578년의 701만 3,916경이라는 숫자는 청장이 300만 경이나 증가한 것처럼 보이게 했다. 하지만 잘못된 통계로 장거정은 가혹하게 세원을 만들었다는 공격을 받았고, 훗날 그의 죄를 더욱 무겁게 했다.

사실 그해의 청장 결과는 1502년에 비해 불과 81만 경밖에 증가하지 않았고, 명대 초인 1393년과 비교해도 149만 경밖에 늘지 않았다. 그러니 장거정을 탓할 수는 없었다. 민간의 전답은 점차 관리, 대지주, 공신들에게 집중되었다. 그리고 이들은 자신의 사회적 지위를 이용해 국가에 내야 할 세금을 내지 않았고, 국가 경제와 백성의 생활에 커다란 부담을 전가했다. 장거정의 개혁은 바로 이들로 하여금 납세 의무를 충실히 이행하도록 해 다른 백성의 부담을 가볍게 하려 한 것이다.

1578년 시행된 청장의 결과를 분석해보면, 가혹하게 세원을 만들었다는 흔적은 어디서도 찾을 수 없다. 1502년에 비하면 수치상으로는 증가했지만, 13개의 성 가운데 증가한 성은 불과 7개 성이고, 나머지 6개 성은 모두 감소했다. 또 남경과 북경, 직예直隸 28개 부·주 중에서 증가한 곳은 16개 부·주에 지나지 않았다. 2개 주는 변함이 없었으며, 10개 부·주는 감소했다. 그러므로 그가 공에 눈이 멀었다는 지적은 옳지 않다. 그가 권력을 잡고 있는 상황에서 어떻게 그렇게 많은 지방 관리들이 반대할 수 있겠는가. 또 경정향이나 왕종재 등은 장거정과 가까웠다.

장거정은 특히 이 지역의 청장에 관심을 보였지만, 복건은 13만 5,000여 경에서 13만 4,000여 경으로, 강서는 40만 2,000경에서 40만 1,000여 경으로 적은 숫자지만 결국 줄었고, 소주는 15만 5,000경에서 9만 2,000경으로 대폭 감소했으니, 그에 대한 비난은 정당하지 않다.

이번 청장의 결과 증가폭이 가장 큰 곳은 북경의 부·주와 하남, 산동 등 세 곳으로, 전국적으로 증가한 81만 경 중 이 세 곳이 51만 경을 차지했다. 1497년 북경 10부는 26만 9,000여 경에서 49만 3,000여 경, 하남은 41만 6,000여 경에서 74만 1,000여 경, 산동은 54만 2,000여 경에서 61만 7,000여 경으로 증가했다. 이 세 곳 외에 광동도 7만 2,000여 경에서 25만

6,000여 경으로 크게 증가했다.

광동의 증가는 치안의 안정에 있었다. 중앙의 힘이 강해지니 지방의 질서도 잡히고 인구와 전답의 수도 점차 증가했다. 북경, 산동, 하남 등은 모두 수도권 지역으로, 혜제惠帝 때 있었던 한 번의 내전과 장성 일대가 오랑캐의 침입을 받았던 것을 제외하면 개국 이래 비교적 양호한 상태를 유지해 세수 역시 안정적으로 증가했다. 그러나 이 지역의 전답은 주로 공신과 권신들에게 집중되어 있었고, 이들은 말도 안 되는 핑계를 대며 세금을 내지 않으려 했다.

장거정은 이들의 특권을 박탈해 세금을 내도록 했는데, 양무후陽武侯의 경우가 좋은 예다. 성조 시대 설록薛祿은 전쟁에 공을 세워 귀족인 후侯에 책봉되었다. 이후 신종 무렵에는 7대손에 이르기까지 공전公田 외에도 많은 전답을 가지고 있었으나 세금을 잘 내지 않았다. 그러자 장거정은 단호하게 대처했다.[2]

이에 대한 청장의 결과 운남, 귀주 등 새로운 지역이 개발되었다. 그리고 하남, 산동, 광동 세 개 성과 북경에 속한 8부에서 70만 경이 증가해 전체의 89%를 차지했다.

광동에서 이처럼 많은 전답을 찾아낸 것은 그렇다 하더라도, 공신들이 기반을 가지고 있는 수도권 지역에서 찾아낸 세원들은 기득권층의 엄청난 반대에 부딪칠 수밖에 없었다. 이들은 장거정이 자신들을 괴롭힌다고 하는 것이 아니라 백성을 갈취한다고 비난했다. 이는 마치 장거정이 생원들을 정리할 때 그가 학풍을 정돈하는 것이 아니라 성현을 욕되게 한다고 비난한 것과 같은 논리였다.

일반 백성은 무지하여 대지주 계층이 끼치는 해악을 알지 못할 뿐만 아니라 심지어 그들에게 이용당하기까지 한다. 청장은 대지주 계층의 이익과 직접 충돌해 훗날 장거정이 죽은 뒤 받게 되는 엄청난 박해의 빌미가 되었다. 그러나 장거정은 개의치 않고 청장을 계속 추진했다.

성공과 실패, 비난과 칭찬 등의 문턱을 넘지 못한다면 천하의 일은 이룰 수 있는 것이 하나도 없다.
　－《서첩 12》〈답남학원이공언득실훼예〉答南學院李公言得失毀譽

　장거정은 "오직 사직을 위해서 모든 것을 다 바치겠다"는 마음뿐이었다. 이번 청장은 백성들의 세 부담을 공평하게 해준다는, 어떻게 보면 정치적으로 가장 기본적인 일이었다. 그렇지만 성적은 그리 좋지 못했다. 수도권의 전답은 1502년에 비해 늘어났어도, 1393년에 비하면 33%가 여전히 공신들의 손에 있었다. 이 부분은 장거정 역시 어쩔 수가 없었다. 200여 년 동안 누적된 정치세력은 한순간에 해결할 수 있는 문제가 아니었다.

세수를 안정시키다

　12월, 종번宗藩에 대한 규정을 새로 만들었다. 명조는 종실이 아주 많아 국가에 커다란 부담이 되었다. 1565년 《종번조례》宗藩條例를 편찬해 종실을 줄이고 재정 지출을 축소해 폐해를 줄이려 했다. 그러나 법이 엄하고 지나치게 각박해 집행에 어려움이 많아서 별다른 도움이 되지 못했다. 그리하여 장거정은 비교적 타협적인 방법으로 이를 해결했다.[3]

　다음 해 정월에 응천부 이하 전국 64곳의 서원을 철폐하라는 명이 떨어졌다. 명대는 강학이 대단히 성했다. 위로는 고관대작에서부터 아래로는 백면서생까지 도처에서 군중을 모아 강연하는 일이 빈번했다. 강연은 처음에는 성현의 경전에서부터 점차 명심견성明心見性이라는 철학적 내용으로 변했다가, 나중에는 그저 군중을 모으거나 최악의 경우에는 금품을 갈취하는 자리로 변질되기도 했다. 이에 대해 장거정은 한탄할 수밖에 없었다.

오늘날 학문을 논하는 사람들은 오직 이익에만 눈이 어두우니, 어찌 도道를 이야기한다 할 수 있겠는가.

―《서첩 10》〈답정번백〉答鄭藩伯

지식인은 그저 공담이 아닌 실질적인 것을 추구해야 한다고 생각한 그는 강학을 부정적으로 평가했다.[4] 그리고 전국의 서원을 철폐하기 시작했다.

이즈음 티베트 승려 쇄남견착鎖南堅錯이 장거정에게 서신을 보내 티베트와의 교통에 관한 흥미로운 자료를 제공했다. 그러나 관건은 알탄 칸이었다. 1578년 알탄 칸은 달라이 라마를 만나러 청해青海로 가야겠다며 토만의 부하들을 모았다. 그런데 그 규모가 너무 커서 일순간 북변에 긴장이 감돌았다. 장거정은 선대총독에게 알탄 칸을 설득해 빨리 돌아오도록 하고, 다른 한편으로는 삼변총독 고광선, 감숙순무 후동래 등에게 병력 배치를 명했다.

알탄 칸은 감숙甘肅 부근에서 와자瓦剌(몽골의 한 부족)에게 패하면서도 목적은 달성했다. 이를 계기로 알탄 칸은 조정에 절을 세워줄 것과 티베트 승려들의 조공 액수를 늘려달라고 요구했다. 그러나 진짜 목적은 티베트와의 교역량을 늘려 필요한 자원을 얻기 위해서였다. 장거정은 절을 세워 부처를 모신다면 조정에서 물자를 도와줄 수 있다며 되도록 온건한 방법으로 유도하면서 협박의 빌미를 주지 않았다.

신종, 오만의 피가 들끓다

1579년 2월 신종이 발진을 앓았다. 자성황태후는 노심초사한 나머지 승려들을 불러 단을 쌓고 법회를 열었다. 그러자 그들은 마흔 전후의 한 부녀자가 황제가 공덕을 쌓아야 쾌유할 수 있다는 어이없는 말로 백성을 선동했다. 장거정은 바로 상소를 올려 사태를 수습했다. "선조 때 승려들이 수만 명의 군중을 동원하니, 나쁜 풍습이 생길까 두려워 금령을 내려 오늘에 이르고 있사옵니다. 교묘郊廟나 사직에 제사를 지내야지 이러한 방법은 옳지 않사옵니다."[5]

3월 초 신종의 병이 호전되자, 9일 아침 장거정은 문화전에서 황제를 알현하고 쾌유를 축하했다.

"짐이 오랫동안 조회에 나가 국사를 돌보지 못해 선생의 심려를 끼쳤습니다."

"신도 오랫동안 용안을 뵙지 못해 조석으로 걱정했는데, 오늘에서야 뵙게 되니 얼마나 기쁜지 모르겠사옵니다. 비록 쾌차하셨다고는 하나 역시 조심하셔야 하옵니다. 국사는 신들이 최선을 다하고 있사오니 심려하지 않으셔도 되옵니다."

"선생의 충정은 짐이 잘 알고 있습니다."

신종은 은 50냥, 비단 6필, 고기와 주안상을 하사했다.

"선생은 앞으로 와서 짐의 얼굴을 보세요."

장거정은 앞으로 몇 걸음 다가가 꿇어앉았다. 신종이 장거정의 손을 잡자 장거정이 비로소 고개를 들어 얼굴을 보았다. 신종의 안색은 아주 밝았고 음성도 맑아서 기쁨을 금할 수 없었다.

"짐은 매일 네 번 식사하고, 매번 밥도 두 그릇씩 먹지만 고기는 금하고 있습니다."

신종 때 은화

1588년 영창부의 왕복王福이 제작한 은화銀貨로, 은정銀錠이라고도 한다. 1581년 이후에는 세금과 부역을 은화로 징수했는데, 이는 장거정이 시행한 '일조편법'에 따른 것이다. 이로부터 중국의 세제는 은으로 통일되었다.

"병후에 식사를 잘하는 것은 좋은 일이지만 원기를 회복할 때는 조절을 잘하셔야지 너무 많이 드시면 위장을 상할 수 있사옵니다."

장거정은 엄숙한 얼굴로 정색을 하며 덧붙였다.

"음식뿐만 아니라 발진 후에는 감기와 방사에 특히 조심해야 하니 성찰하시기 바라옵니다."

"태후께서 조석으로 짐을 돌보고 계십니다. 선생의 충정은 짐이 잘 알고 있습니다."

잠시 침묵이 흐른 뒤 장거정은 물러나왔다.[6] 장거정은 신하이면서 보호자였다. 평상시 젊은 친구나 후학들에게도 하기 힘든 말을 신종에게는 다했고, 신종이 "선생의 충정을 알고 있다"는 말을 할 때면 감정이 격해졌다. 이렇게 깊은 군신간의 정이 한순간에 변할 줄 누가 짐작이나 했을까!

1579년, 궁내 지출이 다시 증가하기 시작했다. 원래 호부에서 매년 황실에서 사용하는 금액으로 100만 냥을 제공했다. 그러나 신종은 1578년부터 120만 냥으로 증액하더니 다음 해에는 더 많은 액수를 요구했다. 장거정은 호부상서 장학안이 곤혹스러워하는 것을 보자 먼저 상소를 올려 지출의 감소를 청했다.[7]

1578년 이후 국가는 대내외적으로 안정되었다. 북방의 적은 흩어졌고, 알탄 칸은 성실하게 부족들을 다독거렸다. 동북방의 문제는 아직 해결되지 않았으나 요동에서는 이성량이 10여 만 대군을 이끌고 잘 버티고 있었다. 내정도 모든 것이 궤도에 올랐고 청장만 마무리되면 백성의 무거운 부담도 줄어들 것이었다. 그러나 문제는 장거정도 모르는 사이 점차 심각해지고 있었다. 문제의 진원지는 다름 아닌 신종이었다.

신종이 열 살 때부터 장거정은 그의 보호자였고 스승이었으며 조정의 대신이었다. 황제는 그에게 존경의 마음을 넘어 두려움까지 느꼈지만 그래도 친근할 때가 더 많았다. 더운 날 스승이 땀을 뻘뻘 흘리며 강의를 할 때면 신종은 환관들에게 부채를 부쳐주라고 했고, 추운 날 문화전 석판 위에 꿇어앉은 스승에게 담요를 깔고 앉도록 배려했다. 한번은 장거정이 당직을 서다 갑자기 열이 오르자, 신종은 자기가 먹는 탕을 보내기도 하는 등 스승을 대하는 데 따스하고 빈틈이 없었다.

이제 열일곱 살이 된 신종은 성숙해 머지않아 아버지가 될 것이었다. 보위에 오른 지 여러 해가 지나자, 점차 자신을 발견하기 시작하면서 자신과 장거정의 뜻이 일치하지 않는 경우도 있다는 것을 알게 되었다. 아직 심각한 정도는 아니지만 둘 사이에 존재하는 이러한 차이는 점차 분명해지고 있었다.

태조부터 신종까지 황제의 집안에는 고집과 오만이라는 혈통이 있었다. 효종은 부드러운 면이 있었고, 무종은 황당했지만 세종이 즉위하면서 이러한 혈통은 바뀌는 듯했다. 그러나 세종 역시 중년 이후 퇴폐적으로 변하는 등 오만한 모습은 여전히 이 가계의 특징을 이루었다. 목종은 부친보다 더 퇴폐적이었고 역시 오만했다.

신종에게는 이러한 오만함 외에 또 다른 모습이 있었다. 그의 모친 자성황태후는 산서성 소농 출신으로 농민들이 보리를 심은 날부터 하루 종일 가을에 보리를 수확하면 무엇을 할 것인지 생각하는 것처럼, 그녀에게도 농민 특유의 기질이 있었다. 그녀는 이러한 소농민의 특징을 그대로 북경 황궁으로 가져와 신종에게 전해주었다. 명대 황제 중에서 신종은 유난히 욕심이 많았는데, 이는 아마도 모계 쪽에서 이어받은 것일 것이다. 이후 희종, 사종은 이러한 성격이 그다지 뚜렷하지 않았지만, 국사는 이미 수습할 수 없을 만큼 무너진 후였다. 더구나 희종은 무능했고 사종은 조급해 결국 왕조는 망하게 된다. 따라서 이 모든 것의 화근은 신종의 욕심에서 비롯되었다고 할 수 있다.

어사 마경론馬經論은 "황상은 좋은 것에 대한 욕심이 많으시다"는 직언을 하기도 했다. 1602년(만력 30년) 신종이 병이 중해 죽을 날이 다가오자, 수보 심일관沈一貫을 불러 자신이 창안했으나 백성을 괴롭히고 국가에는 별 도움이 되지 않는 상업세, 광업세 등을 취소한다는 성지를 내렸다. 이 뜻이 전해지자 대신들은 한편으로는 황제의 병이 중해졌음에 비통해하고, 다른 한편으로는 백성의 고통이 줄어들었음을 다행스러워했다.

그러나 신종은 다음 날 병세가 호전되자 이 세금을 포기할 수 없다며 환관들을 내각에 보내 성지를 거둬들이려다 대학사들의 반대에 부닥쳤다. 황제는 물러서지 않고 계속 환관들을 보내 재촉했다. 그러자 20명의 환관들이 내각에 들이닥쳤다. 신종은 사례태감 전의田義까지 보내려 했으나 전의가 멈칫거렸다. 그러자 침상에서 일어나 칼을 던져 전의의 목을 스쳤고 주변은 온통 피범벅이 되었다고 한다. 이 소식을 들은 심일관은 어쩔 수 없이 받았던 성지를 돌려보냈다. 세금으로 은이 다시 들어왔을 때 비로소 소농의 외손자는 만족했다.

어찌 황제의 말이 통하지 않는가

1579년, 이러한 욕심은 점차 표면화되기 시작했다. 신종은 당시 장거정과 장학안의 간언으로 증액 요구가 벽에 부닥치자, 호부에 직접 문서관을 보내 내고內庫에서 사용할 경비의 주조鑄造를 명했다. 누가 황제의 명을 거절할 수 있겠는가.

명대의 화폐제도는 대단히 복잡했다. 본위 화폐인 은량銀兩, 보조 화폐인 동전, 그리고 지폐인 초鈔가 있었다. 그런데 태조 이래 새로운 지폐가 계속 발행되자, 지폐와 동전은 서로 교환할 수 없는 불환지폐가 되었으며, 황제가 하사할 때마다 그 수량이 급증했다. 동전과 은량은 본위 화폐와 보조 화폐의 관계를 유지했다. 하지만 고정적인 교환율이 없었다. 동전이 줄

만력통보
만력 연간에 통용되었던 동전이다. 조선 인조 11년(1633년)에 만든 '조선통보'朝鮮通寶는 이 '만력통보'萬曆通寶를 본떠 만든 것이었다.

면 은량의 비율이 높아졌고, 동전이 늘면 은량의 비율이 낮아져서 실제로 본위 화폐와 보조 화폐의 관계를 점차 상실했다.

태조 때에는 동전 1,000문에 은 1냥을 교환했으나, 세종 때는 동전이 너무 많고 민간에서는 주조도 쉬워서 6,000~7,000문을 줘야 은 1냥을 바꿀 만큼 동전의 가치가 떨어졌다. 동전 주조 방법이 다양해져 법으로 동전의 등급을 정하고 질이 떨어지는 동전은 사용을 금했지만, 시장에서는 별 효용이 없었다. 이렇게 동전의 가치가 떨어졌는데도 신종은 저렴한 경비로 동전을 주조할 수 있다는 것을 이용해 내고의 비축량을 늘이는 쉬운 방법을 선택한 것이다. 이러한 통화 남발은 많은 폐해를 발생시키고 시장의 혼란만 가중시킬 것이 분명했다. 그리하여 장거정이 상소를 올려 만류하자 겨우 주조를 정지시켰다.[8]

1579년 4월과 5월 두 번에 걸쳐 작위가 수여되었다. 황후의 아버지이자 신종의 장인인 왕위王偉를 영년백永年伯에 봉한 것과,[9] 요동총병 이성량을 영원백寧遠伯에 봉한 것이었다. 장거정은 왕위에 대한 작위 수여는 차마 반대하지 못했지만, 군공이 없는 자에게 작위를 수여하는 것은 전례가 없다는 점을 들어 거절했다.[10] 1529년 외척에 대한 작위는 본인에게 한정되고 세습이 불가하도록 정한 바 있어 목종 때까지 지켜졌다. 그런데 장거정이 이를 다시 언급하며 왕위의 작위에 제동을 건 것이다. 그러나 장거정이 죽은 뒤 이 제한은 철폐되었다.

군공에 대해 장거정은 의견이 달랐다. 1578년 3월 장정보 대첩은 일종의 희극이었다. 그러나 12월의 동창보東昌堡 대첩은 분명한 승리였다. 태녕부太寧部의 타타르 군사 3만이 요동 동창보를 공격해 타타르의 선봉이 요주耀州까지 내려왔다. 요동총병 이성량은 직접 군대를 이끌고 나가 9명의 적장과 840여 명의 적군을 사살하고 1,200여 필의 말을 얻었고 적군은 퇴각했다. 다음 해에 장거정은 이성량에게 작위를 수여해 격려하도록 건의해 5월에 책봉되었다. 이에 이성량은 장거정의 집에 감사의 예물을 보냈으나 장거정은 이를 돌려보냈다. "전공을 세워 작위를 받은 것은 당연한 일인데, 선물을 받는다면 하늘에 계신 태조께 죄를 짓는 것이오." 분명한 군공이 있는 사람에게는 당연히 작위를 주어야 한다는 것이 그의 생각이었다.

1579년 7월, 예과좌급사중 고구사顧九思, 공과도급사중 왕도성王道成이 소주蘇州와 송강松江, 응천應天 직조織造의 파면을 건의했다. 직조란 황제가 강남 일대에 태감을 파견해 황실에 필요한 의복을 민간에 주문해 짜도록 하는 것으로, 경비는 내고와 염세에서 부담했다. 그러나 사실상 민간이 얻는 이익이 많지 않았고 일종의 강제성을 띠었다. 더구나 그해 강남에는 수재가 났는데도 불구하고, 소송독조蘇松督造를 맡은 태감 손륭孫隆과 응천독조 허곤許坤이 무리하게 밀어붙이다가 백성들의 원성을 샀다. 두 급사중은 상소를 올렸고, 상소는 공부에서 다시 신종에게 보고되었다. 하지만 신종은 어의御衣가 급하니 지역에 비축된 경비를 이용하라며 강행하도록 했다.

신종이 태감을 불러들이지 않으려 하자 장거정, 장사유, 신시행이 상의를 하고 아뢰었다. "최근 소·송 지역에 수재가 심해 백성들이 살기가 힘들어 무리를 지어 약탈을 한다는 이야기가 있사옵니다. 따라서 지방에 있는 비축 경비나 식량은 쓰기가 어렵사옵니다. 또한 재작년에 혜성이 떨어진 후, 직조를 중지하라는 성지를 내린 바 있으니 백성의 어려움을 살펴셔서 손륭을 소환하시는 것이 옳다고 사료되옵니다."

그러나 신종은 뜻을 굽히려 하지 않았다.

"짐이 백성을 아끼지 않는 것이 아니오. 어의는 곧 완성될 일이 아니겠소?"

장거정도 물러서지 않았다.

"황상의 뜻을 신들이 모르는 바는 아니며, 손륭도 이를 헤아려 조심스럽게 진행하고 있사옵니다. 하지만 지방에서는 일을 하나 더 만들면 근심이 하나 더 생기고, 일을 줄이면 그것이 곧 덕을 베푸는 것이니, 아직 완성하지 못한 부분은 더 이상 재촉하지 말고 손륭과 허곤을 소환하시는 것이 어떻겠사옵니까?"

장거정은 완급을 조절하면서 신종에게 물러설 여지를 남겨주었다. 하지만 세 대학사가 머리를 조아리며 간청했음에도 신종은 물러서지 않았다.

"군신일체라 했소. 내 말이 통하지 않는데 어찌 백성이 편할 수 있겠소?"

"신들은 오직 황상의 덕을 알리기 위함이옵니다. 황상께서 민생을 중히 여기시고 근본을 바로 하면 백성의 생활이 활기를 띨 것이며, 어짊이 퍼져 사직이 바로 될 것이옵니다."[11]

대학사들은 겨우 손륭을 소환하도록 하긴 했지만 이것으로 끝난 것은 아니었다. 승운고承運庫 태감 공성孔成이 오랑캐들에게 하사할 비단이 없다며 남경, 소송, 절강 등지에 어의 등 모두 7만 3,000필의 직조를 건의하자 문제가 다시 불거졌다. 왕도성이 이 일을 듣고 양을 줄일 것을 요구하는 소를 올리는 등 일이 심상치 않게 진행되었다. 장거정은 선대에서도 매년 일정한 비율에 따라 직조했고, 세종 때에 증액을 했지만 이것 역시 단 한 번 뿐이었다면서 양을 줄여줄 것을 청했다.[12] 상소를 본 신종은 감액을 명했지만 이것도 결국 원래보다는 증가한 것이었다. 신종은 속으로 자신의 요구가 관철된 것에 만족했다.

그해 10월 계요총독 양몽룡은 토만이 4만 기마병을 이끌고 요동을 공격해온다는 급보를 전했다. 동북의 정세가 또다시 긴박해졌다. 장거정은 타타르의 내부 분열을 통해 안정을 꾀한다는 정책하에, 알탄 칸을 순의왕

順義王에 봉했다. 그러나 토만은 여전히 완강하게 저항하면서 공시貢市－사실은 통상－를 요구했다. 장거정은 먼저 토만에게 항복하라고 요구했다. 그러자 대치국면이 전개되었고 토만은 수차례에 걸쳐 무력으로 변방을 압박해 통상을 얻어내려 했다. 동북 변방은 하루도 편할 날이 없었다.

신종은 이 소식을 접하고서 바로 병부에 소탕을 명했다. 그러자 장거정이 요동의 상황을 상세히 설명해 황제를 안심시켰다. 결국 토만은 물러났지만 얼마 후 다시 침입했다. 이성량은 다시 200여 리를 쫓아가 홍토성紅土城에서 적 470여 명을 사살했다. 이것이 홍토성 대첩이다.

같은 시기, 총리하조도어사總理河漕都御史 반계순과 조운시랑漕運侍郞 강일린江一麟이 공사가 완료되었음을 알려왔다. 1578년 정월 이래 장거정은 하조의 사무를 오계방에게 전적으로 맡겼으나 그가 병으로 사망하자, 2월에 반계순이 일을 이어받았다. 쉽지 않은 일이어서 반계순은 수차례 사의를 표했는데, 이제야 일이 완성된 것이다.

1580년 2월, 반계순은 장거정의 추천으로 공정상서工程尙書 겸 도찰원 좌부도어사로 승진했다. 훗날 장거정이 화를 입을 때 반계순은 신종의 분노를 감수하면서 장거정의 무고를 간하다가 결국 평민으로 강등되고 말았다. 반계순은 장거정의 당파는 아니지만 장거정이 자신이 일을 할 수 있도록 밀어주고 국가를 위해 봉사할 수 있는 기회를 준 것에 대한 보답으로, 끝까지 장거정을 변호하는 의리를 보였다.

고향으로 돌아가고자 하나……

1577년 9월 13일 장거정의 부친이 세상을 떠난 뒤 1579년 12월까지 27개월이 지났다. 신종은 이부에서 장거정의 상이 만료되는 시간이 12월

24일이라는 답변을 들었다. 명대의 초상은 부음을 들은 날로부터 윤달 없이 27개월을 보내야 했다. 장거정이 9월 25일 부음을 들었으니, 12월 24일이 만기가 되는 것이다. 신종은 12월 23일 문서관을 장거정의 집에 보내 하사품을 내리고 이제 정상적으로 업무를 볼 것을 명했다.[13]

25일, 조회가 끝난 뒤 장거정은 문화전에 가서 황제를 알현하고 무사히 수제를 마쳤음에 감사를 표했다. 또 자경궁에 가서 인성황태후와 신종의 생모인 자녕궁의 자성황태후에게도 인사를 드렸다. 두 태후는 은, 비단, 음식 등 하사품을 내리며 당부했다. "선생은 충과 효를 다했으니 더욱 보필을 잘해 천하를 태평하게 해주세요. 이제 전력을 다해 국사에 임해주기를 바랍니다."

신종황제 대혼 때 다른 대신들에게는 모두 상을 내렸으나 장거정은 상중이라 제외되었다. 그리하여 이부는 신종에게 소를 올렸다. 장거정에게 태부太傅 직함을 더하고 봉록은 100석을 올리며 무음 세습도 일급을 올려야 한다는 것이었다. 그러나 장거정은 무음 진급만 받고 나머지는 사양했다.[14] 1580년 정월, 이부는 장거정이 일품관으로 9년을 채웠으니 당연히 승진해야 한다고 했으나 이것 역시 사양했다.[15]

2월에 신종은 몸소 모내기를 했고, 3월에는 두 황태후를 모시고 천수산天壽山에 다녀왔다. 장거정은 이제 황제가 직접 정사를 돌볼 시기가 되었다고 생각했다. 그리하여 돌아오자마자 상소를 올려 걸휴乞休(휴가)를 신청했다.[16] 갑작스러운 장거정의 결정에 신종과 다른 신하들은 모두 놀랐고 신종도 즉각 만류했다.[17] 장거정은 재차 상소를 올려 다시는 내각에 나가지 않겠다고 했지만[18] 신종도 쉽게 물러서지 않았다.[19] 신종은 다시 장거정의 집에 문서관을 보내 만류하고[20] 자성황태후 역시 사람을 보내오자, 장거정은 더 이상 사양할 수가 없었다. 장거정은 천수산에서 돌아오다 감기

영종(1427~1464)

6대 황제. 연호는 정통제. 어린 나이에 등극해 조모의 섭정과 양사기를 비롯한 현명한 신하들의 도움으로 정국을 안정시켰다. 환관 왕진을 총애했고 토목보 전투에서 몽고족에게 포로로 잡혔다가 8년 만에 돌아와 다시 8년 동안 재위했다.

가 걸렸고, 셋째 동생 장거이가 세상을 떠난 이유를 들어 잠시 휴가를 보내고 다시 내각에 돌아왔다.

　장거정 이전에 권력을 잡았던 고공, 서계, 엄숭, 하언 모두 결국은 막대한 대가를 치렀다. 피살된 사람도 있고 아들이 피살되기도 했으며 설사 죽음은 면했더라도 언제나 죽음의 위험 속에서 살아야 했다. 이것은 너무나 두려운 전통으로 시시각각 장거정을 옥죄어왔다. 1577년에 장거정이 자리를 떠나지 못했던 것도 이러한 위험에 대한 두려움 때문이었다. 장거정은 "군주를 보호하지 못해 국가에 욕을 먹일까 두렵다"고 했는데, 당시 현실 정치를 이해하는 사람이라면 이 말이 헛말이 아니었음을 알 수 있다. 1577년에서 1580년 사이 장거정의 정치적 지위는 더욱 강화되었지만 위험도 그만큼 증가했다. 그리고 그 모든 위험은 신종에게서 시작되었다.

양사기楊士奇(1365~1444)
성조 때부터 영종에 이르기까지 40여 년 동안 정사를 담당한 대신이자 학자이다. 벼슬은 병부상서를 거쳐 내각 수보首輔를 지냈다. 태조·태종·인종·선종의 실록과 신하들의 주접奏摺을 모은 《역대명신주의》歷代名臣奏議의 편찬을 주관했다.

　　명대의 정치 상황이 이전과 다른 점은 특별한 섭정제도가 없었다는 점이다. 영종은 아홉 살, 세종은 열여섯 살, 신종은 열 살, 희종은 열여섯 살에 즉위했지만 섭정을 하거나 태후가 수렴청정을 하지는 않았다. 이 중 가장 능력이 뛰어났던 세종은 즉위 후 얼마 안 있어 바로 대권을 손에 쥐었지만, 무능한 희종은 한 번도 대권을 잡아보지 못했다. 영종과 신종이 어린 나이에 즉위해 친정을 하지 못해 양사기楊士奇, 양영, 양박, 고공, 장거정 등 내각의 대학사들이 섭정대신이 된 것은 부정할 수 없는 사실이다. 다행히 삼양三楊, 즉 양사기와 양영, 양박은 끝까지 협력을 했다. 고공과 장거정은 목종 말기에 싸움을 시작해 신종 즉위 후 고공은 바로 실각했고, 장거정은 실질적인 독재자가 되었다. 장거정은 이후 점차 권력을 공고히 하면서 조정 내의 모든 조직에 자기 사람을 심어놓았고 언관 중 어사, 도어사도 대부분 장거정의 지휘를 받았다.

　그러나 이제 신종이 열여덟 살이 되었으니 정사를 돌보기에 충분했다. 장거정이 권력을 잡고 있다는 것은 신종이 자기 역할을 하지 못한다는 말이다. 그러니 수보대학사와 황제는 병립할 수 없는 상황이 되어가고 있었다. 이러한 상황에서 장거정이 욕심을 부린다면 왕망이나 조조가 될 수는 있겠지만, 장거정은 그렇게 되고 싶지 않았고 지금 상황은 그것을 용납하지도 않았다. 장거정은 충성을 다한다고 자부했지만, 권력을 잡고 있는 현실은 그러한 이상과 배치되는 상황으로 전개되었다. 장거정은 심리적으로 극단적인 모순에 빠져들고 있었다.

　심리적 모순과 두려움 속에서 내린 장거정의 선택은 권력을 신종에게 돌려주고 고향으로 돌아가는 것이었다. 그런데 모든 위엄을 황제에게 돌려주면, 신종은 자기를 유유자적하게 내버려두지 않을 것이라고 예상했다. 따라서 그냥 홀연히 떠나는 것이 아니라 그저 잠시 휴식을 갖다가 필요한 시기가 되면 돌아와서 사직을 위해 나머지 충성을 바치면 된다는 생각이었다. 그러나 이 모든 것은 완곡한 표현이고 그저 신종이 그에게 떠날 수 있는 명분만 주기를 바랐다.

　이번 휴가 신청은 그의 진심이었다. 섭정을 8~9년이나 했고, 이는 어린 나이에 즉위한 명대 네 명의 황제 중 어떤 황제 때보다도 긴 시간이었으므로 장거정은 충분히 만족했다. 대내외적으로도 국가는 이미 정상적인 궤도에 올랐으며, 자신이 떠나더라도 내각에는 자신이 추천한 장사유와 신시행이 있었으니, 이들이 은혜를 원수로 갚지는 않을 것이라 믿었다. 강릉의 재산은 엄청나지는 않지만 노후를 지내기에는 충분했고, 이제 쉰이 넘은 아내와 아들, 서너 명의 귀여운 손자도 있으니 돌아가지 않을 이유가 없었다.

　모든 것은 소농 출신인 자성황태후의 결정에 달려 있었다. 그녀는 민간인 출신으로 대지를 접하고 성장한 만큼 특별한 지혜와 놀랄 만한 상식을 지녔다. 그녀는 장거정의 심정을 이해하면서도 신종에게 "황상이 서른이 되면 다시 상의하자"며 미뤘다. 그녀는 수시로 황제를 질책하고 무릎을 꿇리는 벌을 주었으며, 자신의 아버지인 신종의 외조부조차도 그녀를 두려워했다. 외조부가 실수하면 궁으로 불러 호되게 훈계를 했다. 신종은 깊은 생각에 빠졌다. 어머니의 말은 장거정의 섭정의 시기를 앞으로 12년 연장한다는 말로, 자신은 12년 동안 지금처럼 있어야 한다는 말이기 때문이었다. 자신과 수보와의 싸움은 불 보듯 뻔했다. 장거정은 예전에는 모비毛妃로 인해 요왕 헌위와 불편한 관계였고, 지금은 태후로 인해 황제와 어려운 관계가 되어가고 있었다. 이는 불행의 반복이었다. 장거정은 스스로 "구속이 견고할수록 두려움도 커진다"며 "넘겨줘야 할 것이 많으면 고심만 하다 어떻게 죽을지 모른다"고 했는데, 모두 맞는 말이다. 그렇지만 그에게는 다른 방법이 없었다.

1580년 3월, 장거정에게는 기쁜 일이 있었다. 셋째아들 무수가 전시에서 1등을 한 것이다. 이번 시험은 신시행과 시랑 여유정余有丁이 주관했다. 원래 무수는 3등으로 추천되었으나 신종이 1등으로 고쳐주었다. 장남인 경수도 진사가 되어 장거정의 여섯 아들 중 경수, 사수, 무수가 진사가 되었으며, 넷째 간수는 무음으로 남진무사검서관사南鎮撫司僉書管事를 제수 받았다.

1580년 윤사월에 양광총독 유요해劉堯海가 팔채八寨를 토벌했다는 첩보가 도착했다. 양광 관리들의 부패는 오랜 문제로, 백성의 반란과 소수민족의 폭동이 빈번하게 일어나는 원인이었다. 팔채는 광서 계림, 평악부平樂府 일대에서 본래 동족僮族이 살던 곳이었다. 목종 때 은정무가 이곳을 공략해 팔채가 먼저 투항하자 용합龍哈, 희해咘咳와 병합해 관청을 세웠다. 그들이

1578년에 난을 일으키자 양광총독 능운익이 바로 진압했는데, 그가 물러나고 유요해가 부임하자 다시 난을 일으킨 것이다.

1580년 2월 하공이 완성되자 반계순은 공부상서 겸 부도어사로 승진했다. 사실 이것은 직함뿐으로 실제로 하는 일은 없는 일종의 보상이었다. 반계순은 이미 오랫동안 피로가 누적되어 휴식이 필요했다. 장거정은 전 양광총독 능운익이 지금 별로 할 일이 없는 남경 병부상서로 있으니 반계순과 맞바꾸도록 했다. 인재들의 배치와 휴식, 재등용에 장거정은 한 치의 오차도 없었다.

신종, 명나라 멸망의 씨앗을 뿌리다

장거정의 정치적 성과는 갈수록 빛을 발했지만 상대적으로 반대의 소리 또한 끊이지 않았다. 3월에 남경 병부주사 조세경趙世卿은 장거정을 겨냥해 널리 인재를 구하고 언로를 열라는 직격탄을 날려 장거정의 분노를 샀다. 그러자 이부상서 왕국광은 조세경을 초부우장사楚府右長史로 보내버렸다. 명대에 왕부王府의 관리는 승진이나 이동이 쉽지 않아 일단 왕부로 발령이 나면 일종의 금고禁錮나 다름없었다. 그러니 조세경에게는 대단히 엄중한 처벌이었다.

8월, 형부시랑 유일유劉一儒는 장거정에게 시정을 논하자는 요구를 했다. 유일유는 이릉夷陵 사람으로 아들이 장거정의 딸과 혼인을 하여 장거정과는 사돈 사이였다. 시집올 때 신부가 가져온 엄청난 혼수용품을 보고 유일유는 기겁을 하고 손도 못 대게 했다. 유일유는 장거정에게 점잖은 태도로 지나치게 가혹한 개혁에 대해 인정을 베풀자는 충고를 했다.[21] 만약 장거정이 이 충고를 받아들였다면 분명 많은 인심을 얻었겠으나 장거정은 그렇지 않았다. 전체적으로 신종 초의 개혁은 날카로운 맛은 있었어도 폭이나 깊이가 부족해 아쉬움을 남겼다.

조정대사는 모두 장거정이 책임을 지고 있었고, 열여덟의 신종은 하는 일 없이 경전도 읽지 않으며 무료히 시간만 보내고 있었다. 황제가 머무는 건청궁에는 관리를 맡은 패자태감牌子太監이 있었다. 패자태감 손해孫海와 객용客用은 황제를 보필하면서 그를 즐겁게 해줄 오락거리를 찾아야 했다. 그래서 황제는 태감들과 같이 평복으로 갈아입고 궁을 나가 하루 종일 놀다 들어오기도 했다. 한번은 신종이 북경의 서성西城에 나가 술에 취해 어린 환관에게 노래를 시켰다. 그런데 환관이 부끄러웠는지 끝내 노래를 부르지 않자, 황제는 군주를 속였다며 칼을 던지려 했다. 주변 사람들의 만류로 겨우 진노를 가라앉혔지만 황제는 태감의 머리카락을 잘라 참수를 대신했다. 신종은 술에 취해 건청궁으로 돌아왔다.

신종이 술에서 깨어났을 때는 풍보의 보고로 자성황태후가 보낸 태감들이 신종을 재촉하고 있었다. 자성황태후는 신종을 보자 무릎을 꿇리고 장시간 신종의 잘못을 하나하나 지적하며 훈계를 했다. 신종은 변명도 못 하고 눈물을 쏟으며 다시는 그러지 않겠다는 말밖에 할 말이 없었다.

태후는 신종에게 책 한 권을 읽도록 했다. 신종이 받아보니 《한서·곽광전》漢書·霍光傳이었다. 신종은 "곽광은 백태후白太后와 군신들에게 창읍왕昌邑王은 종묘사직을 계승할 수 없다고 말했다"는 대목을 읽었을 때 눈물이 얼굴을 뒤덮었다. 하룻밤의 쾌락이 자신의 황제 자리에 위협을 줄 만큼 엄청난 결과를 빚어낼 줄은 꿈에도 생각지 못한 것이다.[22] 곽광은 바로 지금의 장거정이었다.

장거정은 태후에게 이번 일은 순간의 실수이며 창읍왕과는 경우가 다르니, 황제에게 고칠 기회를 주자고 간청했다. 태후는 장거정에게 신종을 대신해 반성문을 쓰게 했다.[23] 그리고 손해와 객용은 변방으로 유배시켰으며 다른 환관들에게도 처벌을 내렸다. 장거정은 긴 반성의 상소를 올렸다.[24]

이것은 사소한 일이었지만 신종은 태후, 풍보, 장거정과 다른 쪽에 서 있는 자신을 발견했다. 신종 역시 반성문을 썼고, 이는 이후 보복의 근거가 되었다. 그러나 결과적으로 풍보는 이번 기회에 자신의 적들을 제거할 수 있었으며, 장거정은 이제 황제의 일상사에도 직접 간섭하는 등 권한이 더욱 커졌다. 상황은 하루가 다르게 계속 변하고 있었다. 그리고 1582년 장거정이 죽은 뒤 불어 닥칠 폭풍을 조금씩 예고하고 있었다.

장거정은 이윤, 주공, 제갈량을 꿈꾸며 자신이 권력을 잡았던 10년 동안 오로지 이 세 사람을 따라하려 노력했다. 그러나 신종은 태갑太甲(옛 상商나라의 왕)이나 성왕(주周나라 2대 임금), 후주後主(촉한蜀漢의 유선劉禪)가 아니었다. 태갑이나 성왕에 대해서는 쟁론이 많으니 차치하고, 후주와는 비교가 가능할 것이다. 후주 유선은 지극히 평범하고 별다른 재능이 없는 인물이었다. 그러나 그는 자신이 무능하다는 것을 잘 알아 모든 것을 제갈량에게 맡겼고, 제갈량이 죽자 제갈량의 유언대로 장완蔣琬, 비위費褘, 강유姜維를 등용해 국사를 맡겼다. 그는 주관이 없어 별다른 주장도 하지 않았다. 경제적으로 아주 낙후한 지역인 촉한이라는 지역에서 중원과 40년을 대항할 수 있었던 것은, 오로지 후주가 사람을 잘 알고 등용했다는 방증이다.

그러나 신종은 전혀 다른 유형의 인물이었다. 그는 총명하고 자기주장이 있으며 결단력도 갖췄다. 그러나 욕심이 많고 진취적이지 못했다. 장거정이 권력을 잡고 있을 때 국력은 날로 증가했다. 하지만 장거정 사후 신종은 다시는 그와 같은 최고의 인물을 등용하지 않았다. 신시행은 재능은 있었지만 당시로서는 그저 우유부단하게 명철보신할 뿐이었다. 훗날 명조의 멸망이 바로 신종 때 뿌려진 씨앗 때문이라고 하는 것은 바로 이러한 이유에서다. 장거정은 신종을 후주로 알았으나 이것은 그의 착각이었다.

황제의 반성문 사건 후 장거정은 황제에게 방탕한 면이 있다는 것을 알았다. 그리고 이것은 지나치게 무료한 결과라고 생각해 반성의 기회를 이용해 변화를 주기로 했다. 장거정은 한림원에 역사적 교훈과 실록을 모은 《모훈류편》誤訓類編을 편찬하게 해서 매일 강독했다. 1581년 정월 초닷새 바람이 많이 불던 날, 신종은 문서관을 장거정에게 보내 명을 내렸다. "오늘은 느낌이 좋지 않으니 변방의 경비를 튼튼히 하시오." 장거정은 즉시 이를 실행했다.

사직을 위해 모든 것을 바치다

하투는 타타르가 쇠약해 비교적 안정을 유지했지만, 북방 문제는 여전히 골칫거리였다. 가장 큰 위협은 토만으로, 요동과 계주를 수시로 괴롭혔다. 그러나 요동의 이성량은 몇 차례의 교전을 거쳐 토만을 잘 막아냈고, 계주의 척계광 역시 자신의 역할을 충분히 해냈다. 타타르 부족 중 가장 큰 세력은 역시 알탄 칸으로, 순의왕에 봉해진 후 명의 지휘를 받았다. 그러나 알탄 칸의 장남 황태길黃台吉과 조카 청태길靑台吉은 생각이 달랐다. 토만이 수시로 병사를 동원해 노략질을 하는 것을 보고 토만과 긴밀하게 연락을 취하며 기회를 노렸다. 알탄 칸이 힘이 있을 때는 이들도 쉽사리 움직이지 못했지만, 이제 그가 병들고 조카들이 혈기가 왕성해 통제가 쉽지 않자 조정은 큰 위협을 느꼈다. 1580년 전후로 이 문제는 계속 장거정을 괴롭혔다.

1581년 정월, 일조편법 실시와 함께 무능한 관리 160여 명을 쫓아냈다.

장거정은 쉬지 않고 정치개혁을 밀어붙였다. 이 시기 신종 역시 어느 정도 안정감을 찾아갔다. 그해 봄, 또다시 외척의 은음恩蔭 문제가 대두되었다. 2년 전 신종의 장인 왕위를 영년백에 봉할 때, 장거정은 1529년 회의 결과를 이유로 영예는 왕위 자신에게만 국한된다는 것을 상기시켰다. 당시 신종은 별로 신경 쓰지 않았다. 그리하여 왕위의 동생인 왕준王俊에게 새로운 작위를 내려주려 했다. 장거정은 왕준의 관품은 올릴 수 있지만 세습이 가능한 작위는 안 된다며 신종의 결정을 저지했다. 그리고 신종의 낭비에 대해서도 지적했다. 어느 날 《모훈류편》 강독을 마친 뒤 장거정은 신종과 마주하면서 남경 급사중 부작주傅作舟의 상소를 올렸다.

"회안부와 풍양부, 강남 소주부와 송강부 등에 몇 년째 재해가 들어 백성이 먹을 것이 없어 크게 어려움을 겪고 있사옵니다. 초근목피도 없어 떼를 지어 도둑질을 일삼고 있다 하옵니다."

"그 지역에서는 왜 여러 해 동안 재해가 발생하는가요?"

《모훈류편》에서 언급한 것처럼 이 지역은 오랫동안 땅이 가물어, 원나라 말기에도 난이 일어났던 곳입니다. 이번에도 급히 구제해야 할 것이옵니다. 신은 호부에 명해 각지의 창고를 열도록 했고, 부족한 것은 남경에 비축된 은과 식량으로 해결하도록 했사옵니다. 백성은 근본이 중요하니 부디 살피시기를 바라옵니다."

"선생이 더욱 신경 써주세요."

"최근 세금이 별 문제 없이 걷히고 창고에 가득한 것은 고성법의 효과이옵니다. 그러나 강남에 흉년이 들고 하남도 풍수해가 있었으며 수도 부근은 비가 많아 이대로라면 세수입은 예전 같지 못할 것이 분명하옵니다. 황상께서도 특별히 조심하시어 하사下賜 등의 지출을 줄이신다면 그 공덕이 더욱 클 것이옵니다."

"궁중에서 쓰는 것은 모두 절약하고 있습니다. 하사도 그대로여서 더 늘지는 않았습니다."

"금년은 잠시 중단했다가 내년에 다시 시행하는 것이 어떨지요. 가정 연간에 세종황제께서는 비록 호화로웠으나 항상 내고가 충실했습니다. 목종황제 초년 겨울에도 100여 만 냥이 비축되어 있었사옵니다. 올해는 수입보다 지출이 많아서 항상 부족한 상태이옵니다. 재물은 한정되어 있는데 어찌 낭비를 할 수 있겠사옵니까. 신 등은 국가의 장래를 위해 생각하건대 말씀을 드리지 않을 수 없사오니 황상께서는 성찰하시기 바라옵니다."²⁵⁾

장거정은 황제의 하사를 절약하자고 했으나 신종은 관례라며 물러서지 않았다. 그러자 장거정은 이것은 신종 자신의 관례이지 선조가 정한 관례가 아니라고 반박했다. 그러나 또 다른 낭비의 근원인 시사施舍(은덕을 베풀어 줌)에 대해서는 신종도 장거정도 거론하지 않았다. 이는 자성황태후의 문제이기 때문이었다.

자성황태후는 목종 재위 때부터 공덕을 쌓는 일을 계속해 사직과 백성에 도움이 되고자 했다. 신종 즉위 초 태후는 신종에게 하천을 정리하고 큰 다리를 놓고 싶다는 의사를 표했다. 장거정은 우선 백성을 쉬게 하자며 대규모 토목공사에는 반대했다. 그러나 태후가 직접 경비를 내고 백성들은 괴롭히지 않을 것이라고 하자 장거정은 어쩔 수 없었다. 자성황태후는 7만 냥을 내어 1574년 정월 다리를 완성했고, 다시 승은사, 해회사, 동악묘, 자수사, 만수사 등의 사찰을 지었다. 공덕을 쌓는 데 있어 태후는 조금도 양보하지 않았지만 장거정은 백성의 어려운 생활을 들어 매번 반대의견을 냈다.²⁶⁾

1580년 전후 자성황태후는 오대산에 대보탑사를 건설했지만, 장거정은 창고를 열어 백성을 도와주는 것이 진정한 공덕이라는 건의를 잊지 않았다. 1581년 5월 장거정은 백성의 생활을 돕기 위해 민간에 종마를 팔자고 건의했다. 명대의 말 관리[馬政]는 대단히 복잡한 제도로, 어마감御馬監, 태복시太僕寺, 행태복시行太僕寺, 원마시苑馬寺 등에서 말을 기르는 것 외에 민간에서 기르는 말은 태복시에서 관할했다.

1538년부터 1493년까지 몇 차례의 입법을 거쳐 민간에서 기르는 말의 숫자가 정해졌고, 종마는 국가에서 분배하고 초지는 민간에서 공급했다. 명대 초기에는 초지가 넓어 말을 기르는 데 별 어려움이 없었다. 그러나 경지 면적이 늘어나면서 목장지가 줄어들자 말을 기르는 일은 백성에게 커다란 고통이 되었다. 결국 조정에서는 필요할 때 말을 사거나 관직을 주고 말을 공급받는 방법을 택했다. 이러한 말은 모두 타타르에게서 사왔기 때문에 만약 타타르와 전쟁이라도 하게 되면 공급원이 끊어지는 위험한 상태가 발생할 것이었다. 관직을 주고 말을 공급받는 일도 역시 좋은 방법은 아니었다.

1568년 태상소경 무금武金이 종마를 민간에 팔자고 주장해 종마가 6만여 필밖에 남지 않았다. 1581년에 공시가 열려 변방의 말을 공급받을 수 있게 되자, 종마를 다시 팔아 민간에서 말을 기르는 어려움을 해결해주고자 한 것이다. 그러나 원마시가 완전히 정비되지 않았음에도 민간에서 말 기르는 것을 폐지한다는 것은 국방 차원에서 매우 우려할 만한 일이었다.

제13장
_____

부국강병에 마지막 힘을 다 바치다

_____

은퇴를 결심하다

1581년 장거정은 쉰일곱 살이 되었다. 그해 뜨거운 여름, 예순에 가까운 노인은 막중한 업무로 인해 결국 쓰러지고 말았다. 장거정은 은퇴를 생각했지만 정국 사정상 꾹 참고 무거운 걸음을 걸으며 몸부림칠 뿐이었다. 그해 여름 장거정은 왕지고에게 노모와 지병을 이유로 쉬고 싶지만 그럴 수 없는 상황에 대해 하소연했다.[1]

장거정의 목표는 부국강병富國强兵이었다. 부국은 강병을 건설하기 위한 기초 작업으로, 오직 강병만이 오랑캐의 침입을 막을 수 있다고 믿었다. 장거정은 세종 당시 타타르 병사들이 장성을 침략할 때마다 마치 거센 파도 앞에 떠 있는 절해고도의 막막함을 떠올렸다. 그는 권력을 잡은 뒤 이러한 국가의 위협을 해소하기 위해 최선을 다했고, 10여 년의 노력으로 국면은 점차 호전되었다. 알탄 칸은 이미 투항했고, 그 잔여 세력들도 충분히 통제

제13장 부국강병에 마지막 힘을 다 바치다 281

할 수 있는 범위 내에 있었다.

이해 알탄 칸은 성을 쌓는다며 명나라 조정에 물자와 인력을 요구했다. 본래 타타르는 이동성이 강해서 추적이 쉽지 않아 적극적으로 압박하기가 어려웠다. 그런데 지금 알탄 칸이 성을 쌓는다는 것은 자신들의 기동력을 포기하는 것과 같았다. 장거정은 기뻐하며 사람과 차량 대신 물자 제공을 제의했다.[2] 그의 머릿속에서 알탄 칸은 타타르를 제압할 수 있는 중요한 수단이었다.

장거정은 요동 상황에 한시도 마음을 놓지 않았다. 1573년 건주도지휘 왕고王杲가 침입해왔을 때, 요동총병 이성량이 1년여를 싸우다가 참모인 조보曹簠가 왕고를 살해해 일단락되었다. 그러나 1581년 3월 조보가 요양부총병이 되어서 다시 타타르와 싸우다가 장안보에게 부하 317명을 잃자, 조정은 조보를 곧바로 하옥시키는 등 조금도 긴장을 늦추지 않았다. 4월에 오태가 병부좌시랑에서 계요총독으로 갈 때도 장거정은 그에게 경계를 늦추지 말 것을 힘주어 당부했다.[3]

1580년 이후 조정에는 별다른 움직임이 없었다. 내각은 그대로였고, 육부는 예부상서 번성이 사임하고 형부시랑 서학모가 임명되었다. 예부상서 자리는 오랫동안 한림원 출신들이 장악해왔는데, 서학모는 한림 출신이 아니어서 동요가 있었으나 이내 잠잠해졌다. 다음 해 4월 병부상서 방봉시가 사임하고 계요총독 양몽룡이 부임해 병부와 변진 사이의 인사승계 원칙은 유지되었다.

이러는 와중에 9월 장거정이 병으로 쓰러졌다. 신종이 급히 어의를 보내 상태를 물었다. 장거정은 병가를 신청했다.[4] 병가 소식을 들은 신종은 문서태감文書太監을 장거정의 집에 보내 고기와 과일, 쌀, 술 등을 하사하고 위로하며 우선 집에서 집무를 보며 상황을 보자고 했다. 작은 병이든 큰 병이든 장거정에 대한 신종의 반응은 여전히 변함이 없었다. 결국 최후의 순간 장거정은 혼수상태에 빠질 때까지도 일에서 벗어나지 못했다. 병세가 호전되는 듯하자 황제의 수유手諭가 도착했다.

수일간 선생을 만나지 못했습니다. 병세가 좋아졌다 하니 은 80냥과 옷 한 벌을 보냅니다. 월초에는 내각으로 돌아오시지요.

　　　　－《주소 10》〈사성유존문병사은량등물소〉謝聖諭存問幷賜銀兩等物疏

장거정은 거듭 감사의 뜻을 표했지만 내심 은퇴할 시기가 되었음을 감지했다. 국정은 안정적으로 운영되고 있었고, 쉰일곱의 나이로 체력이 날로 떨어져 더 이상 망설일 수 없었다. 은퇴는 1년 전부터 생각해왔지만 주변 사정을 고려해 미뤄왔다.[5]

일품관一品官으로서 12년이 되면 스스로 퇴직을 신청할 수 있었다. 초상을 치렀던 시기까지 합하면 1581년 10월로 이미 기간은 채웠다. 그러나 신종은 은 200냥, 옷, 녹봉 200석을 보내며 만류했다. 그리고 이부, 예부에 특별히 이 규정을 고칠 것을 명해 장거정에게 태부를 제수했다.[6] 태사太師, 태부太傅, 태보太保 등은 모두 사후에 내려지는 관명으로 장거정 이전에는 없던 일이다. 장거정은 더 이상 미룰 수 없다고 생각해 상소를 올려 은퇴를 간청했다.

병이 깊어지다

1582년 봄, 아직 겨울의 한기가 감돌고 있을 때 알탄 칸의 사망 소식이 전해졌다. 그의 죽음은 장거정에게 새로운 근심이 되었다. 이제까지 그를

황하와 대운하

황하 정비사업이 중국사에 끼친 영향은 헤아릴 수 없이 많다. 다른 운송능력이 열악했던 당시 운하의 물자 운송능력은 당대 중국 경제를 안정시키는 데 큰 역할을 했다. 그림은 구영이 그린 〈청명상하도〉의 일부로, 송대가 배경이다. 요녕성박물관 소장품.

이용해 타타르 세력을 통제해왔는데, 누가 그 뒤를 이을 것이며 어떻게 새로운 관계를 설정할 것인가. 만약 잔여 세력이 불만을 품고 다시 토만의 세력으로 흡수된다면 크나큰 위협이 아닐 수 없었다. 장거정은 알탄 칸의 후처인 삼낭자를 떠올렸다. 12년 전 삼낭자에 대한 알탄 칸의 사랑 때문에 파한나길이 투항했고 봉공으로 이어져 북변은 안정을 찾을 수 있었다. 훗날 총독 오태가 삼낭자에게 예쁜 옷을 선물하자 그녀는 대단히 기뻐하며 조정과 타타르의 교섭 때 든든한 우군이 되었다.

장거정은 타타르의 동정을 살핀 뒤, 황태길의 계승이 확정되자 그를 믿

을 수 있을지 고민했다. 이제 삼낭자는 3년의 초상을 지낼 것이고 이 기간 동안 그녀의 한화漢化는 심해지겠지만, 장거정은 그녀가 다시 타타르의 새 지도자에게 시집을 가서 계속 조정을 위해 힘을 써주기를 바랐다. 그러나 황태길이 순의왕의 책봉을 이어받자 삼낭자는 부족을 이끌고 서쪽으로 가버렸다. 선대총독은 급히 사람을 보내 설득했다. "부인이 순의왕과 같이 있어야만 조정의 혜택을 받을 수 있소이다. 그렇지 않으면 그저 평범한 타타르 사람일 뿐이니 무슨 좋은 일이 있겠소이까." 조정의 부귀영화에 익숙해진 삼낭자는 순순히 다시 순의왕의 품으로 돌아왔다. 중원에서는 이해하기 힘든 상황이었지만, 타타르의 풍습으로는 충분히 가능한 일이었다.

그해 초 섬서순무 소름蕭廩이 장거정에게 그동안 체납된 세금을 면제해줄 것을 건의하자, 장거정은 2월에 상소를 올려 이 오랜 숙제 하나를 해결했다. 신종 초부터 고성법을 실시한 이래 부세 징수는 커다란 성과를 거두어 국가 재정이 매우 튼실해졌다. 그러니 이제는 백성의 부담을 덜어주고 편안하게 해줘야 할 시기라는 판단에서였다. 1576년과 1577년에 호과급사 중 소언이 소를 올렸다. "관리가 세금을 많이 걷는 것만이 능사가 아니다. 1571년에 관리가 걷어야 할 세금의 8할을 걷지 못하면 봉록을 주지 않았고, 1576년에는 9할로 상향 조정되는 등 강화되었어도 여전히 2할 정도는 체납으로 남아 있었다. 고성법이 실시되자 관리들은 백성들을 다그쳤고, 세금을 제때 내지 못한 백성은 결국 토지를 떠나 유랑할 수밖에 없다." [7]

세금을 많이 걷으라고 했던 장거정이 지금 체납된 세금을 면제해주자고 하는 것은 어떤 심리적 변화가 있었던 것일까? 그렇지 않다. 오히려 장거정은 일관되게 국가 재정의 건전성을 강조해왔다. 재정이 불안할 때는 강력하게 추징했고, 안정을 이룬 후에는 체납 문제를 해소해주었다. 재정에 맞추어 세금을 걷어야 한다는 것이 재정에 대한 그의 생각이었다.

1582년 2월 타타르의 위협이 해소되자 변방은 안정을 되찾았고, 황하와 운하의 공사도 완성되었다. 역참의 정비와 무능한 관리들을 정리해 백성의 부담이 줄어들자 재정은 더욱 안정되었다. 그러나 얼마 후 장거정이 죽자 국고는 점차 비어 갔고, 상업세와 광업세가 신설되어 추가 징수까지 더해지자 재정은 문란해졌다. 결국 이것이 명조 멸망의 주요 원인이 되었다.

이때 절강에서 병변兵變이 발생했다. 순무 오선언吳善言이 동·서 영營의 병사들 월급을 줄이겠다고 하자, 마문영馬文英, 유정용劉廷用 등이 병사들을 선동해 순무를 폭행하고 소란을 피웠다. 장거정은 병부우시랑 장가윤을 순무로 내려 보냈다. 장가윤이 절강으로 부임해가는 도중 항주에서도 백성들이 난을 일으켰다는 소식이 전해졌다.

항주에 도착하니 난민들이 성에 불을 지르고 약탈해 밤이 되자 성 안에 불길이 가득했다. 장가윤은 병사들에게 명했다. "죄를 씻고 싶으면 먼저 난민들을 평정하라." 병사들은 홧김에 순무를 폭행했지만 뒷수습을 하지 못하고 우왕좌왕했다. 소식을 접한 장가윤은 대열을 정비해 오합지졸인 난민을 제압했고 150여 명을 사로잡았다. 장가윤은 이중 50여 명을 참수했다. 그리고 마문영, 류정용에게 상을 내리겠다고 하니 우두머리 9명이 기뻐하며 아무런 경계심 없이 나왔다. 장가윤은 이들을 잡아 참수해 순식간에 병변과 민란을 해결했다. 장가윤의 강경 조치는 바로 장거정이 원하던 방식이기도 했다.

요동에서도 소식이 정해졌다. 3월 태녕부泰寧部 족장 속파해速把亥와 형제들이 군사를 이끌고 의주를 공격해왔다. 20여 년 동안 속파해는 요동을 가장 괴롭혔던 존재로, 때로는 토만과 연합해서 침공해오기도 했다. 이성량의 부장인 이평호李平胡가 매복해 있다가 쏜 한 발의 화살이 속파해에게 명중했다. 속파해가 쓰러지는 순간 이평호의 부하가 달려들어 수급首級을 취했다. 오랑캐는 우두머리를 비롯해 모두 100여 명의 사상자를 내고 퇴각했다.

이때 장거정이 병으로 무너졌다. 처음에는 단순한 피로로 알았던 장거정의 병명이 치질로 판명되었다. 수년 동안 그를 괴롭혀왔고 너무 오랫동안 고생해서 이번에는 수술을 하기로 했다.

소신이 앓았던 것은 치질인데, 계속 치료가 안 되고 미뤄오다가 이번에야 그 뿌리를 뽑았사옵니다. 그러나 몸이 쇠약해 병의 뿌리는 뽑았으나 원기가 크게 상해 비위가 약해진 탓에 음식을 들지 못하고 있사옵니다. 점차 회복될 것이라 사료되옵니다.

집에서 요양을 하던 장거정은 문득 서계가 떠올랐다. 1572년 가을, 서계의 칠순 때 장거정은 문장을 한 편 쓴 적이 있었다.[8] 고공이 실각한 뒤여서 장거정은 송나라 때 사마광司馬光이 국사를 여공呂公에게 물려준 것에 빗대어 서계가 자신에게 국사를 물려주었다는 내용을 묘사했다. 당시 장거정은 원대한 포부가 있었고, 그것을 하나하나 실현해왔다. 그리고 이미 많은 성과를 거뒀으니 충분히 스승 서계를 볼 낯이 있다고 생각했다. 서계의 생일이 9월 20일인 것을 떠올리고 상소를 올려 그의 공로를 기려 상을 내리자고 건의했다.[9]

신종은 상소를 보고 은 50냥과 옷 한 벌, 비단을 하사했다. 과거 곽박과 고공은 서계가 임의대로 황제의 유서를 작성했다고 비난한 적이 있었다. 서계는 은퇴 뒤에도 이것이 또 다른 정치보복의 빌미가 되지 않을까 늘 불안했는데, 이제 황제가 그에 대한 입장을 밝혔으니 비로소 자유를 얻게 된 것이었다. 이것은 오직 장거정만이 할 수 있는 일이었다.

서계의 생일이 다가오자 장거정은 셋째아들 무수를 시켜 이부시랑 허국許國에게 생일 축하문을 대신 써주도록 부탁했다. 하지만 문장이 만족스럽지 않자 병중이면서도 무리해서 직접 썼다.[10] 서계는 이 문장을 읽으면서 당시 장거정을 발탁한 자기의 결정이 잘못되지 않았음에 대단히 만족해했지만, 아쉽게도 두 사람은 다시 만나지 못했다. 불과 몇 달 사이에도 인생에는 극복할 수 없는 한계가 존재한다. 장거정이 갑자기 세상을 떠난 것이다.

1582년 3월 이후 장거정은 휴가를 내고 집에서 사무를 보았다. 수술은 끝났지만 엄습하는 피로는 여전했다. 아들 중 사수, 무수, 간수가 시중을 들었고, 윤수는 향시를 보기 위해 강릉으로 돌아갔으며, 정수는 아직 어렸다. 병세가 그리 심한 것은 아니지만 약물 치료 때문에 움직일 수가 없었다. 신종은 여러 차례 태감을 보내 은, 옷, 간식 등을 하사하고 위문했다. 한번은 장거정의 병 걱정에 눈물을 흘리고 음식을 들지 못했다고도 한다. 그럼에도 장거정은 병세가 낫지 않아 계속 휴가를 신청해야 했다.[11]

혈기가 비위脾胃로 흐르자 병세는 새로운 국면을 맞았다. 신종은 장거정이 하루라도 빨리 돌아오기를 바랐지만 갈수록 병은 위중해졌다. 장거정은 신종이 자기를 여신女神에게 보내 제사를 지내라고 하는 꿈을 꿨다. 여신은 누구일까? 장거정은 급히 아들을 태산에 보내 신에게 제사를 지내도록 했다.

3, 4월이 되자 날씨는 따뜻해지고 태산에 갔던 사람들도 돌아왔지만 병세는 호전되지 않았다. 여신에 대한 희망은 그저 꿈이었을 뿐 국사에 대한 막중한 부담과 끊이지 않는 통증은 장거정을 계속 괴롭혔다. 내각에 장사유와 신시행이 있긴 하지만 조금이라도 중요한 일은 모두 병중인 장거정에게 보내 그의 결정을 기다렸다.

홀연히 세상을 뜨다

6월 1일 일식이 있었고, 4일 혜성이 출현했다. 장거정은 본래 가을쯤으로 미뤘던 은퇴를 앞당겨야겠다고 마음먹고 소를 올렸다.[12] 그러나 신종은 또다시 만류했다.[13] 12일, 요동 진이보鎭夷堡 대첩에 대한 논공이 이뤄져 장거정은 태사와 봉록 200석, 아들 1명에게 금의위 지휘검사를 세습하도록 했다. 예전에는 상이 내려지면 모두 서너 번씩 사양했으나 지금은 사양할 힘마저 없었다. 얼마 후 신종이 보낸 많은 하사품이 도착했다. 하지만 장거정은 병으로 사양하지 못하고 감사의 말도 못했다고 기록되어 있다.

병세가 더욱 악화되자, 그는 다시 한 번 은퇴를 청했다.[14] 그러나 죽기 전의 마지막 애절한 호소조차 신종을 움직이지 못했다.[15] 이후 장거정은 아무 말도 하지 못했다. 6월 18일, 신종이 사례태감을 보내 위문했을 때는 이미 혼수상태였다.

장거정의 병세가 위독하다는 소식이 알려지자, 사람들은 이번이 마지막이자 유일한 기회라 여기고 청탁을 위해 달려들었다. 결국 장거정은 전 이부상서 반성, 이부좌시랑 여유정余有丁을 대학사로 추천했다. 그러자 신종은 바로 반성을 예부상서 겸 무영전대학사에, 여유정을 예부상서 겸 문연각대학사에 임명했다. 또 호부상서 장학안, 병부상서 양몽룡, 예부상서 서학모, 공부상서 증성오, 시랑 허국, 진경방陳經邦, 왕전 등이 추천되었다. 이처럼 일시에 너무 많은 사람이 추천되자 신종은 이들의 이름을 병풍에 붙여놓고 언제라도 등용할 수 있도록 하겠다고 했다.

반성은 풍보의 스승으로 풍보가 장거정에게 추천을 부탁했고, 양몽룡과 증성오는 장거정의 문하생이었으며, 왕전은 장남 경수의 사돈이었다. 서학모는 장거정이 초상 때문에 귀향했을 때 도어사를 지낸 후 수차례 장거정의 등용을 거쳐 지금에 이르렀다. 이중에는 능력이 있어 국가의 기둥이 된 사람도 있지만 그저 장거정과의 관계를 이용해 이름을 올린 사람도 있었다.

6월 19일, 병세가 위급해지자 신종은 태감을 보내 이후의 일에 대해 물었다. 하지만 장거정은 혼수상태에서 알아들을 수 없는 몇 마디를 했을 뿐이다.

6월 20일, 장거정은 자신이 16년 동안 하루도 놓지 않았던 권력과 10여 년 동안 보필해왔던 황제, 팔십여 세의 노모, 아내와 여섯 아들, 여섯

장거정 사당

장거정이 권력 기반을 다질 때 고향의 가족들은 폐위된 요왕 헌위의 저택인 요왕부遼王府를 사용하다가 1568년에는 아예 구입하기에 이르렀다. 그러다 1573년, 최고 권력자일 때 새 집을 짓기로 했는데, 신종은 '순충당' 純忠堂, '봉일루'捧日樓라고 쓴 편액과 대련, 그리고 은 1,000냥을 하사했다. 장거정의 고택 안에 있는 그의 사당 입구에 신종의 어필인 '순충'이라는 글이 보인다.

손자, 6,000여 만 백성을 남겨두고 홀연히 세상을 떠났다. 그의 나이 58세였다.

신종은 예전에 이렇게 말한 적이 있었다.

"선생의 공이 지대하니 짐이 다른 것은 못해줘도 오직 선생의 자손들은 잘 보살필 것이오."

따라서 장거정은 자신의 생명을 국가를 위해 헌신했으니, 죽음에 이르러 자손들을 위해 특별히 걱정할 필요는 없을 것이라고 생각했다.

신종은 소식을 듣고 비통한 마음으로 며칠 간 조회를 쉬었다. 양 궁의 황태후, 황제, 황제 동생 노왕潞王도 은 1,000냥을 내렸고, 사례태감들은 장례 준비에 분주했다. 모든 준비가 끝나자 문충공文忠公이라는 시호諡號가 하사되었으며, 아들에게는 상보사승^{尙寶司丞}이 제수되었다. 장거정의 영구가 북경을 떠날 때 장사유, 신시행, 여유정 등이 사람을 보내 호송했으며, 태복소경^{太僕少卿} 우경^{于鯨}, 금의위 지휘검사 조응규^{曹應奎} 등이 강남까지 수행했다. 모친 조부인도 사례태감 진정^{陳政}의 호송을 받으며 강남으로 돌아갔다. 강남의 산수는 변함이 없었다. 다만 36년 전 회시를 보러 북경으로 갔던 소년이 사직에 훌륭한 공적을 쌓은 뒤 문충공이 되어 돌아가고 있었다.

제14장

개혁이 타살되다

신종의 광기 어린 복수가 시작되다

장거정은 자신이 품었던 이상을 간직한 채 고향 강릉에 묻혔다. 그에게
는 문충공이라는 시호가 하사되었다. '문'文은 일반적으로 한림에게 주어지
는 것이고, '충'忠은 국가를 위해 몸을 바쳐 충성한 사람에게 주어지는 특별
한 것이다. 왕세정은 장거정이 "위기를 극복하고 사직을 구했으며 황제의
권위를 되찾게 했다"고 했는데, 이는 당시의 일반적인 여론이었다. 그러나
배신과 원망, 끝없는 시비가 남아 있었다.

장거정이 죽은 뒤 오래지 않아 거센 파도가 몰려들기 시작했다. 장거정
의 마지막 추천을 받은 반성의 입각이 결정되자, 그에 대한 어사와 급사중
의 탄핵이 연이어 올라왔다. 반성은 이때 이미 고향 절강 신창新昌을 출발
해 북경으로 향하고 있었지만, 탄핵을 받자 어쩔 수 없이 중도에 사직하고
말았다. 또 장사유와 증성오, 왕전 사이에 충돌이 발생했고, 어사 강동지江

東之는 풍보의 하인 서작徐爵을 공격했다. 그러자 어사 이식직李植直이 뒤를 이어 풍보의 열두 가지 죄상을 폭로했다. 사례태감 장성張誠과 장경張鯨도 신종의 면전에서 풍보가 부정하게 모은 재산이 황제를 능가한다며 비난했다. 신종은 바로 풍보를 잡아들이라 했고, 장거정의 문하생이었던 양몽룡, 증성오, 왕전 역시 모두 사직했다.

풍보의 재산을 조사해보니 금은 100만 냥과 수많은 보물들이 나오자 신종은 이를 몰수하면서 새로운 재미를 느끼기 시작했다. 풍보가 궁을 떠날 때 자성황태후는 이런 상황을 알지 못하고 무슨 일인지를 신종에게 물었다. 신종은 대수롭지 않게 그가 곧 다시 돌아올 것이라고 대답했지만 풍보는 다시 돌아오지 못했다.

자성황태후는 신종을 아직도 말을 잘 듣는 예전의 어린아이로만 알고 있었다. 그러나 신종은 이미 스물이었고, 이제 어머니를 상대하는 방법을 터득하고 있었다. 그의 눈에 장거정과 풍보, 자성황태후는 모두가 한통속이었다. 그는 이 악몽을 걷어내면서 점차 자신을 발견하고 있었다. 오래지 않아 자성황태후는 아침저녁으로 문안을 드리던 아들이 더 이상 찾아오지 않는 것을 알았지만, 이 가련한 노인네에게는 별다른 방법이 없었다. 젊고 혈기왕성한 황제는 살아 있는 사람들을 상대하고 난 뒤, 이제 죽은 사람의 처리를 고심하고 있었다.

신종은 장거정이 심혈을 기울여 추진해온 개혁조치들을 모두 취소했다. 관리들이 임의로 사용하지 못하게 한 역체驛遞 사용금지 조항이 폐지되었고, 육부를 압박하던 고성법도 철회되었다. 장거정이 내쫓았던 무능한 관리들이 복직되었고, 학교의 정원을 제한하던 규칙도 없애 각 학교들은 정원을 늘리기에 바빴다. 세종의 유훈을 들어 외척들이 작위를 세습하지 못하도록 하던 조항도 취소해 외척의 세습이 가능해졌다. 이러한 법제 문

황궁 밖을 유람하는 신종

장거정이 죽자 신종은 복수를 시작했고, 그가 추진했던 모든 개혁을 철회하고, 그에게 하사되었던 모든 명칭을 회수했으며, 심지어 그의 아들에게 내린 관직조차도 빼앗았다. 그런 한편 종종 황궁 밖으로 유람을 나가기도 하는 등 정치에는 별반 관심을 기울이지 않았다. 그림은 만력 연간의 〈평번득성도〉平番得胜圖의 일부. 북경 고궁박물관 소장.

제 외에도 많은 일들이 다시 원상 복귀되었다.

1583년 3월 장거정에게 주어졌던 상주국相柱國, 태사, 문충공 등의 호칭은 박탈되었고, 금의위 지휘검사에 명해졌던 넷째아들 장간수는 일반 백성으로 강등되었다. 장거정이 죽은 뒤 불과 아홉 달 뒤의 일이었다.

장거정의 병이 중할 때, 북경의 각 부와 원에서는 그의 회복을 위해 기도회를 열었다. 이는 멀리 남경, 산서, 섬서, 하남, 호광까지 번졌다. 거의 온 나라의 절반이 이 늙은 충신의 회복을 기원했었다. 그러나 순식간에 분위기가 바뀌자 어사와 급사중들은 모든 힘을 모아 장거정을 공격하기 시작했다.

가장 앞장선 사람은 어사 정차여丁此몸였다. 그는 1579년 응천부 향시 시험관인 고계우高啟愚가 냈던 '순역이명우'舜亦以命禹(순임금이 우임금에게 자리를 물려주시며 명하다)라는 문제를 트집 잡았다. 정차여는 이 문제가 순舜은 황제를, 우禹는 장거정을 암시하는 복선을 깔고 있다고 공격했다. 11월 장사유가 사임하고 신시행이 그 뒤를 잇자, 신종은 신시행에게 이 문제의 처리를 맡겼다. 신시행은 정차여가 애매한 말로 모함을 하고 있으며 조정이 이를 받아들여서는 안 된다고 막아섰다. 몇 차례 쟁론을 거쳐 정차여와 고계우가 같이 사직하는 것으로 일단락되었다.

그러나 정차여는 경수, 사수, 무수 등이 향시를 볼 때 시험관이 장거정에게 잘 보이기 위해 노력했으며, 예부시랑 하락문何雒文이 사수와 무수의 전시 시험문제를 대신 써주었다고 공격했다. 그러나 시험관이 자신은 답안만 볼 뿐 누가 쓰는지 이름을 모르니 이 죄는 성립되지 않는다고 반박해, 시험관은 죄를 면했지만 하락문은 사직했다.

얼마 후 어사 양가립羊可立은 장거정이 요왕을 모함했다고 공격했다. 이미 17년이나 지난 사건이지만 다시 불이 붙었다. 요왕의 후실이었던 왕씨

가 장거정이 자신들의 금은보화 등 재산을 강탈했다며 억울함을 호소하
자, 재물이라는 소리에 귀가 솔깃해진 신종은 장거정의 재산을 조사해 몰
수하라는 명을 내렸다.

사례태감 장성과 형부우시랑 구순丘橓, 금의위, 급사중 등이 급히 파견
되었다. 좌도어사 조금趙錦, 이부상서 양외楊巍가 장거정의 과거 공적을 들어
선처를 호소했지만 신종은 듣지 않았다. 구순이 북경을 출발한 뒤 조정 대
신들도 조사에 신중해야 한다는 서신을 보냈지만 구순은 거들떠보지도 않
았다.

재산 조사는 신종이 직접 명령했다. 장거정이 10년 동안 나라를 위해
휘두른 권력은 바로 신종의 것이고, 장거정이 권력을 휘두를 수 있었다는
것은 바로 신종이 힘을 쓸 수 없었다는 것이며, 장거정이 나라를 위해 일
했다는 것은 바로 황제를 멸시했다는 이상한 논리가 성립했다. 따라서 장
거정이 권력을 잡았던 10년 동안 장거정과 신종이 대립적인 위치에 있었
다는 것은 설사 쌍방이 의식하지 못했다 할지라도 부정할 수 없는 사실이
되었다.

장거정의 재산을 몰수하다

장거정이 죽자 신종은 복수를 시작했고, 그가 추진했던 모든 개혁을 철
회하고, 그에게 하사되었던 모든 명칭을 회수했으며, 심지어 그의 아들에게
내린 관직조차도 빼앗았고, 그저 평범한 장거정만 남겨두었다.

그러고도 신종은 만족하지 못했다. 그의 오만함과 욕심이 다시 발동했
다. 특히 금은보화에 대한 유혹을 떨쳐버리지 못했다. 요왕의 후실 왕씨가
언급한 금은보화라는 말에 결국 장거정의 재산 몰수를 명했다.

명대의 법에 따르면 모반, 반역, 당파 등 오직 세 가지 죄목에 해당할 때만 재산을 몰수할 수 있었다.[1] 그러나 장거정이 이 세 가지 중 어느 경우에 해당하는지 따져볼 겨를도 없이 재산 몰수 명령이 떨어졌다. 허국이 이러한 상황에 대해 "후세에 사람을 가볍게 여기고 재물을 중하게 여기게 해서는 안 된다"고 말한 것은 바로 이 점을 지적한 것이다.

구순이 강릉에 도착하기 전, 부와 현의 관리들이 장거정의 집을 봉해버리자 식구들은 감히 바깥으로 나올 수 없었다. 5월 초, 구순이 도착해 문을 열자 이미 10여 명이 굶어 죽어 있었다. 온 집안을 발칵 뒤집고 살아 있던 사람들에게 고문 등 할 수 있는 모든 방법을 동원하자, 장거정과 그 형제들이 숨긴 황금 1만여 냥과 백은 10만 냥 등이 발견되었다. 이것은 대단히 엄청난 액수였다. 관리들은 더욱 심하게 고문을 했고 집 밖에 숨겨둔 은 200여 만 냥을 찾아냈다. 그러자 여파가 증성오, 왕전, 부작주에게까지 번졌다. 고문을 이기지 못한 장남 경수는 스스로 목숨을 끊었고, 셋째아들 무수 역시 우물에 뛰어들었으나 목숨은 건졌다. 이후 단식을 시도했지만 끈질긴 생명은 모질게 이어졌다.

장경수의 죽음은 조정에 커다란 반향을 일으켜 신시행과 육부 대신들이 앞을 다투어 관대한 처분을 건의했다. 특히 형부상서 반계순은 "장거정의 모친이 팔순을 넘었으니 최후를 보낼 수 있게 은혜를 베푸십시오"라고 건의하자 신종은 빈 집과 밭 10경을 남겨주도록 하고 사건을 마무리했다. 신종이 장거정에게 다짐했던 "선생의 후손을 잘 보살펴주겠다"는 약속이 이렇게 끝맺을 줄 장거정은 생각이나 했을까.

장거정에게 닥친 큰 화를 당시 일부 사람들은 고공의 모함이라고 하지만, 사실 고공은 이미 4년 전에 사망했기에 이 사건과는 전혀 무관하다. 그리고 장경수는 장사유의 모함이라고 의심했지만 장사유는 1583년 4월에

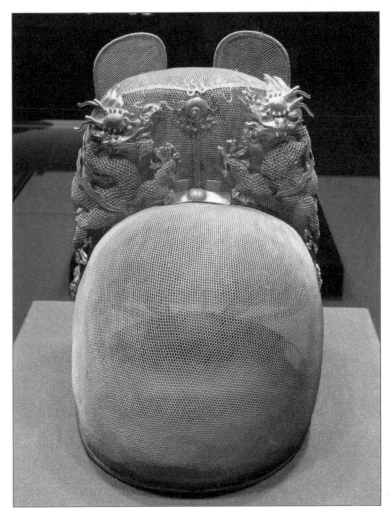

신종의 금관

친정을 시작하게 된 신종은 재물에 관심이 많았는데, 금관은 그 대표적인 사례다. 장거정이 죽고 난
뒤 그가 정사를 제대로 돌보지 않자 매관매직을 일삼는 탐관오리들이 기승을 부렸다. 그때부터 명
나라는 급격히 멸망의 길을 걷기 시작했다.

이미 사직했다. 따라서 설사 그가 평소에 장거정에게 불만이 있었다 하더라도 역시 보복한다는 것은 불가능했다. 1588년 겨울, 이과급사중 이기李沂가 사례태감 장경을 공격했다.

"시중에는 장경이 보물 등 뇌물을 많이 바쳐 황상께서 그를 처단하지 못하고 망설인다는 이야기가 떠돌고 있사옵니다. 신하들은 처음에는 그 말을 믿지 않았사옵니다. 천하가 황상의 것이고 원하는 것은 무엇이든지 가질 수 있는데, 보물이 무에 그리 신기하겠사옵니까. 그러나 장경이 결국 일을 저질렀으니 이는 황상의 덕을 훼손하는 것이옵니다."

장경은 신종이 특별히 아끼던 태감으로, 풍보를 공격하고 재산 몰수를 종용한 장본인이다. 신종은 이기의 상소문을 보고 진노해 곤장 60대를 때리고 서민으로 강등시켰다. 그리고 "이기가 풍보와 장거정의 복수를 하려 하는구나"라고 말했는데, 신종은 왜 이것을 복수라고 생각했을까.

장거정을 공격하는 데 가장 힘을 쏟았던 사람들은 어사 이식, 양가립, 강동지였다. 이식은 사람들에게 이렇게 자랑했다. "황제께서 나를 아들처럼 여기시고 몰수한 보물들을 아주 좋아하셨다." 그 이유는 무엇일까. 물론 신종에게는 그만의 이유가 있었다. 장거정은 생전에 이렇게 말한 적이 있다. "나는 이미 사직을 위해 개인적인 일은 모두 포기했다. 비록 아무리 많은 함정이 있다 해도 두려워하지 않을 것이다."2) 아마도 그는 자신이 죽은 뒤의 일을 어느 정도 예상했는지 모르겠다.

후대에 명예를 회복하다

신종이 친정親政하는 동안은 어느 누구도 장거정을 언급하지 못했다. 1622년(희종 천계 2년)이 되어서야 장거정은 복직되었고, 장례를 다시 지낼 수 있었으며, 몰수된 재산 중에서 팔리지 않은 것은 모두 되돌려 받았다. 그리고 8년 뒤인 1630년(사종 숭정 3년)에 예부시랑 나유의羅喩義 등이 장거정의 억울함을 호소해 작위도 회복되었다. 다시 10년 뒤인 1640년 장경수의 손자인 장동창이 장경수의 예부주사 직함의 복직을 청구하자, 사종이 이를 허락해 장동창에게 중서사인中書舍人을 제수했다. 국가가 어려움에 봉착하면 과거의 공신을 떠올리게 된다. 관직을 찾아주고 작위를 회복시켜 지금의 신하들을 격려하려는 것이다. 하지만, 너무 늦은 일이었다.

물론 장거정의 자손들에게는 이것이 매우 중요한 일이었다. 장거정의 자식들은 자살하거나 유배를 당했다. 스물여섯에 장원이 되었던 장무수는 1634년 여든의 나이로 세상을 떠났다.[3] 비록 뚜렷한 공적은 없지만 장거정에 관한 자료 46권을 수집한 것은 그의 노고였다. 그는 서첩에 이렇게 적고 있다. "선친은 옛 사람들이 말하던 '남이 자신의 명예를 훼손하는 것'에 대해 매우 유념했다. 아버지의 공功과 과過는 역사가들이 논할 것이므로 우리가 언급할 바가 아니다." 이는 매우 의미심장한 말이다. 막내 장윤수는 1582년 그해 향시를 보러 고향으로 갔다가 장거정이 죽자 초상을 치르느라 시험을 치지 못해 일생에 커다란 한이 되었다. 훗날 복원되어 상보사승尙寶司丞을 제수 받았으니 그나마 위안이 되었을 것이다. 1644년 반란군 지도자 장헌충張獻忠의 무리가 강릉을 지나면서 장윤수에게 협력을 요청하자, 그는 스스로 목숨을 끊어 마지막 절개를 보여주었다.[4]

가장 치열하게 살았던 사람은 손자 장동창이다. 1642년, 장동창은 운남으로 병사를 이동시키라는 명을 받았다. 장동창이 임무를 완수할 때쯤 여진족에게 북경이 함락되었고, 얼마 후 남경도 함락되었다. 장동창은 호남으로 가다가 복건 정주汀州가 함락되었다는 소식을 들었다. 나라가 서남의 한 귀퉁이만 남기고 모두 적의 손에 넘어간 꼴이었다. 장동창은 광서로 가서 후일 남명南明의 영력제永曆帝가 되는 주유랑朱由榔(소종昭宗, 신종의 7남 계단왕桂端王 주상영朱常瀛의 아들)을 알현하고 구식사瞿式耜의 추천을 받아 병부우시랑, 총독이 되어 군을 통솔했다. 중원의 백성을 이끌고 나라를 지켜야 할 책임이 또다시 장씨 가문의 어깨 위에 놓인 셈이었다.

장동창은 증조부가 생전에 문인을 변방의 장수로 임명했던 것을 떠올리고 자신도 최선을 다하리라 다짐했다. 그의 시조는 명태조를 도와 몽골족을 물리쳤고, 조부는 국방을 정돈하고 타타르를 분화시켜 명조의 강성함을 이끌어냈다. 장동창도 나라가 위태로움에 처하자 자기 몸속에 흐르는 뜨거운 피를 느꼈다. 그러나 당시 상황은 만만치 않았다. 명조는 겨우 손바닥만 한 영토와 패잔병들에게 의지하고 있었다. 그러니 항쟁을 논할 상태가 아니었다.

또한 조정에서는 위급한 상황 속에서도 끊이지 않는 내분과 암투, 모순과 견제가 되풀이되고 있었다. 그럼에도 장동창은 그저 뜨거운 피와 민족을 보호한다는 명분만 가지고 전쟁에 뛰어들었다. 각 군을 통솔하는 총독은 그저 이름뿐으로 실제 병권은 장군들의 손에 있었다. 그러나 개의치 않고 모든 싸움에서 선두에 서서 두려워하지 않고 적과 싸워, 점차 군사들의 신임을 얻어갔다.

1651년(영력 5년), 여진족의 팔기군이 광서에 진격하자 영력제는 오주梧州로 피난하고 계림桂林은 대학사 구식사만이 홀로 지키고 있었다. 구식사는 장동창에게 "내가 계림을 죽음으로 지키겠으니, 공은 어서 몸을 피하라"고 했으나 장동창은 같이 지킬 것을 고집했다. 두 사람은 촛불을 사이에 두고 마지막 술잔을 기울였다. 다음 날 적군이 진격해 두 사람에게 투항을 요구했지만 거절하였고, 그들은 체포되어 구금되었다. 그들은 벽 하나를 사이에 두고 시詩로 화답하며 40여 일을 지내다가 윤11월 17일에 사형에 처해졌다. 형이 집행될 때, 장동창은 의관을 정제하고 꼿꼿이 서 있다가 머리가 땅에 떨어진 후 앞으로 세 걸음을 나아간 뒤에 넘어졌다고 한다. 오늘날 계림 동관^{東關}에는 그의 묘가 아직도 남아 있다. 〈끝〉

각주

제1장

1) 장거정의 장남 경수敬修가 지은 《문충공행실文忠公行實》에서는 시조 복복福이 노주 합비 출신이라 했다.

2) 군인 1,000명으로 구성된 단위 부대를 말한다.(옮긴이 주)

3) 《서첩書牒 10》

4) 이 이야기는 왕세정王世貞의 《수보전首輔傳》, 주성해周聖楷의 《초보楚寶 · 장거정전張居正傳》, 〈선고관란공 행략〉, 장경수의 《문충공행실》 등에도 나온다.

5) 〈선고관란공행략〉에서 장거정은 "둘째인 할아버지에 대한 사랑이 유독 특별했다"고 밝히고 있다.

6) 규는 거북 '구龜'자와 발음이 같다.(옮긴이 주)

7) 《서첩 15》 〈사병별서존재상공謝病別徐存齋相公〉

8) 《서첩 15》 〈답렴헌왕풍주팔答廉憲王風洲八〉

9) 《문집 8》

10) 《명사明史 · 장거정전張居正傳》과 《수보전》에는 열다섯 살에 부학생이 되었다고 했는데, 이는 가정 15년 (1536)을 잘못 표기한 것이다.

11) 《명사 · 장거정전》 권286, 〈문원전文苑傳 2〉

12) 상나라 초의 대신으로 탕왕湯王을 도와 왕도정치를 편 인물이다.(옮긴이 주)

13) 춘추시대 노나라 사람으로 공자의 제자 중 가장 뛰어났으나 가난으로 요절했다.(옮긴이 주)

제2장

1) 당시에는 분의가 강서에 속해 있었다.(옮긴이 주)

2) 《서첩 1》 〈여분의윤與分宜尹〉

3) 《주소奏疏 12》

4) 친번이란 국가의 중요 지역을 영지로 차지하고 있는 황제의 친족을 말한다.(옮긴이 주)

5) 《명사 · 식화지食貨志》

6) 《명회전明會典》

7) 《문집 9》

제3장

1) 《문집 8》

2) 《시詩 1》. 대략 1554년(가정 34년)에 씌어졌다.

3) 《문집 9》〈형주부제명기荊州府題名記〉

4) 《문집 5》

제4장

1) 《문집 6》〈한림원독서기翰林院讀書記〉

2) 《명사》권210 〈오시래전吳時來傳〉

3) 《시 4》〈중추전이야여제군공집쌍하사中秋前二夜與諸君共集雙河寺〉

4) 《서첩 15》〈답귀양개부오로사答貴陽開府吳老師〉

5) 《주소 12》〈청걸우예기석이광성치소請乞優禮耆碩以光聖治疏〉

6) 《서첩 14》〈답봉상서앙재答奉常徐仰齋〉,〈답부경서계재答符卿徐繼齋〉

7) 《문집 6》

제5장

1) 《주소 12》

2) 《만력중수본萬曆重修本》권5

3) 《명사》권248 〈안계조전顏繼祖傳〉

4) 《명사》권228 〈진유년전陳有年傳〉

5) 《명사》권185 〈서각전徐恪傳〉

6) 《서첩 1》〈답중승홍방주答中丞洪芳洲〉

7) 《서첩 1》〈답소사마양이산答少司馬楊二山〉

8) 《서첩 3》〈답상사상서존재십팔答上師相徐存齋十八〉

9) 《문집 10》〈잡저雜著〉

10) 《서첩 1》〈답중승양명천答中丞梁鳴泉〉,〈답어사고공왈유答御使顧公曰唯〉,〈답봉상라월암答奉常羅月岩〉

11) 《명사》권193 〈이춘방전李春芳傳〉

12) 《서첩 7》〈답사마뢰화서지기答司馬雷和叙知己〉

13) 《서첩 7》〈답오환주논공신임사答吳環洲論功臣任事〉

14) 타안위, 복여위, 태녕위를 말한다.(옮긴이 주)

15) 만력본《명회전》권126.《명사·척계광전戚繼光傳》에서는 전하지 않는다.

16) 《서첩 1》〈답릉참정答凌參政〉

17) 《서첩 1》〈우여계요총독담이화又與薊遼總督譚二華〉

18) 《서첩 1》〈여계요독무與薊遼督撫〉

19) 《서첩 1》〈여계요순무與薊遼巡撫〉

20) 《명사》권117

21) 《명사》권241

22) 《주소 1》

제6장

1) 《명사》권305 〈환관전宦官傳〉

2) 《명사》권302 〈열녀전列女傳 · 소씨邵氏〉

3) 《명사》

4) 《서첩 14》〈답사구조부천答司寇曹傅川〉

5) 《문집 7》〈문생위사상중현고공육십수서門生爲師相中玄高公六十壽序〉

6) 《書 · 군석서君奭序〉

7) 《서첩 1》〈답산서안원요성산答山西按院饒成山〉

8) 《서첩 14》〈답경경서경오答冏卿徐敬吳〉

9) 《서첩 2》〈답계진무원왕감천론계변오환答薊鎭撫院王鑒川論薊邊伍患〉

10) 《서첩 2》〈답왕감천계송귀나길사答王鑒川計送歸那吉事〉

11) 《명사》권222 〈왕숭고전王崇古傳〉

12) 《서첩 2》〈여왕감천계사사사요與王鑒川計四事四要〉

13) 《서첩 14》〈여부경서앙재與符卿徐仰齋〉

14) 《서첩 14》〈답응천순무주동원答應天巡撫朱東園〉

제7장

1) 당시에는 도인都人이라 했다.(옮긴이 주)

2) 장경수,《문충공행실》.《명사》에는 목종의 병에 대한 기록이 없다.

3) 《주소 5》〈강세종어필소講世宗御筆疏〉

4) 《명사》권305 〈풍보전馮保傳〉

5) 목종을 '보붕甫崩'이라 칭했다.

6) 《명사》권215 〈진오덕전陳吳德傳〉

7) 《명사》권 246 〈왕윤성전王允成傳〉

8) 《문집 9》〈사례감태감풍공예작수장기司禮監太監馮公豫作壽藏記〉

9) 《명사-고공전》

10) 무후 광택 원년(684)에 중서성을 풍각, 문하성을 란대로 고쳤다.

11) 《서첩 3》〈답종백고남우答宗伯高南宇〉

12)《명사 · 고공전》에는 고공이 장거정에게 정보를 주었는데 장거정이 이를 풍보에게 흘렸다고 기록되어 있다.

《명사·풍보전》에는 풍보와 장거정이 모의해 고공을 축출했다고 씌어 있다.

13) 《명사기사본말》

14) 《명사·고공전》

15) 《서첩 4》〈답왕감천答王鑒川〉

16) 《주소 2》〈사소견소〉

17) 《서첩 4》〈답왕사마남명答王司馬南溟〉

18) 《명사》 권224 〈손룡전孫鑨傳〉

19) 이부상서의 입각에 관한 이야기는 《명사》 권224 〈진유년전陳有年傳〉에 있다.

20) 《주소 6》〈사황태후자유소謝皇太后慈諭疏〉

21) 《주소 2》〈간상예부의양궁존호소看詳禮部議兩宮尊號疏〉

22) 《주소 3》〈사신한소謝宸翰疏〉

23) 《문집 2》〈공송모덕시恭頌母德詩〉, 〈황상축성모시皇上祝聖母詩〉. 〈신모수도만년영뢰송神母授圖萬年永賴頌〉, 〈성모도찬聖母圖贊〉

24) 《문집 4》

25) 《문집 4》〈칙건오대산보탑사기勅建伍臺山寶塔寺記〉

26) 《명사》 권210 〈추응룡전鄒應龍傳〉

27) 《서첩 6》〈여남태장언중귀불간외정與南台長言中貴不干外政〉

28) 《문집 9》〈사례감태감풍공수장기司禮監太監馮公壽藏記〉

29) 《명회전》 권52

30) 《주소 2》〈의일강의주소擬日講儀注疏〉

31) 《주소 3》〈강제감도설소講帝鑒圖設疏〉

32) 《서첩 6》〈여남태장與南台長〉

제8장

1) 《주소 2》〈산릉예성봉위소山陵禮成奉慰疏〉

2) 《서첩 11》〈답복건순무경초동담왕패지변答福建巡撫耿侗談王覇之辨〉

3) 《서첩 4》〈여척계광與戚繼光〉

4) 《서첩 5》〈여왕계진논군신지의與王繼津論君臣之義〉

5) 《서첩 5》〈답열시사마오요산答閱視司馬吳堯山〉

6) 《주소 3》〈청계사장주수사고성이수실정소請稽查章奏隨事考成以修實政疏〉

7) 《사기史記·평준서平準書》

8) 《주소 1》〈청정취은냥소請停取銀兩疏〉

9) 《주소 1》〈청정취은냥소〉

10) 《주소 2》〈사면연연소辭免筵宴疏〉

11) 《서첩 4》〈여왕감천언로왕공시與王鑒川言虜王貢市〉

12) 《서첩 7》〈답산동무원이점암언리치하조答山東撫院李漸庵言吏治河漕〉

13) 《서첩 14》〈답응천순무주동원答應天巡撫朱東園〉

14) 《명사》 권227 〈소언전蕭彦傳〉

15) 《명사》 권229 〈부응정전傅應禎傳〉

16) 《명사》 권225 〈왕국광전王國光傳〉

17) 《명사》 권222 〈장학안전張學顔傳〉

18) 《서첩 5》〈여왕감천언경업변사與王鑒川言競業邊事〉

19) 《서첩 6》〈답은석정언종공명답지우答殷石汀言終功名答知遇〉

20) 《서첩 11》〈답양광유응재언적정군정민정答兩廣劉凝齋言敵情軍情民情〉

21) 《서첩 5》〈답반총헌립옹答潘總憲笠翁〉

22) 《서첩 5》〈답광서무원곽화계答廣西撫院郭華溪〉

23) 《서첩 5》〈여촉무증확암계초도만지시與蜀撫曾確庵計剿都蠻之始〉

24) 《서첩 5》〈여촉무증확암계초도만與蜀撫曾確庵計剿都蠻〉

제9장

1) 《주소 3》〈청정면장렴능의주소請定面獎廉能儀注疏〉

2) 《서첩 8》〈답총헌오공答總憲吳公〉

3) 《서첩 5》〈여왕경소론대정與王敬所論大政〉

4) 《서첩 6》〈답계요독무오환주언노정答薊遼督撫吳環洲言虜情〉

5) 《서첩 4》〈답유총독答劉總督〉

6) 《명회전》 권78

7) 《주소 4》〈청신구장식학정이진흥인재소請申舊章飾學政以振興人才疏〉

8) 《명사》 권69

9) 《주소 4》〈논변사소論邊事疏〉

10) 《명사》 권227〈가삼근전賈三近傳〉

11) 《서첩 7》〈답절무사송병언왜答浙撫謝松屛言防倭〉

12) 《명회전》 권148

13) 《서첩 12》〈답복건순무경초동언치리안민答福建巡撫耿侗言致理安民〉

14) 《서첩 12》〈답보정순무장호동答保定巡撫張滸東〉

15) 《서첩 12》〈답산서서순무答山西徐巡撫〉

16) 《서첩 12》〈답번백서중대答藩伯徐中臺〉

17) 《서첩 13》〈답산동순무하래산答山東巡撫何來山〉

18) 《서첩 4》〈답하조총독왕경소答河漕總督王敬所〉

19) 《서첩 5》〈답하조총독왕경소언조운答河漕總督王敬所言漕運〉

제10장

1) 《서첩 7》〈답섬서독무석의암答陝西督撫石毅庵〉

2) 《서첩 13》〈답소송순안증공사초언무안직장불동答蘇松巡按曾公士楚言撫按職掌不同〉

3) 《서첩 4》〈답형주도부사양원건방答荊州道府辭兩院建坊〉

4) 《서첩 5》〈여초중무태사건제조공與楚中撫台辭建第助工〉

5) 《주소 3》〈사당루액명병사금소謝堂樓額名竝賜金疏〉. 대련에는 다음과 같이 적혀 있다. "공은 사직의 신하
요 중요 공신이다. 짐은 정기로 영원히 다스릴 것이다[一日社稷之臣, 一日股肱之佐, 朕曰正氣萬世, 休光百
年]." 왕세정,《수보전》권7

6) 《서첩 4》〈답초무원왕남명사원건방答楚撫院汪南明辭院建坊〉

7) 《명사》권120〈복왕상순전福王常洵傳〉

8) 《서첩 6》〈답총헌유자산答總憲劉紫山〉;《서첩 7》,〈답유홍천총헌答劉虹川總憲〉;《서첩 9》,〈답향태장答向台
長〉,〈답사천총병유초당答四川摠兵劉草塘〉,〈답오총헌答吳總憲〉

9) 《서첩 11》〈답양광유응재엄취여答兩廣劉凝齋論嚴取與〉

10) 《송장자위남해送張子尉南海》

11) 《답유응재서答劉凝齋書》

12) 《서첩 7》〈답부간의答傅諫議〉

13) 《서첩 7》〈답유홍천총헌〉

14) 《서첩 5》〈답초무조여천언엄가범금청탁答楚撫趙汝泉言嚴家范禁請託〉

15) 《주소 5》〈청택유사견포부이안민생소請擇有司蠲通賦以安民生疏〉

16) 《명사기사본말》권61

17) 《주소 8》〈답하도오공계방答河道吳公桂芳〉

18) 《주소 9》〈답하도오자호계분회도하책答河道吳自湖計分淮導河策〉

19) 《삼국지三國志·이엄전주李嚴傳注》

20) 《서첩 7》〈답독무오환주언경사후식지의答督撫吳環洲言敬事后食之義〉

21) 《서첩 8》〈답산서최순무계납반초강지책答山西崔巡撫計納叛招降之策〉

22) 《서첩 8》〈답계요총독방금호答薊遼總督方金湖〉

23) 《서첩 9》〈답감숙순무후액천계두로答甘肅巡撫侯掖川計套虜〉

24) 《서첩 8》〈답총독장심재계전수변장答總督張心齋計戰守邊將〉

25) 《서첩 8》〈여장심재계불허동로관공與張心齋計不許東虜款貢〉

26) 《서첩 9》〈답선대왕순무언계변요무答宣大王巡撫言薊邊要務〉

27) 《서첩 12》〈답총병척남당수격토만지책무수주答摠兵戚南塘授擊土蠻之策懋修注〉

28) 《서첩 9》〈답선대왕순무언계변요무〉

29) 《도서집성圖書集成·식화전食貨典》권151〈유광제차역소劉光濟差役疏〉

30) 만력본《명회전》권20

31) 《명사기사본말》권39

32) 《서첩 8》〈답초안원향명태答楚按院向明台〉

33) 《서첩 9》〈답총헌이점암언역체조편임원答總憲李漸庵言驛遞條編任怨〉

34) 《서첩 15》〈시계자무수〉

35) 《서첩 9》〈답사구왕서석答司寇王西石〉

36) 《문집 11》〈잡저〉

37) 《서첩 9》〈답양광릉양산계라방선후答兩廣凌洋山計羅旁善後〉

38) 본래는 용수현龍水縣이라 했는데 1575년 나정주로 승격했다. 오늘날의 나정현이다.

39) 오늘날의 운부현

40) 오늘날의 욱남현

41) 《주소 5》〈청정지내공소請停止內工疏〉

42) 《서첩 6》〈여조강송양산與操江宋陽山〉

제11장

1) 《서첩 9》〈답사구왕서석〉

2) 《주소 6》〈문우사강유선위소聞憂謝降諭宣慰疏〉

3) 왕진王振, 왕직汪直, 유근劉瑾은 물론 훗날의 위충현魏忠賢도 직접 정권을 장악하지는 못했다.

4) 《주소 6》〈걸잠준유지사봉수제예윤귀장소乞暫遵諭旨辭俸守制五允歸葬疏〉

5) 《서첩 9》〈답태재왕소암答太宰王疏庵〉

6) 《문집 11》〈잡저〉

7) 《천론天論》

8) 왕세정,《수보전》권7.《명사기사본말》권61에는 장거정이 무릎을 꿇고 칼을 들어 목을 긋는 시늉을 하며 "나를 죽이시오"라고 했다고 기록되어 있다.《명사·왕석작전王錫爵傳》에도 유사한 내용이 있으니 믿을 만하다.

9) 《주소 6》〈걸회성도유우몽이전국체소乞恢聖度宥愚蒙以全國体疏〉

10) 《시첩 11》〈답조강호호옥오答操江湖胡吳〉

11) 《시첩 11》〈답하도오자호答河道吳自湖〉

12) 《명사·하거지河渠志》에는 1577년(만력 5년)에 오계방을 공부상서 겸 하조에 임명했다고 하나 이는 잘못된 것이다. 하조를 겸한 것은 만력 5년이 맞으나 공부상서가 된 것은 다음 해다.《만력실록萬曆實錄》,《명

사고明史稿》,《명사·오계방전吳桂芳傳》이 모두 그렇다.

13) 조사는 1512년에 실시되었다.

14) 1577년 소를 올리고 다음 해에 실시되었다.

15) 《명사》권227〈소름전蕭廩傳〉

16) 《주소 6》〈청별견대신이중대예소請遣大臣以重大禮疏〉

17) 《요동대첩사면가은소遼東大捷辭免加恩疏〉

18) 《주소 7》〈사사칙유병은기소謝賜勅諭幷銀記疏〉

19) 《주소 7》〈소사기사召辭紀事〉

20) 《주소 7》〈소사기사〉,〈사소견면사소謝召見面辭疏〉

21) 《주소 7》〈봉유환조소奉諭還朝疏〉

22) 《서첩 10》〈답변진독무答邊鎭督撫〉

23) 《서첩 10》〈답요동안순안答遼東安巡按〉

24) 《서첩 11》〈답총헌오근계答總憲吳近溪〉

25) 《서첩 10》〈답헌장주우산答憲長周友山〉

26) 《서첩 14》〈답하남주순무答河南周巡撫〉

제12장

1) 《명사기사본말》권40

2) 《서첩 13》〈답산동순무양본암答山東巡撫楊本庵〉

3) 《주소 8》〈청재정종번사례소請裁定宗藩事例疏〉

4) 《서첩 10》〈답헌장주우산명강학答憲長周友山明講學〉

5) 《명사기사본말》권61

6) 《주소 8》〈소견기사召見紀事〉

7) 《주소 8》〈간상호부진정갈첩소看詳戶部進呈揭帖疏〉

8) 《주소 8》〈청정지수전내고공상소請停止輸錢內庫供賞疏〉

9) 《명사》〈외척은택후표外戚恩澤侯表〉

10) 《주소 8》〈논외척봉작소論外戚封爵疏〉

11) 《주소 9》〈청파직조내신請罷織造內臣〉

12) 《주소 9》〈청작감증조단필소請酌減增造緞匹疏〉

13) 《주소 9》〈복결사항칙소견사의대금기소服闋謝降勅召見賜衣帶金器疏〉

14) 《주소 9》〈재사은명소再辭恩命疏〉

15) 《주소 9》〈사고만가은소辭考滿加恩疏〉

16) 《주소 9》〈귀정걸휴소歸政乞休疏〉

17) 《주소 9》〈귀정걸휴소〉

18) 《주소 9》〈재걸휴치소再乞休致疏〉

19) 《주소 9》〈재걸휴치소〉

20) 《주소 9》〈사성유소謝聖諭疏〉

21) 《명사기사본말》권61

22) 《명사기사본말》권61

23) 《주소 9》〈청처치사녕내신소請處治邪佞內臣疏〉

24) 《주소 9》〈청청태근균소請淸汰勾疏〉

25) 《주소 10》〈문화전논주文華殿論奏〉

26) 《문집 4》〈칙건만수사비문勅建萬壽寺碑文〉

제13장

1) 《서첩 13》〈답왕서석答王西石〉

2) 《서첩 13》〈답선대순무答宣大巡撫〉

3) 《서첩 13》〈답계요오환주答薊遼吳環洲〉

4) 《주소 10》〈환병사견의병걸가조리소患病謝遣醫幷乞假調理疏〉

5) 《서첩 13》〈답광서헌부오도남答廣西憲副吳道南〉

6) 《주소 11》〈고만사은명소考滿謝恩命疏〉

7) 《명사》권227〈소언전〉

8) 《문집 7》

9) 《주소 11》〈걸우예기석이광성치소乞優禮耆碩以光聖治疏〉

10) 《문집 7》〈소사존재서상공팔십수서少師存斋徐相公八十壽序〉

11) 《주소 11》〈공사사문소恭謝賜問疏〉

12) 《주소 11》〈걸해귀리소乞骸歸里疏〉

13) 《주소 11》〈걸해귀리소〉

14) 《주소 11》〈재간생환소再懇生還疏〉

15) 《주소 11》〈재간생환소〉

제14장

1) 《명사》권193

2) 《서첩 10》〈답하조안원임운원언위사임원答河漕按院林云源言爲事任怨〉

3) 《명공거고략明貢擧考略》권1

4) 《강희형주부지康熙荊州府志》에는 굶어 죽었다고 기록되어 있으나 손자인 장동규는 분신자살했다.